#　ギリシア政治理論

Θουκυδίδης

デイヴィッド・グリーン著

ギリシア政治理論

トゥキュディデスとプラトン
における男のイメージ

飯島昇藏・小高康照
近藤和貴・佐々木潤 =訳

風行社

Πλάτων

Greek Political Theory
The Image of Man in Thucydides and Plato

by David Grene

First published by The University of Chicago Press 1950,
originally published under the title
Man in His Pride: A Study in the Political Philosophy of Thucydides and Plato

序文

　この試論の中で私はトゥキュディデスとプラトンをそれぞれ正統的意味における歴史家と哲学者として扱うことを意図しなかった．私の目的はむしろ彼らの知的布置を確立すること，すなわち，完全で，生きた，個性的な，一種の知的人格をそれぞれのために確立することであった．1人の男の諸教説はそれら自身の生をもっている；それらは歴史の秩序と論理の秩序に属している，というのも時間の経過の中であるいは論理的可能性の範囲内で探究された，それらの選択肢があるからである．しかし彼の諸教説の総合は別のものである．1つの人間の人格のネクサスは，1つの完全な知的描写が，彼の思想の特定の諸局面にとっては選択肢の不可能性を含意する知的描写でしかありえないほどまでに，これらを結び合わせてきたのである．

　2人の作家の肖像が小著の1要素である．私はまた，トゥキュディデスとプラトンがそこから現れた前5世紀の世界を生き生きとしたものに作りたかったが，彼らが作ったようにではなく——というのもトゥキュディデスの『歴史』とプラトンの諸対話篇以上に，一体どのようにして誰がその世界をより生き生きと直接的に作ることができようか——，芸術家と彼の作品がそれぞれその場をうるという意味においてそれを生き生きしたものに作りたかったのである．私が前5世紀はいかなるものであったと考えたかを私は言いたかったのではないし，またトゥキュディデスとプラトンがそれはいかなるものであったと言ったかを私の言葉で言い直したかったわけでもないのであり，むしろその歴史家と彼の歴史的素材そしてその哲学者と彼の複雑さと不毛の世界が1つのキャンヴァス全体のすべての部分であるような，別の種類の絵画を示したかったのである．こうすることによって前5世紀アテナイにおける人間社会の意味は，他のいかなる仕方によってよりも，われわれにより完全なものになるであろう，と私には思われた．

　この意味が，われわれと彼らの間に横たわる他のいかなる歴史的時期の意

味よりも，われわれにとってより重要であることを私は確信している．それは，その時期が，われわれの時期と同じように，多くの人間の精神の中で伝統的倫理が懐疑と否定の主題となってしまった「道徳的危機の時代」であったという明らかな，しばしば指摘される事実だけではない．それは，われわれの時代の統治が大部分，アテナイの直接民主政治に，大規模であるという違いはあるが，多くの点で類似している，公的な諸圧力による統治であるという事実だけではない．それは，われわれの時代と同じようにその時代において全体戦争が勃発し，平時と戦時を問わず，権力の操作の技術的観念が増大したということだけではない．それはむしろ，前5世紀アテナイをそれほどまでにわれわれに近づけるのは，政治的生活の人間性全体 total humanity なのである；たしかに，人間味 humaneness という意味での人間性ではなく——というのも彼らもわれわれも，異なった環境のもとではあるが，人間的残酷さの極端に直面せざるをえなかったのだから——，軋轢の源とその解決とは，宇宙的裁可や超自然的裁可なくして，人間であり，そして人間のみであるという意味での人間性であるが．

　もしも前5世紀のアテナイの政治的生活へのわれわれの親縁さがそれほど著しいのであれば，しかしながら，なぜギリシア政治理論を貫通する一般的諸概念を議論せずに，その生活をわれわれに報告してきた人物の中から2人だけを選択するのか？　私が選んだどちらかといえば非正統的手続きを擁護する2つのもっともな理由があると私は考える．第1に，前5世紀を政治的に生き生きと有意味な形でわれわれにまで伝えてきたのはまさにこの2人の著者である．クセノフォンと「旧寡頭派」，および，その政治的情報が付帯的である劇作家たちのような小粒で補助的な著述家たちを除けば，この連関において重要であると思われるかもしれない他の2人の著者はヘロドトスとアリストテレスである．しかしヘロドトスは，東洋の大王〔ペルシア王〕の専制主義に抗して自由のためにギリシアが立ち上がった，ペルシア戦争の国民的熱情の残光の中で著述した．その時代の道徳的風土は，僅かに短い年月の間ではあったが，自己立証的で安定した倫理と思われたものの勝利のそれ——ペロポンネソス戦争のアテナイからかけ離れた世界——であった．そしてアリストテレスの『[ニコマコス]倫理学』と『政治学』は，ペリクレスのアテナイからは反対の側に遠く隔たっている；それは，その勝利とその危機

がアリストテレスによってカタログ化されることを通じて生き延びた1つの文化の死骸である．

　しかしながら，これら2人の著述家を選び，私が扱ったように彼らを扱った第1次的理由はこのようなどちらかというと機械的な理由ではない．政治的諸理念は実体から分離しては成長しない．そしてわれわれがそれらを理解できるのは，いかにわれわれがそれを間接的にしか把握しなければならないとしても，それらの成長において，それらの生ける現実においてのみなのである．われわれ自身と前5世紀のアテナイ人たちとの政治的類似点と相違点とのわれわれの研究において死活的であると私に思われるのは，諸原理の考察というよりもむしろ男たちと諸状況および諸状況の中の男たちについての知識である．われわれがわれわれの同時代人たちを知ることから多くを学ぶことができるように，われわれは彼らを知ることから学ぶことができる．その知識はまさにその距離によってより豊かになるかもしれないけれども，それは，いかに間接的に獲得されたものであれ，対面的知識でなければならない——本質においてある友人についての自分の理解のようなものでなければならない．

　さらにまた，それぞれの男の生きられた全体へのわれわれの尊敬はただ単にわれわれをしてそれぞれの男を彼自身の権利において眺める——そして2人の男を軽薄かつ安易に結びつけたり比較したりすることを慎む——ことを強いるだけでなく，われわれが取り扱わなければならない素材は2つの場合においてこれ以上ないほど異なっている．一方が歴史家であり，他方が哲学者であったというだけではない．さらに一方は1つの歴史的舞台についての単一の全体像を，部分的な修正もなく，提示する作品をわれわれに遺したのである．他方はわれわれに一連の膨大な著述を遺したのであり，それらの中に，私が証明したと希望するように，われわれはある形式的な体系の表出ではなく，ある男の成熟と老年への展開と，その男とともに彼の独得のヴィジョンの展開を見出すのである．それゆえに，証拠，構成，その他の諸問題の点では，われわれの2つの肖像は非常に異ならざるをえない．

　けれどもおのおのの肖像の全体像から，ひとたびわれわれがそれを観たならば，われわれは，われわれの西洋の伝統が，政治的人間についてのその見解において，その枠内で展開してきた諸境界の何らかの啓示を獲得すること

序文

ができるかもしれない．その歴史家とその哲学者の両者の眼は1つの同一の歴史的社会に注がれていた．彼らが観たものにおいて，彼ら2人の気質の差異はきわめて重要であった．そして彼らの知的布置が正反対の極であったことが，私の判断では，西洋のすべての政治的思弁がその内部で活動するのが見られうる範囲を規定したのである．トゥキュディデスやプラトンによって思い描かれなかった政治社会において男〔人間〕について多くの理論が立ち現れたが，これら2つの異なった仕方で得られた男についての見方の完全さは，歴史的にも政治的にも，一種のアルファにしてオメガである．

このようにトゥキュディデスとプラトンを扱うことにおいて，このような知的人格を確立することは，彼らをわれわれから疎遠にするであろうような，前5世紀ギリシアとの同一化を意味するものではない．というのもこれらの男たちのおのおのが，かのギリシアとわれわれの間の媒介であることに特別にふさわしい，否，おそらく余人をもって代えがたいほどにふさわしいからである．彼らのいずれもが完全に彼の国の市民でもないし，またわれわれの国の市民でもない．彼らは意識的に介在的関係 an in-between relationship の中に立っていたのであり，そのことが，ある特定の時代とのより完全な歴史的同一化に含まれる，あまりにも人間的な諸限界なしに，思想の諸過程の人間的啓示の役割を果たすのである．

トゥキュディデスを実践的政治から駆逐したのは偶然と運とであった．彼の時代の諸国家がほとんど跡形もなく破壊されてしまった世界を描写する力を彼に与えたのは偶然でも運でもなかった．しかし彼自身の生涯において彼に託された比較的小さな実践的職務においてさえも失敗してしまったという感覚と，彼が彼の時代の最高の政治的闘争と見なしたものにおける闘争的政治的党派のいずれからもその後に彼が孤立したこととは，彼自身の歴史的孤独感についての彼の知覚を実際に鋭利にしたのであり，そして彼をしておそらくはより大きな決意をもって，その諸次元は知的にのみ地図に描かれうる未知の未来の世界に向かって語ることに向かわせたのであろう．

別のもろもろの理由からプラトンは彼自身の時代に直面して同様な窮境に置かれていた．彼の理解と彼の想像力とは，彼が30歳未満の若者であったときに，死に絶えてしまった人間社会によって魅了されていた．彼のファンタジーの生へと再創造される，この死せる世界はまた，まさに彼がその力

によってわれわれにとって生存しているところのそれである．これは，彼が『国家』の中で「われわれの知識を超えたどこかの野蛮人たちの地域」と呼んだところで「彼の足跡に従おうとする人びと」に彼が遺した彼の中の不死なる部分であった．

謝辞

本書は社会思想委員会 The Committee on Social Thought の支援のもとに行われたトゥキュディデスとプラトンについての何年かにわたる講義の結果である．さまざまな種類の私のクラスの学生たちと私の彼らとの議論とに私は多くを負っている．草稿のトゥキュディデスの部分を編集するにあたってきわめて申し分のない仕事をしてくれたことについて，私はかつての学生の1人，マーティン・オストワルド Martin Ostwald 氏に特別に感謝している．委員会そのものと，その委員長であるジョン・U・ネフ教授に私は仕事のためのもろもろの機会と，その仕事に格好の雰囲気を提供してくれたことを負っているが，そのようなことは今日いかなる大学においても再現されることはできないと私は思っている．

デイヴィッド・グリーン

シカゴ大学

Liberal Education，すなわち，
自由人の，自由人による，自由人のための教育の重要性を理解し，
「知恵の何であるかを読むことによって学ぼうとする」すべての人びとに，
このつたない邦訳書を捧げる．

2014 年　読書の季節に
——訳者一同

《 目　　次 》

序文……………………………………………………………………………… 3

第Ⅰ部　　静観した男

第Ⅰ章　トゥキュディデスの世界………………………………………… 13
第Ⅱ章　トゥキュディデスについてのわれわれの知識………………… 25
第Ⅲ章　トゥキュディデスの政治学の問題……………………………… 35
第Ⅳ章　トゥキュディデスとアテナイ民主政治………………………… 46
第Ⅴ章　トゥキュディデスとアテナイ帝国……………………………… 53
第Ⅵ章　歴史的必然………………………………………………………… 66
第Ⅶ章　運と憐れみ………………………………………………………… 81
第Ⅷ章　必然を超えて……………………………………………………… 91

第Ⅱ部　　砂塵あらしの中の男

第Ⅸ章　言葉と行為………………………………………………………… 107
第Ⅹ章　馭者と馬車………………………………………………………… 139
第Ⅺ章　構築物……………………………………………………………… 162
第Ⅻ章　シケリアにおける実験…………………………………………… 179
第ⅩⅢ章　ディクテへの道　……………………………………………… 193

原注……………………………………………………………………………… 223

【訳者解説】
職業的哲学者たちが気づかないもの——トゥキュディデスは政治哲学者であるか？
　………………………………………………………………飯島昇藏　247

人名索引……………………………………………………………………… 256

9

第Ⅰ部
静観した男

第I章
トゥキュディデスの世界

1

　もしも自らの時代が提供する啓示の荒涼さと終末性とがはじめてそのひとを歴史家にするということが歴史家の誰かに妥当するとするならば，その人物こそまさにトゥキュディデスである．彼の驚くほど整理された物語の表層を突き抜け，また生の素材からうけたその人物の衝撃の何かを取り戻すことが，彼を理解するための不可欠の前提条件である．

　ペロポンネソス戦争はトゥキュディデスの不断の関心の主題であったが，それは前431年に勃発し，前421年にスパルタとアテナイの間で暫定休戦協定が結ばれ短期間休戦した．そしてそれは前412年にスパルタ人の攻撃で公式に再開されたが，前404年にアテナイ軍事力の崩壊とスパルタ軍のアテナイ占拠で終結した．前421年から前412年の間は，スパルタとアテナイの間には認知できる戦争状態は存在しなかったが，それでもスパルタとアルゲイオイの紛争と，なかんずくシケリア島を自国の帝国へ併合しようとするアテナイの試みとによって注目された．前者の決着はアルゴスの不利に終わり，ペロポンネソス半島におけるスパルタの地位を強固なものにしたが，後者の危険な賭けはアテナイの物質的資源の劇的な枯渇を招き，前404年の軍部の最終的崩壊への道を準備する失敗を運命づけられていた．この偉大な戦争全体は，政治的にも心理的にも含蓄のある偉大な教訓をわれわれと当時の人びとに教えてくれるが，アテナイとスパルタがギリシアを侵略したペルシア人に抗して肩を並べて戦った昔日の影のもとにあった．この戦争とあの戦争と

の対比は，あの戦争の記憶が脳裏に残りながらも，もう一方の戦火をくぐった人びとにとっては不可避的であった．この対比は，大多数の思慮深い観察者にとって，その国家的含意と道徳的教訓において等しく悲惨であった．ギリシアは，旧式兵器で武装した自由人から構成された小規模な軍隊が，前5世紀の戦略家が望みえた数の兵士と潤沢な装備を備えたペルシア王の支配下の奴隷兵たちを打ち負かしたという確固たる自信をもって生きていた[1]．自由と隷従のテーマは，ギリシア人にとって，不可避的にこの紛争と同一視されていた[2]．けれども，ある単独の男の記憶の内部で，ギリシア人は，この両大国がペルシアの専制に抗して自由の大義のために歓んで団結したにも拘わらず，今度は相互に破壊しようとし，自らの帝国を獲得すべく努力したのを目撃することができたのである．このような冷笑的な現実主義の啓示は，このギリシアの国家間の戦争の具体的な行状と成り行きにおいてとりわけ明らかである．この紛争は，ペルシア戦争における徳行が結局のところ虚構であったのかと人びとに問うように駆り立てたのであった．

ペルシア人との戦いに共に出兵したが今や帝国建設のために敵味方の関係になったギリシアの2つのパートナーのうち，人びとの注目を集めたのは，前478年からペロポンネソス戦争の開戦までのアテナイとアテナイの経路とであった．明らかに，少なくとも前433年のスパルタは，ギリシア人の生活において斬新なものを代表していなかったし，前490年から前478年の間に担ったギリシアの指導者の役割とギリシアの自由の擁護者としての役割をいかなる意味においても放棄したわけではなかった．ペルシア人がヨーロッパの最後の拠点を喪失してから，何が起こったのかを人びとに実感させたのは，この時期のアテナイであった．

アテナイは，ペリクレスが追悼演説で述べたように，「ギリシアの学校」になった[3]．彼は彼の都市の開放性について，その外国人への接近可能性について，および自らは他の諸国家の偉大さには無関心であるのに，模倣の対象としての自らの誇らしい地位について，語っているのである．しかし，アテナイの生徒が彼女から学んだ教訓は，ペリクレスが語っていた彼女の特別な政治諸制度に対する賞賛に主にあるのでもなく，彼女が比較的重要でない都市国家からあのように急速にデロス同盟の指導者へと登り詰め，そして最終的に広大な帝国の女帝となった仕方でもなかった．

第 I 章　トゥキュディデスの世界

　彼女が他のギリシア人に教えた教訓は主に，力 power を力そのものの名前のもとに創造することを意識することと，力の創造の要因を公然と合理的に考察することとであった．この 2 点において——そして両者は密接に連関しているのだが——アテナイは過去の歴史に照らしても独得であり，われわれ自身の時代までのその後に続いた歴史に照らしても独得であると強く主張できるかもしれない．彼女に先立った東方の帝国はすべて厳密に言えば君主政治であった——権力は王の人格から発散されていると考えられたということを私は意味している．殺戮され，征服されたのは王の敵であった；拡張された版図は王のそれであった．王は宗教と密接に結びついていたので，征服と併合は支配者が被支配者に行使する絶対的支配の 1 つの局面にしかならなかった．そして中立的立場からその行動に道徳的争点として直面する可能性はなかった[4]．さらに，のちのローマ帝国やイギリス帝国はその帝国主義の擁護者の態度においてアテナイのそれに似ていなかった．彼らによって表明された帝国の諸哲学やローマ精神 Romanitas の概念[5]あるいは英国の文化や支配の優越性は，赤裸々な強欲さを覆うための単なる虚構にすぎないか否かは，ここで議論する必要はない．どちらの場合にも，このような信念に命を懸け生き死んだ人びとは，一様に，意識的偽善者あるいは無意識的偽善家でさえあった，と誰もがまじめに主張できるであろう，とは私には思われない．本質的なことは，しかしながら，彼らが国民的侵略と領域的獲得の残忍な事実を形而上学の用語で説明する必要性と，被征服者にとって征服者への服従は善いことであるということを明確に論証する道徳の用語で彼らの征服を正当化する必要性とを感じたことである．アテナイとローマと 19 世紀の英国の歴史をもって，ひとは過去 25 世紀のすべての帝国を網羅していると言うわけではない．もちろん，オランダ人，ベルギー人，ポルトガル人，フランス人やスペイン人がいた．これらすべては，しかしながら，その性格において本質的に植民地的であった．少なくとも最初は，ヨーロッパの国民が異国民を統治するために異国民の間に定住し，そして，宗主国の経済的諸目的に奉仕するために新しい領土を操った．これはローマ人の態度とはまったく異なった．というのも後者は最終的にはローマ市民権が及ぶ範囲をローマ帝国の広がりと一致させたからである．それは 19 世紀以来のインドにおける英国の立場とも異なっていた．アテナイ帝国の驚くべき特徴は，アテナ

イ人は帝国を打ち建てた彼ら自身と，彼らが惹き起こした苦しみや不正義との間に何ものも介在させなかったということである；彼らはそれに彼らのおのおのの全員が，常に個人の道徳的責任において，直面したことである；そして，彼らの行為の釈明として組み立てようとした議論は，国家主義的虚構でも擬似宗教的虚構でもなく，アテナイ人自身がそう考えたように，すべての人間がどこでも行ってきた振る舞いを合理的に説明しようとしたものであったことである．この哲学的な説明の質は，アテナイ人の担った責任の程度に明らかに関係していたことを，私はほとんど疑わない．アテナイの民会でアテナイの市民すべては投票することを希んだが，その民会は，戦争，征服および平和の重要問題に投票し，議論し，決定を下した．実質的な無階級の社会で同じ男たちは順番に支配し，また支配された．この無階級社会において彼らは軍隊であった．自分たち自身の運命の作者でもあれば非作者でもある決定の帰結としての諸行動に即座に直面して，おそらく彼らの思弁は，ローマの兵士‐統治者たちあるいは英国の市民の公僕たちの思弁よりも心により深く響いたにちがいない．前5世紀の最後の4半世紀のアテナイ市民は彼らを取り巻く政治生活の諸源泉をどのように見ていたのかを見てみよう．

2

このことはおそらく『歴史』の中の3つの章句を読むことによって最も善くなされるであろう．というのも，それらの章句はトゥキュディデスが詳しく調査した世界と彼の同時代人たちがそれを議論する際に用いた知的用語を独自の仕方で例示しているからである．最初の章句は戦争勃発前の前433年に偶然スパルタに滞在していたアテナイの派遣した使者の一行が行った演説の1部分である．そのときスパルタの同盟諸国は彼らの特殊な利害がアテナイによって侵されたことに対して盟主に苦情を呈していた．アテナイ人によって公然と提示された弁護は，彼ら，すなわち不正義であると申し立てられた強国の代表者たちが彼らの立場を陳述するために選んだ仕方において独得の意義がある．第2番目の章句は，ペロポンネソス戦争初期の前427年から前425年の間に，西ギリシアにあるケルキュラ島の民主派勢力と寡頭派勢力の間に生じた権力闘争についてのトゥキュディデスの諸観察である．ギリシ

第Ⅰ章　トゥキュディデスの世界

ア全土に繰り広げられた政治的諸闘争の小宇宙であったケルキュラはアテナイとスパルタの2大戦闘国にとっても重要であった，というのもそれは他と比較して大規模な海軍を擁し，イタリアとシケリアと西方ギリシア地域との交易において死活的要因でもあったからである．第3番目の章句はメロス島での有名な対話の1部である．前416年に，すなわちアテナイとスパルタとの名目上の平和の期間（前421年から前412年まで）アテナイはスパルタを可能な限り巻き込むことなく，その帝国を有利な位置に拡大するために一連の動きをした．これらの併合の中でも，メロス島の併合は，規模においては比較的重要ではなかったが，トゥキュディデスの頁を通して悪名高く知られるようになった．アテナイ人がメロス島を絶対的に支配しようととくに躍起になっていたのは，島としてのメロスの独立は海洋帝国の属国の諸臣民にとって非常に悪い例になったからである．かなり大規模のアテナイ海軍の艦隊がその島を屈服させるべく派遣された，しかしアテナイ人は交戦前にメロス政府へ話し掛け，会談の開催を要請した．この引用された章句は，2つの強国の代表者たちの間で交わされた演説のトゥキュディデスによる報告の約3分の2を含んだ抜粋である．

　これら3つの章句が年代順に引用されている理由は，この戦争の過程で3つの異なる時点における知的議論の調子の画一性を即座にわれわれが見ることができるようにし，また同時に，前5世紀末の4半世紀間において政治思想の諸潮流を実行する実際の手段における漸進的前進を見ることができるようにするためである．引用された演説は，少なくとも基本的には，実際に為されたものであると見なされている[6]；そして革命についての章ではトゥキュディデスは諸事実を単に引用しているだけである．このようにして，これらの章句においてわれわれはこの歴史家の取り扱った実際の素材に為しうる限り近くまで接近できるのである．そしてわれわれ自身が出来事の現場とその男とを別べつに見るので，われわれは究極的にはそれら2つの相互作用を理解することができるのである．

a）スパルタにおけるアテナイ使節団の演説（前433年—前432年）
　「われわれがあの時［ペルシア軍が侵入したとき］に誇示した忠誠心，スパルタ人諸君よ，われわれの知性および良識を考慮すれば，少なくと

17

第Ⅰ部　静観した男

もわれわれが帝国を保持するという理由から，われわれはたしかにギリシア人の間でそのような不評判には相応しくないのではなかろうか？というのもこの帝国をわれわれはわれわれの暴力によって獲得したのではなく，むしろ諸君がペルシア軍の残留部隊に対して引き続いて抗戦をしようとは望まなかったために，同盟諸国がわれわれに接近してきて，そして彼ら自身がわれわれに同盟の指導者に就くように要請してはじめて帝国を獲得したからである．あの事態の推移の帰結として，実際のところ，最初われわれは同盟体制を徐じょに現在のような体制へ変貌させざるをえなかったが，これは主に恐怖心によって，次には名誉心によって，そして第3には利得によって強要されたからである．もはや同盟諸国を自由にしておく危険を犯すことはわれわれには安全な政策ではなくなったように思われる．けだしわれわれは今や過半数の同盟諸国に嫌われるようになり，もう既に若干の諸国は反乱を起こし鎮圧され臣民の地位へと屈服させられた，また諸君自身も以前のようには友好的ではなくなり，反対に敵対的になったので，われわれは猜疑心を抱いたのである――というのも帝国を手放していたならば，離反国は諸君のもとへ走っていただろうからである．誰であれ，最大の帰結が争点になっているような事柄に関しては，彼自身の最大の利益になるようにそれらの危険に対処しても非難されるいわれはない．少なくとも諸君，スパルタの男たちは，ペロポンネソス内の諸都市において自らの利益に合うような諸政府を樹立し，それを基礎として自らの指導的地位を維持している[7]．そしてもしもペルシア戦争後においてさえ，その場に自国軍を継続して逗留させ，われわれが嫌われるようになったごとく，帝国的統治によって嫌われるようになったとすれば，われわれと同様に諸君もまた同盟諸都市に対して圧制的であったであろうことをわれわれは確信しているが，それは諸君が強権的に支配するか，それとも自らの地位を手放す危険を冒すかのいずれかを強制されるだろうからである．それならば，周知のように，われわれも，人間的に言えば，とくに異常なことあるいは並外れたことをなしたわけではなく，与えられた帝国を受け入れ，それを手放さなかっただけのことであり，それは名誉心と恐怖心と利得の3つの最大のものに心を惹きつけられたときであったからである；ましてや

われわれがそのような前例を始めたのでなく，弱者はその自由を強者によって掣肘されるという確立された原則に従ったにすぎず，そしてわれわれ自身この特権を行使する資格があるとわれわれは考えたのである．諸君は諸君自身もそのように今日まで考えてきたのであり，もしも自分自身の力によって何かを獲得する機会があるのにその自己利益を犠牲にしてまでも，諸君が正義について用いているこの議論に耳を傾けた者はかつて1人もいなかった．そして人間の自然本性の命令に従い他者を支配しながら，自ら自身の実力が保証するだろうよりもより正義であることをなおも証明する人びとは賞賛に値するのである．少なくとも，他者がわれわれの帝国を占領したとすれば，いかにわれわれの支配が穏健であったかと決定的に証明してくれるはずであるとわれわれは考える：けれどもわれわれの場合には，われわれの品位ある行動のお陰で評判が善くなるどころか悪評を招いてしまったのであり，これはきわめて理にかなっていないのである」[8]．

b) ケルキュラの内乱（前427年—前425年）

「このような徹底的な残虐さを極めるまでにこの革命は進行したが，それが実際よりも酷かったように思われたのは，後続した革命の中でも最初のものであったからである：その後にはいわば全ギリシア世界が激動したのである；あらゆる独立した国において，アテナイ人たちを招き入れようと欲した民主政の擁護者たちと，スパルタ人たちに対して同じようにした寡頭政の擁護者たちの間で戦闘が生じた．平和時には両大国を呼び入れようとする口実も意欲も両派にはなかったが，しかし一旦戦争が勃発し，この行為によって国内の敵対する党派に損害を与え，自派を増強する見込みが善くなると，海外勢力を招き入れることは政権交代を実現しようと望む者によっていとも容易くなされた．多くの恐るべき事柄はこれらの派閥的革命を通してギリシアの諸国家に降りかかった．これらのことは，人間の自然本性は同一であるかぎり，なおも起こりつつあるし，これからも起こり続けるであろう．もっともそれらはその端緒に遭遇した環境に応じて，その戦慄の程度もさまざまであろうし，それがとる形態もさまざまであろうけれども．平和な善き時代には，諸政

第Ⅰ部　静観した男

府も諸個人もより善い判断力を保持するが，それは自己の意志あるいは意図を非常に強く圧迫する力がないからである：戦争は，日常の繁栄を奪うことによって，過酷な教師 a harsh taskmaster であることが判明し，たいていの住民の気質を彼らの環境に適合させるのである．かくして諸都市国家は不断に革命的騒乱の中にあり，そして後発の革命の発生は，先発の知識から学び取り，政変の技巧と報復手段の奇妙な戦慄の両方でその革新を異常な程度まで推し進めた．そして男たちは言葉の通常の意味を事実に合うように意図的に変更してしまった．無分別な大胆さは忠誠的な勇気と呼ばれ，賢明な躊躇は体裁の良い卑怯と呼ばれ，節度は臆病の口実となり，そしてあらゆることについて知性があることはあらゆることについて何もしないことであると解釈された．一種の狂信的熱望はそのひとの独得な資質と見なされ，そして他者への用心深い策略は思慮深い自己防衛策とされた．激怒した男は常に信用され，彼に反対する者は常に疑われた．陰謀を企てそれに成功する者は利口だとされ，そして陰謀が発生する前に嗅ぎつける者はさらにより鋭敏であるとされた；しかしそのような手段が不要になるように計画する者は，真の同志の繋がりを壊そうとし，政敵を怖れている人物と見なされた．実際，あなたに危害を意図した誰かの機先を制することは賞賛された，それと同じように危害が考えられもしないときに，その危害を示唆することも賞賛された．かくして血縁の絆は党派的提携よりも疎遠な絆になった，それは党派的結束がまったく躊躇しない大胆さの原動力になったからである——というのもそのような党派的結社は慣習として確立した相互扶助の精神で作られたのではなく，敵を打ち負かす目的をもちながら相互扶助とは真っ向から矛盾する精神のもとに作られたからであり，陰謀者たちは神がみによる通常の宣誓ではなく，犯罪を共に犯すことを相互に宣言することで力強く感じたからである．ある敵の名誉ある提案を，もしも彼らが有利な場合には，実際上の防衛的手段として受け入れたけれども，決して気前の良さから受け入れたのではない．他者に報復を果たすことは，何よりも危害を被らないことよりも高く評価された．そして両者間の同意が実際に誓いによって成立したときには，いずれかの側が苦境に対処するために一方の側によってのみその誓いが立てられるの

で，両当事者が彼らの目的を達成するための他のいかなる手段をもたないかぎりにおいてのみそれらの誓いは有効であった．好機が訪れるとすぐに，敵対者の無防備な逃げ道を突き止める自信を最初にもつひとは，交わした誓約のゆえに，公然と戦いを挑むよりも，その誓約に乗じて報復したほうがより快感があったが，それはそうすることによって彼は自らの安全を彼自身の信頼に預けながら，それでいて欺いて成功したので悪智恵の競技においても優勝できたからである．そして，実際，たいていの悪人にとって利口であると呼ばれるほうが，たいていの愚かな男にとって善人であると呼ばれるよりも容易であった，というのも人びとは利口であることを誇り善人であることを恥じるからである．この事態すべての原因は，政治権力への貪欲で野心的な強欲であり，そしてここからそれを求める闘争に従事する人びとの間で暴力が生じた．もろもろの国における両派のそれぞれの首長である指導的な男たちは，体裁の良いスローガンを掲げ，つまり，一方の党派は政治的民主政と法のもとの平等を鮮明に標榜し，他方は最善の人材による穏健な支配を標榜しているが，実際には彼らがあのように声高らかに奉仕すると言った公的利益を貪ったのである．敵対者と競争し打ち負かそうとする狂信的な努力のうちに，きわめて絶望的な手段に訴え，さらにますます凶悪な報復措置を追求し，国家における正義や国家の利益に対していかなる制限も設けずに，ただ単に党派にとっての当座の気まぐれのままに報復を敢行した．そして不正投票あるいは赤裸々な暴力によって主人となり，当面の野望を充たそうと身構えていた．それゆえに双方とも宗教には配慮しなかったが，それでも体裁の良い言葉でときどき例外なく彼らの目的を達成できれば，彼らはそのことをもってそれだけ一層上手くやったと思われた．市民の中の穏健派は，党派闘争で旗幟を鮮明にするのを拒んだという理由であるいはその生存が妬まれたことによって，両派によって破滅させられた．

　かくしてこの革命の時代には悪業がさまざまな種類の形態をとりながらギリシア世界に蔓延し，率直な心は高貴さの主要素であるが，嘲笑され消え失せた：両派の対立は社会を分断し，そして誰も他人を信頼しなくなった．この膠着状態を打破できるものは何もなかった，というのも

いかなる議論も安全ではなかったし，誓約も尊敬されなかったからである；しかしあらゆる党派は彼らの計算の中では永続するような安全は絶望的であると諦め，相手を信頼するよりもむしろ自らを守ろうと警戒した．知的に劣った者のほうがそれだけ生き延びることができた，というのも，自らの欠点と政敵の頭脳を恐れつつ，つまり議論において揚げ足を取られ，政敵の緻密に練られた陰謀のとっておきの鴨になるのではと恐れ，大胆に行動に出たからである．利口な男たちは，他方において，知力で予知できるからと蔑視しながら高を括り，知謀によって救われると思い実践的行動には出なかったので，油断の隙に襲われ殺害された」[9]．

c）メロス島での対話（前416年）

「**アテナイ使節団**：われわれの側としては，われわれは諸君に長い演説をしようとは思わないし，まして諸君はそれを不信に思うだろうから，体裁の良い言辞を弄して，われわれがペルシア人たちを敗北させたがゆえに，われわれの帝国は正義にかなったものであるし，あるいは今諸君に対してわれわれが攻撃をしているのは，諸君の手でわれわれが被った被害によるのだとは言わない．そしてわれわれも同様に諸君にわれわれを大目に見てくれるように懇願しなければならない——すなわち，諸君もラケダイモン人たちの植民地人であったからわれわれに与しなかったとか，あるいは危害を加えなかったことを根拠にして，われわれを納得させることができるとは思わないでもらいたい．しかしそれぞれの政府の本当の意見に基づいて，実践可能なことがなされるように努力しよう，そしてそれぞれの側が，人間的には正義は同程度の強制がそれぞれの側に存在するときにのみ問題となっていることをよく理解し，そして実践的事柄に関してはより強い者がなすことができることをなし，そしてより弱い者が譲らなければならないものを譲るということを双方とも承知すべきである．

メロス人たち：われわれが考えるに，いずれにしても，得策は（諸君が正義ではなく利益だけを語るよう命じたので，われわれはこのような用語で語るように強制されているのだ）諸君はすべて人びとの共通善になるも

のを侵害してはならないということである——つまり図らずも窮地に追いやられたいかなる男にも相応しい品位と正義は当然配慮されるべきであり，そして彼が敵を説得してその厳密な権利のいくらかを排除できれば，利益さえもいくらか得られるかもしれないのである．このことは諸君にとっても同等に有利に働くことになるが，それはもしも諸君が権勢を失えば，諸君は世界の他の国ぐにとって厳しい報復を受ける際の実例となるだろうからである．

アテナイ使節団：われわれの帝国に関するかぎり——それに終焉が訪れようとも，だからといって意気消沈するようなことはない；というのもそれは，その被征服国民にとって危険であるラケダイモン人たちのような別の帝国的強国はないからである——ともかく，周知のようにわれわれの戦いはスパルタ人たちを相手にしているのではなく——諸属国の臣民たちがその支配者たちに刃向かい打倒するのではとそれらの臣民たちに対して戦っているのである．しかしながら，諸君はわれわれにこの危険をわれわれの責任において引き受けさせなければならない；申し上げたいことは，ここへ来たのはわれわれの帝国の利益のためであり，諸君の都市を救済するためである．なぜならばわれわれはなるべく労せず諸君の民衆を支配したいからであり，利益も得たいからである．そうすれば双方は安全を見出せる．……

メロス人たち：われわれが知っているように——諸君はまったく確信しているかもしれないが——条件が同等でなければ，諸君の権勢と幸運とを相手に戦うのはまさに困難である；けれども運に関しては，神 God はわれわれの側にあるであろうと信じている．というのも，われわれは正義の男たちが不正義の男たちに対抗するように立っているからである．そして地上の力不足に関しては，われわれはスパルタとのわれわれの同盟関係がわれわれに役立つと信頼している．というのも，スパルタは単にわれわれとは同じ系族であり，両国を縛る立派な義務があるので，われわれを救済するように強制されているからである．かくしてわれわれの気力はそれほど道理からひどく逸脱したものではないのである．

アテナイ使節団：神の善意については，われわれは諸君らと同等の恩

恵を望めると思っている；というのもわれわれが掲げている要求や行っている行為は，何も神がみの行いや彼らの相互の決まった政策についての人間たちの考えから逸脱するものではないからである．その理由は神がみについてわれわれはそれなりの意見をもち，人間たちに関して言えば，自然の最も強い強制に晒された場合には彼らは征服できるものは何でも支配しているということをきわめて明確にわれわれは知っている．この法則を定めたのはわれわれではないし，それが定められてからそれに従うのもわれわれが初めてではない．われわれは単にそれを取り上げ，それを踏襲し，そしてわれわれのあとにそれを残していくだろう，それはすでに存在し，永久に存続していく宿命にあるものである．われわれはまた諸君や他の誰でも同等の権力の座に就けば，まったく同等の行動を行うことも知っている．このような道理にかなった根拠から天佑について不利になっているという恐れはない．ラケダイモン人たちについて諸君が抱いている意見——つまり彼らの名声の義務感から諸君を救援に来ることを信頼できるという意見に関しては，この腐敗した世界についての諸君の素朴な未経験を祝福こそすれ，決してその賢くない確信を嫉むものではない．彼らの国内の政治や慣習においてラケダイモン人たちは厳しい徳目の鑑であるが，しかし対外態度に関しては，その批判は少なからずあり，それを要約するとこのように言える：われわれが知っている民衆の中でも，彼らの好みに合ったものを名誉あるものと心得，自らの利得を正義と見なしているのである．そのような思考を彼らがもっているので，諸君が今道理に反して想定しているようには，彼らが諸君に役立つとは考えられない」[10]．

第Ⅱ章
トゥキュディデスについてのわれわれの知識

1

　トゥキュディデスについてわれわれが知っていることは非常に僅かであり，実際われわれはそれを彼の『歴史』の記述における彼自身の発言から知っているにすぎず，しかも彼が叙述した出来事の同時代人の歴史家のほとんどすべてがそれらの出来事への彼自身の関与に関してさらに寡黙であったので，その知識はほんとうに僅かである[1]．けれどもこの乏しい知識の中に，すべての重要なものが含まれている：彼が強調するには，彼がペロポンネソス戦争と真に意義深い関係をもったということは，彼がその初期段階からその重要性を理解し，その経過を忠実に記録しようとする労苦を惜しまなかったことであり[2]——，この戦争のために，彼が屈辱を被った政治家であったとか，あるいは失策により解雇された指揮官であったということではない．われわれは彼がいつ生まれたのか知らないが，前424年に北西の戦域における作戦（トラキアとその近隣地）においてアテナイ軍の指揮官でありうるほどの年齢であった[3]．それゆえおそらくその頃少なくとも30歳を超えていたかあるいはそれ以上であったかもしれないとわれわれは結論することができよう．われわれはまた彼自身の言葉から彼が前404年にこの戦争の終結を見届けたことを知っている[4]．

　以下の文言はトゥキュディデス自身と彼が年代順に記録した戦争とについての彼自身の言葉である：

第I部　静観した男

「この期間（前421年から前404年まで）についても，同じアテナイ人トゥキュディデスは，事件発生の順番にしたがって夏季と冬季に振り分け，スパルタ人たちとその同盟諸国がアテナイ人たちを彼らの帝国の地位から退かせ，ペイライエウスの長壁を攻め落とすに至るまでの経緯を叙述した．この結末に至るまでに戦争が継続してきたすべての期間は，27年間（前431年から前404年まで）にもおよんだ．もしも中間期における和平期（前421年から前412年まで）は戦争状態ではなかったと反論されるならば，その反論は正当化されない．そのような批判者に実際の行動の分類を検証させれば，そのひとさえも両陣営の間で協定された領土の返還も受け渡しも実施されなかった期間を平和であったと判断するのは理にかなっていないことがわかるであろう．このほかにも，マンティネアの紛争とエピダウロスの紛争の事実や，他の多くの誤りが両陣営によって犯されたという事実や，トラキアにおける同盟諸国が抱いた敵意の継続や，ボエオティアの休戦——たった10日間しか続かなかった——事実からもわかるであろう．かくして，最初の10年戦争（前431年から前421年）とともに，この後に続いた不確実な休戦期（前421年から前412年まで）およびそれ以後に起きた戦争をすべて合わせると，27年とちょうど2，3日超えたぐらいの期間になるであろう．そのような批判者はまた，もろもろの神託の価値を強調した人びとにとって，この年数だけが正解となった唯一の確実なことであったとわかるであろう．というのも，私自身，常にその戦争の始めにおいてさえも，そしてその終結に至るまで多くの人びとが，その戦争は3に9を乗算した年数が経過するまで継続する宿命にあると予言していたのを覚えているからである．私はその戦争の全期間を生き延び，それを観察できるほどの年齢に達し，それに傾注したので，それについて正確に何らかの知識を獲得したはずである．はからずも，アムフィポリスにおける指揮官職の後に，祖国から20年間にわたり追放されたので，私は暇なときにより具体的に物事に注意することが可能になり，両陣営に立ち会い，とくにペロポンネソス陣営にはこの追放のおかげで精通することができた」[(5)]．

第Ⅱ章　トゥキュディデスについてのわれわれの知識

2

　この試論はもろもろの出来事の真の説明に関心を集中したトゥキュディデスの政治哲学を再構成しようとする試みであるが，これらの出来事はその哲学を作り出し，逆にその哲学によって作り出されたものである．これらの出来事は，トゥキュディデスの全体の1部として重要であるが，その男こそそれと同等に重要である，あるいはそれよりもさらに重要である．そして歴史家トゥキュディデスが，われわれがどれほど彼から時間の上で遠く隔たっていようとも彼の主題についてわれわれに人間的に伝達可能なすべてを理解してもらうことを意図しているとはいえ，彼は，われわれがそれらの事実の観察者としての歴史家に関心をもつようになるとは意図しなかったし，あるいはまさにそう考えることができなかったのである．いかなる歴史家も後世の人びとが彼自身を歴史の対象として見つめるとは，おそらく，思いもよらないであろう．

　ある歴史家の一般的信念を発見したり，あるいは歴史家が取り扱う一連の事実の連鎖の中に表現されていると彼が見なすところの政治的あるいは心理学的な因果作用の理論を発見することにはさまざまな困難が含まれているが，それらの困難の程度には顕著な差異が認められる．これは，もちろん，単に歴史家たちの個人的な気質の差異に起因するのかもしれない．ギボンは彼の時代の道徳的，知的価値に満足していたが，その満足感はまったくギボン個人のものであったかもしれない．自由を愛する自由な人間たちが鞭打たれる奴隷たちを究極的に敗退させるだろうというヘロドトスの意気揚ようとした確信は，ヘロドトス特有の何かであるのかもしれない．われわれはこれらの歴史家の道徳的，倫理的，そして厳密に政治的な考え方を容易に観察できるが，それは歴史家たちが私生活の発展と同じように成長したからかもしれない．彼らはまた偉大な歴史家でもあったということは，彼らが道徳的諸価値について揺るぎない確信を堅持していたことにとっては偶然的であったかもしれないし，また，そのことはわれわれが歴史家たちの政治哲学の中に議論するに値するものを容易に十分に発見しえたということにとっても偶然的であったかもしれない．トゥキュディデスは彼自身の人格において，彼の

第I部　静観した男

文体の多くが示すであろうように，無情で，不明瞭で，複雑で，曖昧な性格なのかもしれないし，まさにこれらのゆえに，われわれはトゥキュディデスについて「彼は政治的にあれこれを信じていた」とか，「彼はあれやこれやに衝撃をうけた」と述べるのは困難であるのかもしれない．

　しかし，永久不変の価値であると思われていた倫理，道徳，政治の崩壊あるいは破壊を目撃した時代に生きた歴史家にとっては，この歴史家自身の気質とはまったく別に，ほんとうの困難があるのかもしれない．ヘロドトスやギボンの抱いていた確信は，彼ら自身の時代の観察された潮流に一致していたことから生じているの<u>かもしれない</u>．前者の愛国主義，後者の啓蒙的諷刺的分別は，彼らの読者である公衆がおのおのの場合にその歴史家に期待していたものと調和していたのである．聴衆と芸術家は価値観に関して見解が一致し，この価値観に照らして事実が考察されたのであった．そしてそうだからこそ，歴史家の知性あるいは手腕が暗黙の倫理的判断を組立てたり，明確な道徳的判断を指摘するのを監視するような隠密閲覧官は不在であったのである．しかしトゥキュディデスの生きた時代の場合のように，繊細にして鋭敏な人物が，物質的力の点で偉大なものの破壊だけではなく——ヘロドトスはまさにこれを観察する機会をもったが——その破壊とともに，なんとも不可解な仕方で，その破壊との関連において，ますます多くの人間が卑しむべき窮状へ漸進的に陥落すること，手の込んだ残忍行為が着実に蔓延していくこと，最も悪辣な行動をもそれまで覆い隠した体裁のベールが不断に放棄されていくことをも見たかもしれないときには——そのような状況に直面して，おそらく歴史家自身の精神は，歴史家としての彼の機能に忠実たりうる題材だけに焦点を当てようとするだろう．歴史家は諸事実に，つまり人びとが為したことと言ったことに厳しく固執できるのである．歴史家は人びとをして彼らがそうしたように行動し語らしめたもろもろの感情を叙述するとき，彼は彼自身に鉄のような制約を課すであろう．その結果，それらの言葉が無情で客観的であるので，この創造の背後にいかなる情念が横たわっているのかを発見するのはほとんど不可能である．主導的政治家の死やある行動の決定的危機を評価することが適切なときには，同じ隠された検閲が，その政策やその行動に責任をもつ人物の資質が成功をおさめるような種類の性質であったか否かのみを歴史家に語らせるように制約するかもしれない．

第Ⅱ章　トゥキュディデスについてのわれわれの知識

　そして最後に，この歴史家は彼の時代の大きな道徳的破局について一般的用語で叙述するに至るときも——そしてそれを彼は時どきしなければならないが——彼はそれをもまた具体的な道徳的な個別性とは道徳的に無関係に超然と取り扱うであろう．その超然とした態度は，アテナイにおける疫病の諸症状とその疫病にかかりやすい物理的諸素因との関係について彼が著述するさいにみられるかもしれない超然とした態度である．そのような人物の中に，彼の父親ならば評価しただろうようには彼が判断したり評価することを頑迷に拒絶する盲目的な自負心が成長していくのかもしれない．そしてこの頑迷さに接する読者は，独得の仕方で用いられている道徳的な用語や言葉の隠されたニュアンスや演説と行動の並置の隠れたニュアンスの中に，その光に照らして歴史が存在するに至る政治的道徳的確信のためのあまりにも貧弱な証拠を手探りしながら模索するかもしれない．しかしそれを模索することは，非常に文明化した人間の懐く悲観主義や絶望が進化していくことを露呈しようと試みることであり，さらにいえば，この人物はおそらく彼の著書あるいはそのほとんどを訂正し，そうすることによって後の断定がそれより前の印象を消すあるいは不明瞭にするようにしたのであろう．為すべき重要なことは，トゥキュディデスが彼自身の時代の道徳的破局は，人間の自然本性における決定的な真理を，すなわち過去の時代の歴史家たちの浅薄さが不明瞭にしてしまった真理を開示したと信じていたかどうかについて，それとも，この道徳的破局は，過去の時代の正常に照らしてみると彼にとって邪悪な逸脱であったかどうかについて，『歴史』から何らかの観点を形成することである．そのような説明は，必然的に，せいぜいもっともらしい物語にならざるをえない．

　しかしわれわれは，この場合に，ある単一の歴史的状況の歴史家の作品の中に一般的な政治理論を発見しようと努めているのだから，われわれは彼自身についてのわれわれの調査においてむしろ彼が諸事実に関して為したように進んでいかなければならない；すなわち，われわれはアテナイの諸政党や彼の時代の主要な政治的諸立場に対する彼の態度を詳細に吟味し，そしてこのような個別性のレヴェルからわれわれが関心をもっているより一般的なテーマへ進んでいかなければならない．

3

トゥキュディデスの政治的諸見解を確立するのにわれわれが自由に使える典拠は、一般的に言えば、4つある．

1．ある政治組織あるいは政治状況に関して1人称で述べられた判断における政治生活についての実際の諸陳述、たとえば、第Ⅷ巻におけるテラメネス憲法についての判断[6]と第Ⅲ巻の内乱 *stasis* についての章の一定の部分などが挙げられる[7]．これらは僅かではあるが、非常に有意義である．

2．その政治的立場とその帰属関係とがトゥキュディデスや他の典拠からわれわれに知られている著名な政治家たちについての論評、たとえば、テミストクレス、ペリクレス、クレオン、ヒュペルボロス、アンティフォンやニキアスなど[8]．それらの指導者についての敵対的あるいは好意的な注記は、通常トゥキュディデスによって彼らの死亡に際して啓発的な注記の中で与えられているが、当然のことながら彼の党派的な好みに関して非常に重要である；しかしそれらの注記はまたトゥキュディデスがいかなる種類の個人を賞賛しあるいは批判したのかを把握する上できわめて重要な手掛かりをわれわれに与えてもいる．

3．人間の自然本性についての一定の肯定的な陳述や、前5世紀の一定の立場と同一視しうる一般的政治発展の行程についての一定の肯定的陳述．たとえば内乱の自然本性についての一般的観察と政治権力の源泉としての民衆の自然本性について広範に散在している発言など（下記の民主政治についての陳述を見よ）[9]．

4．われわれの情報にとって最も重要な源泉であると同時に、平明な説明にとって最大の障害でもある諸演説．というのもそれらはわれわれがそれらの演説をどのような仕方で解釈するかに依存するからである．すなわち、われわれは好都合にも明示的であるところの利用できる豊富な題材を提供されているのか、それとも、われわれはより難解で当惑させるような一種の解釈を余儀なくされているのかに依存するのである．

論理的に言えば、演説は3つの仕方のうちの1つで解釈されうる：(a) トゥキュディデスが自由に創作したものとして、そのとき生じている諸行動に

第Ⅱ章　トゥキュディデスについてのわれわれの知識

ついての彼の個人的な洞察の表現を盛り込むように仕組んだものである，つまり，劇の主要登場人物の精神状態を想像力をもって描写する一種の演劇的背景である；(b) 実際の演説の文学的書き直し literay rewriting として——この見解によるとトゥキュディデスは行われなかった演説は決して記述しなかったし，そしてその演説の語句や文章や構成は不可避的に彼自身のものであるとしても，その議論のいくつかの論点はおそらくはもともとの演説から来ているにちがいないであろう；および (c) 行われた演説の実際の文字通りの報告 literal report として．この最後の可能性は次のような理由からほとんど確実に度外視してよいだろう．その１つの理由は，トゥキュディデス自身が彼の物語のもつ正確さの種類と彼の諸演説のもつ正確さの種類とを峻別しているからであり [10]，いま１つの理由は，諸演説をきわめて図式的に配置していることは，行われた演説の文字通りの復元であることを示唆しているのではなく，もっぱら読まれることを目論まれた文学的産物であることを示唆しているからである [11]；そしておそらくはまた，相互に敵対する演説をいくらか疑わしいまでに，その正反対の論点を繰り返し一点一点違わずに答えているからでもある [12]．

　われわれは，したがって，最初の２つの選択肢の１つを選択しなければならないが，われわれの選択のいかんによっては，トゥキュディデスの意見を定式化するために，諸演説をその証拠として援用する際の使い方に一定の差異が生じるだろう．どちらの想定をわれわれがしようともわれわれが辿る道のりの半ばは同一である．実際の会議や討議の記録はほとんど留められていなかっただろう．そこで歴史家はせいぜい彼の情報提供者たちによって彼にもたらされる乏しい概要だけに頼らざるをえなかったであろう．われわれが彼から得ているものは，たしかにこれよりも充実したものである．そして，もしも彼がそれをより肉づけしたとするならば，それは個別の出来事に当てはめた政治的また軍事的状況についての彼の一般的な理解から導かれる議論をもってそのようにしたのであろう．もしも会談あるいは討議が行われていなかったならば，つまり，トゥキュディデスにおける諸演説がまったくの虚構であったならば，トゥキュディデスは，われわれが見出す感情を演説者に付与する際に，その状況についての彼の一般的な理解にやはり依存したにちがいない．

31

第 I 部　静観した男

　この帰結として，トゥキュディデスの意見についての研究にかぎって言えば，諸演説について上述した2つの想定の間のほんとうに有意義な唯一の差異は次のようなものである．すなわち一方の理論によれば，演説があるときにあるところで実際にあったにちがいないのであり，そしてトゥキュディデスは彼が報告するもののいくつかが彼自身の創作である場合でさえも，その演説について報告することを強制されているのである．他の理論によれば，諸演説は，トゥキュディデスが取り扱っている時代において当該の人物たちの精神の中にあると彼が確信しているものを単に示しているものにすぎないのである．このことは，時折，重要な差異を作り出すことがある．たとえば，もしもメロス島での対話[13]が事実においては決して生じなかったとすれば，トゥキュディデスはこのような感情をその会議に参加しているアテナイの使節団に与える際に，彼が前416年のアテナイ帝国主義者たちの有意義な態度がどういうものであったのかを際立たせるような討論の舞台を設定するためにメロス島の出来事を利用していたのかもしれない．もしもメロス島への使節団がトゥキュディデスが彼らの口にのぼらせた議論をその輪郭だけでも実際に用いたとすれば，トゥキュディデスはいくらそれを脚色しえたとしても，歴史によって既成のドラマを与えられていたのである．そのような場合には，われわれは，たとえば，トゥキュディデスがメロス島でのエピソードを取り扱っているところで彼自身のドラマ的理解を発見しようとすることは正当化されないだろう[14]——すなわち，トゥキュディデスはいかなる死活的意義をもそこに付与しなかったであろう，けだしそこには誠実な歴史家としてのトゥキュディデスをしてそのエピソードを扱うように強制するような死活的意義は大ざっぱにもなかったからである．これらの差異は非常に頻繁に起こるので，2つの理論の選択肢のどちらを受け入れるのかを重要でないとみなすのはこの試論の目的にとっては不都合である[15]．

　第2の見解が正当である——われわれが手にしているものは実際の演説の文学的作り直しである——と私が確信する理由は簡単に述べると次のようなものである：

　1. いくつかの演説にいくつかの明確な特質の詳細な記述を添えて挿入することは，もしもそれらの演説が真正のものでないならば，歴史家が騙そうとする意図的な望みをもっていたという証拠となることは確かであろう．た

とえば,われわれは次のようなことをトゥキュディデスから聞かされている.開戦前スパルタへ赴いたアテナイの使節団は,間近に迫った紛争についてではなく,別件について論議するためにそこにいたのであった[16];アテナイ議会に宛てられたニキアスの書簡は街の書記官によって読まれたが,書簡を託したその将軍はまた伝令たちに自分で直接伝えるように口頭で命令を発してあった[17];ミュティレネの民衆の運命を議題とする2つの演説がなされそしてそれらを傾聴するための2つの議会が召集された[18].すべてこのような事例においては,いくつかの詳細な記述や些細な出来事が,トゥキュディデス自身が目撃者であったかそれとも彼が目撃者たちから説明を受け取ったかのいずれかであるかを意図的に示唆するような仕方で記述されている.

2. そして次が主要な論点である:『歴史』の第Ⅰ巻におけるトゥキュディデス自身の有名な発言は,この歴史家がわれわれに彼が諸演説において何をしたと考えさせようとしたのかに関してはほとんど疑う余地を残していない.鍵となる語句は次である:「私自身が聴いた言葉の正確な本質を思い出すことは非常に困難であったし,私に情報を提供してくれたさまざまな人びとにとってもまた困難であった.しかし私は演説者の各人がいろいろ違った状況で彼らに要請されていることを概して私に言っていると私に思われるように書き留めた,つまり,実際に言われたことの一般的趣旨に私の力の及ぶかぎり肉薄しつつ書き留めた」[19].

強調された語句に「実際に言われたことの正確さ」と「実際に言われた事柄に私の力の及ぶかぎりに肉薄しつつ」という意味以外にいったいいかなる意味がありうるかを理解するのは困難である.もしもこのことを無視してわれわれが演説はまったく虚構であると想定しなければならないとするならば,いいかえれば,もしもわれわれが,事実において,トゥキュディデスが虚構ではないとはっきりと述べているにもかかわらず,それらの演説はその時に行われた演説にまったく似ていないと想定するならば,われわれはトゥキュディデスが何らかの目的のためにわざとわれわれを欺いたと信じることを余儀なくされるのである.この場合には諸演説の基本的な真正性を覆すような証拠の重みが絶対的に圧倒的でなければならないであろう.事実においては,これは実情からは程遠いのであり,われわれの諸演説が実際になされ

た演説をある程度まで再現している可能性を支持する圧倒的な証拠があるのである[20].

　さらにまたもしもわれわれがトゥキュディデス自身によって述べられた数少ない陳述のうちの1つを意図的な欺瞞として拒絶し，その欺瞞のための何らかの隠れた企みをわれわれには自由にならない素材から発見しようとしなければならないならば，トゥキュディデスの『歴史』から政治と道徳についての彼の意見を発見しようとするどんな試みも最初から放棄したほうがよいであろう．けだしそれほど基本的な事柄に関してわれわれを意図的に欺こうとする歴史家は，彼の作品の他の重要な局面に関しても明らかに信頼できないからである．

　したがって，たったいま引用した章句の解釈から主に由来するこれらの理由から，以下の理論が選好されるべきである．すなわち，その理論によると，トゥキュディデスは演説がなされたその場に居合せなかったがゆえに，あるいは報告された情報が不適切であったがゆえに，再現不可能な論拠を創作したり書き入れたりしたとしても，彼はなされなかった演説を決して挿入しなかったと考えられるのであり，しかもあらゆる場合において彼はなされた演説の入手可能な証拠に自分の力の及ぶかぎりにおいて肉薄しようとしたと考えられるのである．

第Ⅲ章
トゥキュディデスの政治学の問題

1

　道徳と政治に関するトゥキュディデスの理論を議論することは，いっそう有力な根拠をもって，そのような理論を彼がもっていたということを含意している；しかしそのことこそまさに何人かの学者たちが，その人物の冷徹な客観性に直面して，しばしば否定してきたものである．かくしてトゥキュディデスの道徳と政治についての問いは2重のそれである：われわれは人間の動機や価値観についてのある言明可能な一般的な見解をそれらの行間に読み込むことができるかどうかという問い，そして，もしもできるならば，どのような見解を読み込むことができるのかという問いである.
　偉大な英国の古典学者R・C・ジェッブは，彼の有名な陳述の1つの中で，トゥキュディデスの「倫理や政治の理論」を寄せ集めようとする試みは，実質的には不可能であると批判した．ジェッブは次のように述べている[1]．

> 「彼〔トゥキュディデス〕は，プラトンやアリストテレスの意味においては，倫理や政治の理論をもたなかった．トゥキュディデスは，観察された政治の実践の事実をまとめたが，しかしそれらの究極的な諸法則を分析しようとは試みていない．トゥキュディデスのテクストを寄せ集め，いくつかのギャップを埋めることによって，かなり首尾一貫した教義の体系を形成することはできるかもしれない；しかし，そのような過程は人為的でひとを欺くものであろう．おそらくはシェイクスピアのような

第Ⅰ部　静観した男

詩人ならば，トゥキュディデスの個人的な思想の諸断片からトゥキュディデスを再創造できるかもしれないが，しかし，生命の息吹は詩人の才能であろう；屈折した光だけがほんとうに残るすべてであろう」[2]．

アメリカの学者ポール・ショウレイは，他方において，ある初期の論文においてまさにそのような体系的倫理学と政治学を発表した[3]．彼は次のように述べている．「人生に対するトゥキュディデスのこの批判を，私はその2つの重要な局面において研究することを提案し，その2つの重要な局面を便宜上（1）倫理実証主義，（2）主知主義と名づけたい．この倫理実証主義の基本的想定は，人間の自然本性と行為は彼の物理的社会的環境および2,3の基礎的な欲求と欲望により厳密に規定されているというものである．この人間の自然本性の原始的な核のまわりを，社会と慣習は倫理的社会的宗教的なさまざまな礼儀正しい見せかけをもって覆ってきている．素朴なひとは，この道徳の覆いで騙されてしまい，行為の代わりに言葉を，また真の動機の代わりに申し開きの動機を受け入れてしまうので，彼の認識が根底の実在にまで到達することがあったとしてもきわめて稀である．賢いひとはこのようには欺かれない」[4]．「トゥキュディデスの主知主義」をショウレイは「意識的で計算的な理性によって人生において演じられている役割についての彼の不断の関心」と定義している[5]．ショウレイは，しかしながら，彼の試論の中で，トゥキュディデスの哲学的立場の一般的分析以上には進んでいない．事実，ジェッブの立場とは対照的に，ショウレイはテクストそれ自体からトゥキュディデス哲学の理にかなった解釈を産出しているのである．

次のような2つの見解が，したがって，政治学者としてのトゥキュディデスについての議論が慣習的にその間を揺れ動いてきたところの2つの極である——すなわち一方の極には，トゥキュディデスはかつて存在したいかなる歴史家よりもより歴史家であり，それぞれの状況の具体的諸事実だけを記録し，政治理論それ自体をもたなかったと主張する人びとがおり，他方の極には，トゥキュディデスをある既成の立場，どちらかといえばホッブズのそれに似ている立場に適合させる人びとがおり，そこにおいてはトゥキュディデスは過去の道徳と絶縁する，政治についての新しい科学的理論の大胆な提唱者であり，彼の新しい主知主義的，実証主義的基準の光のもとに現在を観照

第Ⅲ章　トゥキュディデスの政治学の問題

することにおいて、ウィリアム・ジェームズならば「タフな精神の持ち主」と呼んだであろう。もっと簡単に言うと，もしも後者の見解が正しいとすると，トゥキュディデスはアテナイの歴史をパワー・ポリティクスの究極の試金石として見なそうとし，そこに関わっている人間の諸行為を純粋に効率と成功との観点から判断しようとしたのである．

　トゥキュディデスへのこれらのアプローチのそれぞれについて興味深いことは，両者ともほとんど同等の部分で正しくもあり誤りでもあるということである．そしてなおさらに印象的であり，それぞれの見解において誤りが認められるのは，歴史家自身についての実際の分析にあるというよりも，それぞれの分析を覆っているある種の心理学的色合いにあるのである．ジェブのような偉大な学者がトゥキュディデスの中に政治理論を発見しなかったことは本末転倒であるが，しかしそうすることを彼が拒否した理由は，彼にとって政治理論とは人間の自然についての静的な理論を特定の事実の集まりに適用することであるという事実によるのである．すなわち彼にとって政治理論とは，そのような適用がそれを例示し，望むらくは次回にそれらの出来事を理性的に処理するにあたって治癒されるべき欠陥を示唆してくれるような適用である．ジェブはトゥキュディデスの中にその政治信念がある特定の状況についての研究から真に生まれたけれども，明らかに理性的な用語で次回におけるより善い可能性を探索するまでには至っていない男を見出すとき，彼はトゥキュディデスを「倫理や政治の理論」をもった男と呼ぶことはできなかった．他方では，歴史家としてのトゥキュディデスと（ジェブの用語における）政治学者としてのプラトンやアリストテレスのアプローチの根本的な差異についての彼の真の理解はたしかに啓発的である．しかし歴史から政治学を区別しようとする彼の願望は，それ自体トゥキュディデスとプラトンやアリストテレスとの差異を超えたところへ彼を導いていく．それは彼をして，トゥキュディデスは観察された諸事実の背後にある究極的な法則には関心がなかったと述べるような不合理へ導いていくのである．

　第1に，倫理あるいは政治の理論<u>なしに</u>――およそいかなる人間も複雑な軍事，政治，経済の状況の研究にその人生のほとんどを費やし，かつ公言されているように同様の困難に直面するだろう将来世代を指導すべく，自分の力の及ぶかぎり正確にまた誠実にその状況を書き留めることができるという

37

ことには重大な疑念が投げかけられるかもしれない．しかしそのような可能性をつぶさに検討するまでもなく，ジェッブが自身の言葉を支えるために引いている主要な証拠をひとは直ちに拒絶しなければならない．もしも「観察された諸事実」の背後にある「究極的諸法則」を不断に見つけようと勤しむ1人の歴史家がいるならば，その歴史家こそトゥキュディデスである．たとえば，ケルキュラでの内乱についての諸章は，たしかに，その内乱を可能にする人間的自然に関する暗黙のコメントを非常に多く含んでいる．そしてわれわれはまた疫病発生期における宗教心の喪失の諸影響についても精緻な記述をもっている [6]．ミュティレネの民衆を糾弾するクレオンの諸演説 [7] とメロス島での対話は [8]，トゥキュディデスが個人的にアテナイ帝国主義の精神を説明したものであると解釈されようと，あるいは実際になされた諸演説の劇的表現であると解釈されようと，そのいずれにしても，「観察された諸事実の背後にある究極的諸法則」の理論の証拠を非常に多く含んでいる．

　ショウレイは，他方において，トゥキュディデスの歴史執筆の基本的な諸原則を卓越した形で定式化している——彼は，トゥキュディデスは，倫理的実証主義者として人間の自然と行為は「彼の物理的社会的環境および2，3の基礎的な欲求と欲望により厳密に決定されている」と確信していると書いている [9]．しかしこの少し後でわれわれには，ショウレイの個人的な道徳的色合いが入り込んできており，論述の点ではより正しいと思えるが全体像はジェッブのものよりも誤っているように見えてくる．「素朴なひとはこの道徳の覆いで騙される」が，「賢いひとはこのようには欺かれない」とショウレイは述べている [10]．これらはトゥキュディデスの使った用語ではまったくない．そしてその証拠には，ショウレイは，必要な安心感をトゥキュディデスに注入すべく，階級闘争期間に一般市民層から善良な分子が除去されたことについて，シケリア遠征におけるニキアスの最後の演説について，そして最後に，ニキアス自身の死についてトゥキュディデスが純粋に哀悼の論評をしているにもかかわらず，ショウレイはそれらの論評を文献学的に手荒く扱わなければならなかったし，あるいは感傷的に庇護者ぶって取り扱わなければならなかったのである．ショウレイが描写する冷徹な現実主義者が，このような3つの文章を書いた著者とはとうてい1つにならないのは，まったく明らかである [11]．

第Ⅲ章　トゥキュディデスの政治学の問題

　そして最後に，いずれの学派もトゥキュディデス自身によってなされたきわめて数少ない率直で明示的な道徳的論評のうちの1つを根拠にして，すべてを理解可能なものとすることはできないのである——その論評とは雄弁家アンティフォンについてのトゥキュディデスの判断である．この男は前411年の革命における寡頭派の急進派の知的指導者であり，その政治行動は野蛮と暴力の極限を呈し，最終的に挫折し，そして復活した民主政により死罪に処せられたのである．この男についてトゥキュディデスは次のように述べている．「男らしさの徳（arete）の点で彼は彼の同時代人の中で最も卓越していた」[12]．

2

　トゥキュディデスの政治理論についてのより十全な見解を得るための最初のステップとして，前5世紀のアテナイで発展したような権力の概念を，すなわち，この試論の冒頭で引用した鍵となる諸演説において開示されている政治環境を再度見てみよう．

　アテナイ帝国の偉大さはその住民たちの眼には人間によって作られたものであり，その帝国がほとんどもっぱら物質的資源の活用だけに基づくものであったがゆえに，そして神によって課せられた任務や人間の義務を超えたものや人間の完成可能性を信じようとする試みはなかったがゆえに，前5世紀のアテナイにおける政治的レトリックは，本質的に動物的諸欲望とそれらの充足以外の何ものにも依拠しない人間的自然についての理論を発展させたのである．もしも人間は政治の領域において神Godの視界のもとに存在する被造物であるという理論や，あるいは人間は社会関係においてある意味で完成しうるという理論があったならば，アテナイ人は政治権力の成長の中に見るべきあらゆるものを見てしまったとそれほど確信をもって感ずることはなかったであろう．しかし，彼らの政治意識にはそのような理論は存在しなかったので，アテナイの特定の拡張はその原因を人間的また物質的条件にもつという驚くほどの明らかな証拠をもっていたことが，人間の政治的野望を上記の同じ条件で定式化することへ不可避的に導いたのである．そしてかくしてギリシア人全体にとってもアテナイ人にとっても，国家の中の男たちは帝国の最終段階において政治権力を掌握しようとする野心家たちが働きかけ

第Ⅰ部　静観した男

ようとする生の素材となったのである．もはや地理でも土地でも資源でもなく，ただ帝国や国家や家族の中の男たちだけが問題であった．躍進のシンボルは権力となり，そして権力は最終的にはそれ自身のためにのみ追求されたのであった．

さらにまた，権力は，最初は物理的または物質的資源の活用に根ざし，後には人的活用に根ざしており，そして人間の営みを超えた世界を説明した形而上学理論の枠組の中ではまったく成長しなかったが，それは技術の点では躍進した．コリントス人たちは，スパルタの諸制度がアテナイの好戦的態度と対峙するうえで相対的に不十分であることについてスパルタ人たちと議論しつつ，次のように述べている：

> 「たとえ諸君は諸君たちと似ている隣国に接していようとも，安全は獲得できないであろう．しかし現在の状況では，先ほど示したように，諸君の諸制度は旧式である．技術的発展の場合のように，継続的な躍進の各段階は常に前段階を凌駕するものである．もしも国家が安寧に過ごせるのであれば，不変の慣習の法典は最善であろうが，多くのさまざまな状況に対峙するのを余儀なくされる国家は技術的に躍進するための能力が必要になるのである[13]．この理由によりアテナイ人たちは——彼らはより豊富な経験を積んできたので——諸君の不利になるほどより多くの革新をしてきたのである」[14]．

諸国家において内政が崩壊する際に付随する独得の野獣性の戦慄もまた少なくとも部分的にはこうである——まさにこの残虐性もまた技術的に昂進した．内乱 stasis に関する章でトゥキュディデスは述べている：「多くの都市国家は継続的に革命的な動乱に陥り，後発の内乱は先発の内乱の知識から多くを習得し，武力政変の技術的工夫と報復手段の異様な恐ろしさとの両面において異常な程度まで革新を推し進めた」[15]．他国と交渉する手続きは，帝国を効果的に管理するうえで究極的には技術的問題の観点から結晶化していった．前427年に反乱を起こしたミュティレネは処罰されねばならず，クレオンが怒ってミュティレネの成年男子全員の死刑とその婦女子の奴隷化とを強行しようとしたとき，寛大な取り扱いを推し進める論客であったディオ

第Ⅲ章　トゥキュディデスの政治学の問題

ドトスは，その論戦で勝利した．しかしそれはかなり重要な諸根拠でそうなったのであった：クレオンは，ミュティレネ人の起こした反乱についてその全般的な正義や不正義の議論をもちだし，また報復的あるいは個人的観点からかかる状況をはっきりと考えていたとき，常軌を逸していたという根拠である[16]．唯一の問題は技術的政治の問題であった：そのような残虐な行為は実践的局面においてわれわれ帝国に利益をもたらすであろうか？[17]　その議論は，ディオドトスによって，死刑に社会的効果があるかどうかの一般的問題にまで敷衍されていった．この論客の賢明な決断はたびたび賞賛されてきたが[18]，その基本的諸想定がまったく道徳的なものではなかったということは，十分には強調されてこなかった．すなわち，いくつかの犯罪がそれ自体として人間性 humanity に対する罪であり，ある目に見えない正義の体系において報復を要求してくるか否かが問題なのではなくして，ただ単に社会は社会的に迷惑な行為を死刑という手段によって最も効果的に処理できるか否かということが問題であったのである．

　権力は概して技術の問題になるにつれて，それはより可視的で触知可能なものになった．デロスからアテナイへ金庫が移行したことや[19]，同盟諸国と帝国的権力との間の紛争に係わる通商訴訟を処理するアテナイ法廷の組織化や[20]，同盟国の領土に定住したアテナイ人のクレルキアの技術的立場によって，アテナイ帝国はギリシア世界に具体的に表象されていた[21]．さらにまた，私的生活においても諸価値の同じ尺度が正しいものとして受け入れられていた．物質的価値を伴った特権は何人かのひとによって「優秀な」人物の外に現れた徴しと見なされた．『ゴルギアス』においてカリクレスは述べている，「優秀でより知性のある人物は劣った人たちよりも多くを所有し，彼らの上に立つ支配者たらねばならない」[22]．

　この命題の圧倒的な明確さや単純さは，西洋世界におけるもっと後の文明の諸局面との対比においてはじめて，われわれにはっきり理解される．ローマ共和政下のあるいは帝政下の優秀な人物は，明らかな物質的な方法以外の他の多くの方法で，自らの個人的価値が社会に対して表現されていたかもしれない．共和政のもとでは，身分の低い家系と農民と古代農民の家系の組合せは，選挙民の票を求めた候補者にとっては，ほとんど最後まで適当な色づけであった[23]．前202年以後，このことはほとんどまやかしになった

41

が，それでも民衆が支配者たちに求めるものであることを決してやめることはなかった；そして，前108年に民衆が投票者としての地位を再び獲得した際，マリウスはまさにそのような道徳的資産を巧みに利用して執政官に就任した[24]．ローマ帝国における公僕 civil servant という概念は，とりわけ物質的な利点に無関係であると考えられていただけでなく，とくに<u>ローマ精神 *Romanitas*</u> の主唱者としての精神的に高貴な地位に結びついていたのである．ひとたびキリスト教が帝国の法典として受容されると，それは富と魂の善との対立を理論的に強調したので，共同体が物質的な利益以外の観点から名誉や栄誉を認めることのできる多くの立場に道をひらいた．

しかし有意義なことは次のことである．すなわち，アテナイ帝国のその他のギリシアに対する権力はまさに物質主義以外のいかなる価値の秩序にも属さなかったので，そしてその結果として，その表現はとくに技術的なものであったので，それは国際関係のための単純な権力政治の理論を産み出したが，しかしこの理論は単なるその国内の応用の範囲をやがて超えていってしまうのである．初めはその精神，組織また資源の凝集力によって他の諸国家に対して自国の意志を強要できる国家が，たとえば，前432年スパルタにおいてアテナイ人の使節団が熱心に説いた国家主義的弁護論を展開する単位として承認されたのである．後になると，1つの国家のうちの単一の集団が，好機さえあれば自分たちの利益だけに権力をうまく行使できると見抜いた[25]．ここにおいても有利な躍進の手段としての権力の追求の原則は同一であり，それはまだある程度まで共同体的事柄であるが，共同体の次元は収縮してしまった；それはいまや，貧しい者たちに対抗する富める者たちあるいは富める者たちに対峙する貧しい者たちなのである．しかし優越性の究極的な証しとしての権力の理論と優秀な人物のもつ権利としての権利の理論はそこで立ち止まらない．最後の舞台は僭主的人物である．優越する存在の「自然の」特権は国家あるいは党派にとってだけではなく社会の中の諸個人にとっても次第に心理的に魅力的になる．この道程の終点にはアルキビアデスがいて，彼は次のように述べた，「都市への愛を私がもつのは，私を不当に扱うところではなく，私の市民権が確保されていたところである」[26]．

もう1つの観点から見ると，アテナイ政治システムと連結したアテナイ帝国の物質主義は，最終的には政治的道徳と個人的道徳の間には実質的に区別

がないという帰結を含んでいる．前5世紀のアテナイにおいて個人と国家との融合は，われわれに知られているいかなる他の重要な政治共同体の場合よりも徹底したものであり，また帝国の本性はすべてのアテナイ市民にとって明らかな仕方で——アクロポリスの建築物や祭典や輸入品の入手可能性において——表現されていたので，帝国の道徳は個々の市民の道徳でもなければならなかったことは不可避なことであった．この帝国は，最初は合目的的に拡張し，後には抑圧的な施策をほどこし，暴力的にまた僭主的になるにつれて，個人的に帝国主義的で抑圧的な諸計画に票を投じた個々の市民は，その教訓を自分自身の人生に適用したにちがいない．エウプヘモスは，シケリアのカマリナの民衆を前にしてアテナイ同盟の大義を申し立てたアテナイの人物であるが，「僭主であろうとする，ある男<u>あるいは都市</u>」[27]に言及していることを留意しておくことは重要である．そしてペリクレスとクレオンの両者も，アテナイの民会の前での演説において，アテナイのその帝国に対する支配を「僭主政治」[28]として描いている．個人と国家の類似性は既に引き出されていた．この類似性が明らかになるには戦争の圧力だけがあればよかった．トゥキュディデスにおける演説の中のいくつか，ミュティレネ人問題に関するクレオンの演説のような民会でのいくつかの演説に含まれる異常なシニシズムは現代の世代の読者に驚きの機会を与えてきた．われわれの時代の最もあからさまに野獣的な著書『我が闘争』でさえも，ドイツの運命やその意義へのある種の神話的な信仰に基づいている．しかしアテナイにおけるクレオンやディオドトス，そしてシケリア人たちを前にしたエウプヘモス，あるいはスパルタにおけるアテナイの使節団は，彼らの国家帝国主義とその残虐さ，貪欲さ，攻撃性についてあからさまに語っており，真剣に検証してみればいかなるときにも，それらの性質に対して人間の振る舞いによる制裁を単に要求したにすぎない．

　これらの演説に耳を傾けたような人びとの大きな集まりがそれらに喝采を送るに必要なシニシズムをもちえたであろうかとひとは問いたくなるであろう．その問いに対する鍵は，アテナイ国家が本質的に民主的な性質であったことと，こうした公然たるシニシズムの表明と戦ういかなる強力に堅持された私的道徳も欠如していたこととにある．一方では政治生活と政治権力に適用可能であり，他方では個人的な事柄に適用可能であるような道徳の2重基

第 I 部　静観した男

準は決して効力の強いものではなかった；しかし前5世紀の後半のように，純粋に個人生活に属する道徳が，信条あるいは学問において権威的基礎をまったくもたなかったとき，その道徳は脆弱であったが，個々の市民に伝統的に期待されている行為基準と公然と対立する形で行動しなければならない必要性に不断に直面したときには，その道徳はとりわけ脆弱であった．そしてそのような必要性が，アテナイの民会に登院し，国外でのアテナイの権力を維持するのに必要な手段について票決したすべての市民に訪れたことにはほとんど疑いがない．ミュティレネの撲滅に「賛成票」を投ずることに伴う道徳的責任を負わされた市民の中に，彼自身の国家の内部における潜在的な僭主の形式があった．そしてアテナイの行動の手続きがギリシア全体の政治行動の規範であったので，率直な残忍さは自国の外における演説においても通例だったのである．

　ギリシアにおける僭主政治の偉大な時代は，もちろん，前5世紀の最後の4半世紀ではなく，前7世紀と前6世紀であったのは，たしかである．しかしプラトンが，堕落した政体の研究において，極端な民主政治の発展したものとして僭主政治を捉えていたのも真実であり，また非常に有意義でもある[29]．前期の僭主政治と後期の僭主政治とは名前と反憲法的権力の掌握以外には似ていない．前期の僭主政治の多くは封建時代と来るべき金権政治の溝を埋める手段であった[30]．それらは政治発展における必然的な段階を構成しており，そして政治理論に関するかぎり，それらはまったく非自己‐意識的であった．そしてそれらは一様に民衆にその起源があり，それらを打倒した貴族政治にはその起源はなかった．前5世紀のアテナイ人の心に付き纏い，アルキビアデスに暫定的に具体化し，クリティアスと彼の共犯者たちに実際に具体化した僭主政治は，あらゆる集団的政治道徳の崩壊から生まれた哲学的に構想された怪物であったが，およそ80年間にもわたってアテナイ国家の政治道徳の諸次元と特質がその僭主自身の中に寸分の違いのない複製として表現されたものであったのである．

　この真の哲学的発展としての後期の僭主が，それ以前の祖先と比較すると短命で取るに足らない成功しか収めなかったことは，歴史のシニカルな冗談である．前7世紀や前6世紀にはギリシアの非常に多くの国家で僭主政治が存在し，いくつかの僭主政治はかなり長期にわたり存続した――ペイシスト

第Ⅲ章　トゥキュディデスの政治学の問題

ラトスと子息たちの支配下のアテナイの僭主政治はほとんど50年近くも存続した⁽³¹⁾.しかしアルキビアデスは,単に中途半端な僭主にすぎず自らの地位を2,3年しか保持しえなかったし,憲法に従って票決された一般投票によって結局のところ罷免させられてしまった；そしてクリティアスと彼の共犯者たち,いわゆる「30人僭主」の支配は1年にも満たなかった.けれどもこれだけは述べなければならない.前4世紀の民主政治は,ペロポンネソス戦争の終結時期と帝国主義的民主政治の崩壊に続いて起こったが,その前の民主政治が生命力をもっていたようには,事実において,理論的に生命力をもっていなかった.そのことはその民主政治のスポークスマンのデモステネスやイソクラテスからさえも十二分に明らかである.プラトンの堕落した国ぐにの素描は現実の歴史的意味において真実である：つまりアテナイの政治過程の論理的帰結は僭主政治であった.それは非常に短期間しか存続しなかったし,実践的現象としては取るに足らないものと述べられるかもしれない.けれどもそれは,理論的には,大いに重要である.それは前5世紀の終わりであり,またアテナイの政治帝国主義の終焉をも意味したのであった.帝国主義とともに,より古い民主政治もまた死滅したのだった.前4世紀に残ったものは,政治的プロパガンダの潮流にたまたま乗ったぼろ切れに覆われた痩せ衰えた骨たちでしかなかった.

　われわれは,したがって,政治についてのトゥキュディデスの見解を,この民主政治とこの帝国主義との成長を彼がどのように見たかの中に見出す努力をしなければならない.

　『歴史』からのその決め手になりそうな証拠は,確実な解釈を受けつけない一連のヒントであるにすぎない.しかし私の考えでは,その証拠は,トゥキュディデスが事実を観察するさいに道徳的信念がないという観念を消し去るにちがいないし,その証拠はまた少なくともトゥキュディデスがその光に照らして事実を見たところの政治理論の本質を確立するにちがいない.というのもトゥキュディデスを理解することはその語の最も真の意味において彼の時代のギリシアを理解することであるからである.けだしトゥキュディデスは彼が見た政治的諸運動の背後にある思想を徹底的に把握し,その思想をそのような絶対的知識の完璧さをもって提示しているという点において,彼は彼の時代のギリシアと1つであったからである.

45

第Ⅳ章
トゥキュディデスとアテナイ民主政治

1

　トゥキュディデスの時代のアテナイ民主政治は，彼自身が述べるように[1]，ほぼ100年間存続した．それは正確には同質の形態ではなかったが，しかし驚くほどそれに近かったことが真実であることを，われわれは主にアリストテレスの『アテナイ人の国制』*Constitution of Athens* やプルタルコスの『英雄伝』から知っている[2]．クレイステネスがアッティカの先祖からの諸部族を前510年に解体し，地域での居住を選挙資格として定めたのち，さらなる変更――資産制限なしの普通選挙権，公職への普遍的適格性，治安判事の行為についての最終判断を議決する民衆法廷や公職勤務の報酬――は，それら自体重要であるが，クレイステネスの諸改革のモデルを完成させたにすぎなかった．アテナイにおける初期の政治諸形態からの決定的な離脱は，政治的結社における重要な単位としての血縁共同体を終焉させることであった[3]．その理由はかなり単純である．多くの血縁共同体やそれらの大規模な組織体，つまり諸部族が政治生活の枠組みを構成するかぎりは，伝統的な諸結社，家族の起源の古さや家族と個人の間の宗教的な絆の神聖さは，必然的に保守主義の方向へ向かう強い影響力をもつものである．アテナイで行われたのとは反対に，過去の習慣からこのような断絶がなされなかった国家――たとえばコリントス，メガラやシキュオンなど――においては，貴族政治から富者の寡頭政治への移行は独裁政治時代に中断されるものの容易になされた[4]．また伝統的血縁的な絆が解かれることなく続いたテッサリア，ボイ

第Ⅳ章　トゥキュディデスとアテナイ民主政治

オティアやスパルタなどの他の国家では，貴族政治が封建的な土地を所有した支配階級として留まっていた．アテナイにおいてだけ，家系や血縁や宗教の伝統的影響力が一撃のもとにその政治的意義を奪われ，昔の組織からまさに正真正銘の政治的民主政治が勃興した．ギリシアの他のごく僅かな民主的な諸国家においては，その民主政治はほとんど外圧や通常はアテナイの圧力の結果として誕生したので，結局それはギリシアの同時代人から見ると心理的に重要ではなかった[5]．まさにこのことが，ペリクレスがアテナイの国制は他の国家の国制を妬むことなく，むしろ他の国家にとって模範となるものであると自負し公言しえた理由であった[6]．それはアルキビアデスがスパルタでの演説の中で民主政治を「世に知られていた狂気」と攻撃した理由であった[7]．それは前5世紀のギリシアにおいて実質的に唯一独自なものでありアテナイ的なものでもあった．

2

　アテナイの民主政治とわれわれの20世紀の英米型あるいは欧州大陸型の民主政治との差異は，2，3あるいは4つあると言っても愚かなことであろう．現代国家の膨大な規模と複雑さは，われわれの間の重要な差異を数え切れないほどにしてしまうからである．しかしアテナイ人とわれわれの政治的に顕著な差異を2点あるいは3点回想することは，学徒にとって想像力を働かせて彼らの政治生活の中に自分自身を投げ入れるうえで効果的に役立つであろうことは，おそらく十分に真実であろう．

　最初の差異は哲学的差異である．アメリカ人あるいはフランス人がしたようには，アテナイ人は人間の普遍的平等の名のもとに彼らの民主政治を創らなかっただけではなく，英国人が自国の立憲史上の変更過程において時折したようには，アテナイ人は民主政治の諸原理が普遍的に応用可能であるとさえ認めなかった．アテナイの民主政治は，ペリクレスが述べたように，外部の模倣の模範であり続けたが，しかしアテナイ人は海外での政治的有用性の道具として以外には民主政治を無理に押し広めるために何かするように強制されているとは感じなかった．この最後の点が時折重要な要因になったということをわれわれは知っている．ミュティレネの不利になるようなクレオン

47

の提案に反対しつつ，ディオドトスはアテナイ同盟の1属国の全住民に不利になるような厳罰をアテナイが科すならば，この属国あるいは他の国ぐにの一般民衆のアテナイの民衆に対する好意的態度をアテナイが失うことに帰結するだろうと述べた[8]．そして彼自身は，これがアテナイの支配を維持するうえで重要な影響を与えるものである，と宣言する．われわれが留意してきたように，この一連の議論はきわめてシニカルに議論されている．死活的なことは帝国の保持であった；考慮すべき重要な事柄はそのような保持には都合のよい心理的局面である．まさにこのアテナイの民主政治のきわめて国家主義的な色彩によって，民主陣営の急進派は海外での反民主的な政策を公然と議論することができたのである．なるほど，クレオンが言うように，アテナイの民主政治における独得の性質や政治的結社と言論の自由は，安定し一貫した帝国主義的政策遂行にとっては極端に都合の悪いことであった[9]．彼の結論は自国の民主政治に何か悪いことがあるということではたしかになかった．それは単にアテナイ人は海外で民主的でないように強く決心しなければならないということだけである．

　アテナイの誰1人としてこの政策に致命的な首尾一貫性の欠如があると真剣にクレオンを非難しなかった事実にわれわれは留意しながらも，民主政治へのいくつかのアプローチは，アテナイ帝国を管理したアテナイの民主派の人びとによっておそらく不承不承に，またおそらく偽善的に実施されたことに注目することは興味深いことである．アテナイとその諸属国との係争，商業契約や商権に関する諸案件はアテナイの裁判所によって調停された；しかし注目すべきことは，その諸案件は法の裁判所によって調停されたことであり，アテナイ軍の調停ではなかった，このことをクレオンは辛辣に批判したのだった[10]．さらにまた，地域の独立自治の名残が諸国家において維持されていた；そのような国ぐにには，民主的諸原理を公言しまた民主的組織を管理している人びとによって統治されていた，そしてそれらの民主的な諸政府がアテナイの指図にしたがって存在するようになりかつ民主政治以外の政治体制は不適切であったという十分な証拠を，われわれはトゥキュディデスの著書の頁の中にもっているけれども，アテナイ軍は現地に逗留して地域の政府を支援するようなことをあえてしなかった[11]．そしてわれわれは，スパルタが前404年に帝国を奪取したときに，ギリシア全土にわたり一連の寡頭

第Ⅳ章　トゥキュディデスとアテナイ民主政治

派政府を創設したが，それらの短期間の存続にとってさえもスパルタ駐屯兵と軍政府長官たちが不可欠な条件であったことを想起すべきである．

　アテナイの民主政治と後の時代の諸民主政治との２番目の差異は機構的なもの——これまで頻繁に議論されてきたアテナイの民主政治における代議制の欠如である．この欠如の帰結として民衆の意志は，その議会にたまたま居合わせていた数の市民によって表明されていた．無関心な議会出席の期間がときどきあったことを認めるにしても(12)，たいていの場合に，公共政策に係わる事柄や軍事行動についての将軍の説明や，(前432年のような) 和戦に関する決議は，何千もの市民で構成されかつ，他のより多くの公衆に対してまったく個人的な責任がない，素人の集団組織に提出されていた．一般大衆あるいはその１部の組織立った集団が，かなり直接的にもう１度圧力を統治者に行使するようになったのは現代になってからであり，選挙民の代表を飛び越え選挙民に直接訴える炉辺談話やギャロップ世論調査や役人と議員に送りつける連名の電信と文書が出現した現代においてである．アッティカの民意は，通常の場合，出席者の数の観点から言えばアテナイの民意を表わすことになっていて，それは選出された統治者を直撃的なインパクトをもって圧倒した．そしてそれが，ペリクレスのような稀な場合を除いて，有権者たちの長期的な幸不幸に関しての政府の判断に取って代わっていた．

　このことに加えて，アテナイ政権が短命——１年間だけ——であること，役人は会計簿を提出すると民衆法廷において不満足な業績については即座に裁判にかけられたという事実があり，さらに常設の官僚機構はほとんど皆無にひとしかったので，この民主政治は目前の人民の意志に文字通り働きかけていたということをひとは理解する．警戒心の強いニキアスのような人物は，主に無為に過ごすか，あるいはすべての重要案件を反対党派あるいは後任の政権に譲り渡し，政治的運命を築き上げた．民衆扇動的で通俗的なクレオンは，品性や哀れみや誠実さを無視して，最大多数に最大の物品や名声を次から次へと分け与え，こうして「民衆の番犬」という政治的綽名を貰い，彼の政治的運を築き上げた(13)；ある時は成功しある時は実らなかった並外れた策略やごまかしや民衆による政変を遂行した才気煥発なアルキビアデスのような人物は，必要とあらば，民主的なゲームをしたが，あとになって心から確信して，それを世に知られていた狂気と述懐した；誰にもまして，非

49

常に独自で力強く孤独なペリクレスは民衆に媚び諂うことなく，民衆を率いることができた——このようなことのすべては，まさにこの直接民主政治の枠組みの中で考えてみると理解できるようになる．

　第3の比較の点——われわれがそう呼びたいのは，われわれの時代の実践からの差異が前の2つの場合よりも大きくないからであるが——は，政権との関係でのアテナイの政党政治システムである．執政官 archons は9名で名目上の「統治する執政官」であったが，前5世紀中葉までにはかなり無意味になった．彼らは全住民の中から抽籤で選ばれ[14]，そして市民全員に対して普遍的権利を与えることに熱狂的に固執したアテナイ人でさえもそのような気まぐれで選出された政権を望まなかった．執政官は宗教的祭事といくつかの公的儀式を執行した．実際の執行権力は「10将軍評議会」に置かれたが，これは選出され，「500人評議会」と協議した．そして後者は諸決議案をより大きな機関に適切に提出する任務を託された議会の委員会として，またアテナイの差し迫った政治的ニーズに応える常設統治機関として，選挙と籤を混合した手続きにより選出された[15]．現存する記録は完全ではないので満足するものではないが，それでも明らかにこれらの将軍のうちの1人は傑出した地位を与えられた[16]．彼の地位はアメリカ合衆国の大統領と現役の軍の最高指揮官を組み合わせたものに，あるいはイギリスないしフランスの首相と現役最高指揮官を組み合わせたものに匹敵する．他の将軍たちは下級行政役職に就かされたのであろうと推測される[17]．ペリクレスはこの指導する地位を，2, 3回の敗北があったものの，前459年から前429年まで保持した．明らかに時折ニキアスのような保守的な民主主義者は政権内でペリクレスと手を結んだ[18]．

　10将軍という名の政権はわれわれが党派政権と呼べるようなものを具現していた．すなわち，トゥキュディデス，プラトン，アリストテレス，プルタルコスの告白した陳述によると，前5世紀の終わりの75年間を通して主導的党派は2つあり，一方は民衆 demos，多数者あるいは貧者などとさまざまに呼ばれる多数者を代表し，もう一方は最優秀者，少数者あるいは富者などとさまざまに呼ばれる少数者を代表していた．帝国，国際通商，農業に対立する貿易，限定的選挙権に対立する普通選挙権の問題は，この2つの党派をナイフのように切り離した．この断絶は長いあいだ単に党派的差異とし

第Ⅳ章　トゥキュディデスとアテナイ民主政治

て存続し，国家の枠組みの中では力を合わせ協力することと両立した．このことが可能であったのは，おそらく部分的には前478年から前432年までの帝国政策の拡張主義のもつ成功の可能性のおかげであっただろう．寡頭政擁護者たちは道徳的に帝国主義が好ましくないとの強い見解を抱いていたが，彼らの道徳的諸見解は帝国を手放す願望に実際には転換されなかった；帝国とそれとともにアテナイもまた繁栄していたからである．そのことはまた部分的にはペリクレスという人物のおかげでもあったのであろう．ペリクレスは貴族の中の貴族であった．その家系はアッテッカで名門の旧家の1つであり，顕著な公職奉仕の記録をもっていた．ペリクレスとその家系が常に民主派を指導してきたことは一種の弱点であると見られていた．われわれはアリストテレスの権威に基づいて次のように述べることができる．有産の人びとは無産者の党派が指導者たちをもはや貴族階級に見出すことができず，商人や労働者の中に見出すときにはじめて，真剣に懸念を抱きはじめたのである[19]．

3

そのようなものが，したがって，短い概略ではあるが，トゥキュディデス時代のアテナイの民主政治であった．多数者の党派と少数者の党派の2つの党派のどちらの原理を公式に支持したのかという観点からすれば，トゥキュディデスの党派関係は簡単に描けるであろう．両党派の真価に関する彼の見解は一見したところきわめて明快であるように思われる．彼は前411年短期間施行されたテラメネスの保守的憲法を賞賛したとき，彼自身は穏健な寡頭政治を支持すると公言した[20]．彼は彼の国の運命を導く力となる民主政治の諸欠点を挙げる；明示的に挙げられているのは，彼がペリクレスに対する民衆の飽きっぽさや不安定さを指摘するさいや[21]，シュラクサイ遠征の壊滅の後でその遠征の失敗の原因が民主政治に帰せられるときである[22]．暗黙のうちに挙げられているのは，ニキアスが彼の本国政府へ宛てた書簡においてである：「おわかりのように諸君の自然本性naturesは支配しがたい」[23]．また「諸君の自然本性をわかっているので，つまり諸君は気持ちのよいことを耳にしたいが，それが後ほど同等には愉快なものではなくなる

と非難するので——私はより安全なやり方は，真実をありのままを諸君に説明することであると決めたのだ」⁽²⁴⁾．さらにまた「ペロポンネソスからの敵側の救援はより遅いのは確かであるが，かなり警戒していないと，<u>過去において諸君が犯したように</u>一方を看過し，敵はあまりにも素早くもう一方も逃すであろう」⁽²⁵⁾．

さらに，より多くの大衆による民衆の制御が望ましくないことはペリクレス自身についての評決の中でそれとなく伝えられている：「［彼の成功の］理由は，<u>彼自身</u>にとって，民衆は自由であったけれども，臣民たちにすぎなかったからであり，そして民衆に導かれるよりはむしろ彼自身が民衆を導いたからである」⁽²⁶⁾：あるいは彼がアルキビアデスを賞賛して次のように述べたとき，それが望ましくないことはそれとなく伝えられている；「あの瞬間に群衆を制御できたのはアルキビアデス以外には1人としていなかった」⁽²⁷⁾．

要約するとわれわれは次のように言えるだろう．彼はアテナイの民主政治をその都市が戦争に勝つことのできなかった主要な理由の1つと見なした．さらに彼はペリクレスの死から400名の反乱に至るまで権威の源泉であり続けた貪欲で愚かな群衆よりも，選ばれたおそらくはより知性のある少数者の手に権力を置くような政府への何らかの変化を良しとした．また彼はペリクレスの民主政治と後の時代のそれとの大きな差異を，至高の有能な支配権がペリクレス自身の手に託されたことだけに見いだした：「名前においてそれは民主政治であった；しかし事実においてそれはその第1の市民によって支配された」⁽²⁸⁾．

さらにまた，ここで叙述された見解——急進的な民主政治に対する哲学的な不信，選挙権のかなり厳しい制限への実践的な選好，およびペリクレスの民主政治と「扇動的」民主政治との区別——は，アリストテレスの『アテナイ人の国制』において明確に陳述されている穏やかな寡頭政的な中道の立場としてよく知られている．そしてそこではその立場を擁護するような前5世紀の歴史の過程がかなり丁寧に叙述されている．トゥキュディデスの中に後に現れる寡頭政的な哲学の予兆を見るのに多くの真理があることには疑いがない⁽²⁹⁾．

第V章
トゥキュディデスとアテナイ帝国

1

しかしトゥキュディデスについて前5世紀の最後の4半世紀に彼が寡頭派であったと述べることは，政治情勢へのわれわれのより深い関心からすると，単に表面を掻いたにすぎない．というのも政治的党派関係を国際的にまた内政的に分断していた本当の争点は，権力という主題についての道徳的立場にあったからであり，そしてアテナイにおいてそれは帝国という争点によって象徴化されていたからである．しかもその争点は寡頭派から民主派を必ずしも明確には分断していなかった．

いかなる権利によってアテナイは，ペルシアによる侵略の再来の脅威に備えて結ばれたデロス同盟にもともと加盟していた諸国の対外的自律を実質的に破壊してしまったのか？　これはアテナイの勢力範囲外のあらゆる国が投げかけた率直な問いかけあるいは憤慨の糾弾であった．われわれはこれらの糾弾を，戦前のスパルタでの会談においてスパルタの同盟諸国が口にしていたのを聴き，また同じように前427年プラタイアの占領後テバイ人たちがプラタイア人たちに凄みながら罵倒した中で聴くことができる[1]．アテナイの同盟諸国の対外的事柄を制御するにあたって，アテナイはペルシア戦争以前から存続していた汎ギリシア道徳の受け入れられていた慣例を蹂躙していたことには疑いがない．

しかしトゥキュディデスの本文においては，アテナイの告発者たちが決して一様にはこの道徳を根拠にしてアテナイを攻撃していなかったことに注目

することは意義がある．コリントス人たちがスパルタ人たちに公然と宣言したのは，彼らはアテナイ人たちが獲得できたいかなる権力を掴んだからといって非難しようとはせず，むしろそのようなことが発生することを許した点で，スパルタ人たち自身や彼らの同盟諸国の利益を軽視したのでスパルタを非難するものであるということであった[2]．そしてその戦争のもっと後でヘルモクラテスもまた，シュラクサイのための「モンロー・ドクトリン」を擁護するに際して，アテナイ人が人間的自然の命令に従ったからといっていささかも批判されるに値せず，シュラクサイの諸国が眼前で起こっていることを見ることができずまた自己防衛できないほど盲目であったので非難されるべきであるという赤裸々な陳述を述べて，当時の状況を要約した[3]．われわれはかくして海外においてさえも，アテナイ帝国の成功の影響が及んでいたことが窺える．すなわち，アテナイの多くの敵は道徳的根拠から彼女と闘っていたのではなく，国の存亡という根拠からだけ彼女と戦ったが，アテナイを批判しその不正を叫ぶことは実は見せかけだけにすぎないと，親密な外交交渉においては，はっきりと肯定していたのである．

　しかしこの見せかけが，われわれが見るように，諸小国の自律の擁護者としてアテナイとの戦争を闘うスパルタの諸主張の中に少なくとも繕われていた[4]．そしてブラシダスが前424年から前422年の間に北西部において並外れた外交上の勝利をかちえたのはまさに自由の名においてであった[5]．それゆえに，両陣営の最も進んだ政治思想家たちは，ラケダイモン同盟の諸国の中でそしてアテナイにおいて，道徳はまったく争点ではなく，赤裸々な問題は，――ギリシア人たちが述べたように――誰がギリシアの覇権を握るべきなのかが争点であると，冷笑的に公言した特別の場合でさえも，1つの道徳的争点がアテナイ帝国によって国際的観点において投げかけられていたのをわれわれは見出すのである．

　アテナイの外部のギリシア諸国におけるこの混乱した状況は，アテナイ自身の国内政策にも映し出されていた．ここでも保守派陣営の1部が道徳的諸根拠にもとづいて帝国への反対を試み，少なくとも公然とこれをその党派のスローガンにしようとしたのをわれわれは見出す．そしてその帰結として，そのような保守派の人びとは，帝国主義の大義をあからさまに公言するアテナイよりもスパルタのほうにより好意を示していた．この理由から，彼

第Ⅴ章　トゥキュディデスとアテナイ帝国

らは精力的に戦争を闘うのを嫌い，この戦争が「取り決められた」和平協定で終結し，ギリシア全土がギリシア-ペルシア戦争で最初からともに戦った盟友，アテナイとスパルタの友好協調をもとに再び外交的に管理されるだろう，と切にいつも希望していた．しかし保守派が意を十分に固めて民主的国制を破壊し，制限選挙を基礎に変更しようと決断したときには，保守的党派自身も道徳的に新「現実主義」に浸透されていたのであり，帝国の放棄がスパルタとの和平とアテナイ自身の反動的解決とを買い取る唯一の方法である場合にのみ，彼らは帝国を放棄したであろう．

　この保守的党派の両義的な態度はおそらく道徳的立場の変化の帰結によって全面的にもたらされたものではないだろう．それはある程度まで，アテナイが〔デロス〕同盟であることを止め，帝国になりつつあるかどうかも未だあまり明らかではなかったときに，保守派の初期の英雄の多くが，帝国を建設するのに実際に手を貸したという事実にもよるのであろう．いくつかの意義ある事例を詳細に研究してみると，寡頭派の人びとのもろもろの選好と，アテナイの直接的支配に服する領域を拡張しようとする意欲とが相互に提携することができたという兆候があったのは，前450年以前のとくに25年間であった．たとえば，まさにアリステイデスこそが最初にデロス同盟を推進した人物であり，この同盟は明白にその発足時からアテナイの増大化の種子を含んでいた，そして彼は『アテナイ人の国制』の中で保守派の派閥のリーダーとして引用されているのである[6]．もっと意義ある例を挙げれば，自ら貴族出身であり，アリストテレスに貴族的党派のリーダーとして呼ばれたキモンこそが[7]，同盟諸国への自発的参入とは性質が異なるものとしての最初の決定的なアテナイ帝国への諸併合を強行した人物であった．

　しかし前450年以後にアテナイの選挙民のうちの保守陣営には帝国に対する反感が漸次増えてきたことをわれわれにかなり確信させる証拠が多くある[8]．その最初のもので最強の異論は，同盟諸国の組織的な搾取に抗して唱えられた，つまり，その異論はデロスからアテナイへの正式な金庫移転が実施されてからまもなく起こったが，それはペリクレスに対抗する寡頭派のリーダーとしてわれわれが知っているメレシアスの子，トゥキュディデスの異論であった[9]．次の陳述は疑いもなく彼のものである：「ギリシアはその尊厳を下劣な傲慢さで汚され，僭主の支配に明らかに屈服している，とわれ

われには思われる.というのも,彼女はギリシアの他の国民に戦争の準備のためわれわれが強要した金銭を使って,われわれがわれわれの都市を金ぴかの装飾で飾り立てるのを見るからである；彼女は事実われわれがアテナイを高級娼婦でもあるかのように宝石,彫刻や何千タラントンもする帆船で飾っているのを見るからである」[(10)].これ以後のアテナイにおける保守的諸派の政策は――前411年以前には彼らが民主的国制を寡頭派的国制によって置き換えようとする証拠がまったく見あたらないので,ここでは寡頭派よりも「保守的諸派」について語ったほうがより無難である――最初は帝国の拡張に断固として反対しているように見えた,そして次に戦争の圧力が彼らに厳しくのしかかったときには,彼らは国内での安全との引き替えに帝国をより積極的に放棄しようとしたのである,そしてこの安全は,保守的諸派が彼らの立場に投票するとかなり確信できるような市民だけに投票権を制限することと不可分であった.

この保守派陣営の反帝国主義の立場はその道徳的信念とは無関係に多かれ少なかれ彼らに強要されたものであった.というのももしも彼らが国内の極端な民主政治を抑止しなければならないとするならば,戦争の終結とスパルタとの友好とが不可欠であり,そしてそのようなスパルタとの友好は帝国のあるいは少なくともそのかなりの部分の放棄との交換によってしか買い取ることができかったからである.こうして保守的諸派にはこの戦争を民主派が企んだ厄介なものと見なす傾向が次第に顕著になってきた,そしてスパルタを敵国としてではなく,ギリシア全体にわたり寡頭派の特権を温存する人びとと見なそうとする意志が拡がっていった.ここから保守派陣営では反民主,反帝国,反戦,そして最後には,親スパルタの諸分子が緊密に連携していたのをわれわれは見出す.

もちろん,この混合が強固なものになるには長い年月がかかった.たとえば,ニキアスが前421年までのさまざまな将軍職にあった時期に,彼が忠誠心と安全であるという彼の名声に値しなかったと想定する理由はない.しかしけれども,その年にアテナイ帝国の諸利益にはあまり好都合ではない瞬間に,たしかにスパルタをさまざまな困難から解放した瞬間に,ニキアスは事実スパルタとの和平を結んだことは確かである.アテナイは依然としてスパクテリアの捕虜たちを拘束しており,そしてスパルタは前424年の時と同様

第Ⅴ章 トゥキュディデスとアテナイ帝国

に彼らを取り返したかった。スパルタとアルゴスとの条約は前420年に失効することになっていた。しかも、スパルタの立場は、ペロポンネソスでは敵対的なアルゴスに、また海上では対抗するアテナイの艦船に対峙しており、まったく羨むに足りないものであった[11]。したがって、断固とした反スパルタ政策を実施していれば、前418年に中途半端に遂行されたアルキビアデスの策略を、かなり首尾よく成功させていたかもしれない。ニキアス＝プレイストアナックス和平条約は無為に時間を過ごすだけであった。そしてスパルタにこの重大なときに時間の猶予を与えるべきではなかったのである。

前415年のシケリア遠征の議論でもまたニキアスは、議論のために提出され大胆な征服プロジェクトに反対したことをわれわれは知っている[12]。なるほど、この反対意見はニキアス自身の個人的な警戒心に由来していたかもしれない。疑いもなく、ニキアスの脳裏にはこの戦争開始時のペリクレスの忠告がまだ残っていたのである：諸君は帝国を拡張しないかぎり安全であろう[13]。しかしトゥキュディデス自身のシケリア遠征についての評価によると、その考え方は実践的で基本的には健全なプロジェクトであるが、ひとり本国の政権が無能であったために頓挫したということが想起されねばならない[14]。その遠征が打倒され、その敗北が決定的になったときに、ニキアスはスパルタ人のギュリッポスに投降した、「というのもシュラクサイ人によりも、ギュリッポスに彼の信頼を置いたからである」[15]。そして彼の死はスパルタによったのではなく、シケリアの代理人によったのである[16]。

前411年の政変で樹立した寡頭派の施策は、この戦争の放棄ならびにスパルタとの友好の方向へ前進するさらなる1歩であった。なるほど、寡頭政治への変化の動きは、民主派のかつてのリーダーであったアルキビアデスから出ており、そして彼の用いた議論は民主政治から寡頭政治へ移行すればダレイオス王との友好をもたらし、しかもそのダレイオス王との友好はアテナイに戦争の勝利をもたらすだろうという趣旨であった[17]。しかし、寡頭派が民主的憲法を廃止するという目的を完了しようとしたとたんに、交渉で戦争を終結させようとする政策はにわかにその魅力が失せてしまった。寡頭派新政権がほとんど最初にとった行動は、スパルタ王のアギスに和平の可能性を打診することであった。そして、その打診の受け入れを阻んだのはこの王の政治的素朴さだけであった[18]。寡頭派への圧力が増すにつれて、彼らがス

57

第Ⅰ部　静観した男

パルタをほとんどその擁護者として受け入れようとする意欲は明らかになった——そしてこれは前404年ではなく前411年のことであった．トゥキュディデス自身，彼の意見を次のように記録している：「寡頭派はとりわけ同盟諸国をも統治したかったが，それが叶わないならば，無傷なままの艦隊と城塞とともに独立を望んだ，そして，それさえも望めないならば，復活した民主政治の手によって一掃されることだけはどうあっても避けたかった，そしてそうなるよりはむしろ敵を招き入れ，かつ敵に艦船と城塞を放棄することに同意し，寡頭派はそれによって個人的な安全が買収できるならば，敵に都市を制御させる用意があった」[19]．次のことを注記することを除けば，この話をさらに先に進める必要もないだろう．すなわち，前404年にスパルタの駐屯隊と長官を受け入れ，それらの手助けで支配したときにクリティアスがなしたことは，もう既に前411年の「400人革命政府」の指導者たちの行動の中に明らかにその徴候を示していたのである．

前450年から前404年までのアテナイにおける保守派外交政策の展開を概観すると，アテナイの帝国主義が国内政治に及ぼした影響の過程で，保守的民主政治から寡頭政治への移行と，民主的に評決された戦争政策への誠実な黙従から最終的な敵への自国明け渡しへの移行とについての手掛かりを，われわれは，おそらく，発見できるかもしれない．ここでわれわれは第一級の証拠以外で満足しなければならないが，しかしその証拠がそういう性格だからといって，結論に到達できないというわけではない．「旧寡頭派」は，アテナイにおける多数の在留異邦人を批判し，貴族的特権の意識あるいは富への従属によってももはや抑えきれない多数の市民集団の傲慢な態度を批判する延々たる攻撃演説に浸っていた[20]．『法律』の中でプラトンは外国貿易を望ましくないと論じるが，その理由はそれが都市の伝統的慣習を身につけていない，また容易には吸収できないほどの多数の異邦人を都市に引き入れるからである[21]．寡頭派的指向をもつアリストファネスやアリストテレスなどの著述家が，クレオンやその仲間の演説の作法や振る舞いに向けた嘲笑は，同様の道徳を指し示す[22]．この帝国の富と版図が増大するにつれて，首都の住民は，名家や富裕者などの伝統的特権をもはやかつてのようには受け入れない住民となってしまった．アテナイは紳士たちによって統治されることをやめた．交易によって獲得された富はそのほとんどがメティクス，す

第 V 章　トゥキュディデスとアテナイ帝国

なわち居住外国人たちの手に握られていた．典型的な寡頭政的支配者の財政的資源の出所は，スパルタ人の侵略によって破壊された不動産[23]，あるいは同様に前 413 年のスパルタの占拠によって破壊された鉱山への投資[24][25]，あるいは法律などの専門職業などであったが，最後の専門職の場合には民衆が利口さ，教育あるいは高度の知識を嫌悪したことが不断の躓きの石であった[26]．これらの要因すべてが力を増すにつれて，前 420 年代の保守的な民主主義者が前 404 年の反動的な寡頭主義者になったとしてもきわめて当然である．

2

　トゥキュディデスはその存命中に帝国主義が発展し拡張したのを目撃したが，その帝国主義に対するトゥキュディデス自身の態度は，『歴史』の中の肯定的な陳述によって若干は規定されるし，また否定的な推論によってより完全に明らかに規定される．最初に，どのような肯定的な証拠があるかを見てみよう．

　彼の「考古学期」[27] の中でトゥキュディデスはギリシアの往古からデロス同盟までの発展を説明している．そしてこの説明は，前 478 年からこの戦争の開始までの 50 年間の出来事についてのトゥキュディデスの解釈とともに，彼にとって，彼がこれから記録しようとする大事件への幕開けである．この物語全体を通して「自然的」あるいは不可避的展開としか呼びえないようなものにわれわれは気づかされる．すなわち，地理的また経済的必需品の観点から個々の国に作用する強制力であり，これらの必需品は，住民の一定の気質と結合すると，一定の「自然的」帰結に導いていく強制力である[28]．金銭，商業，海軍力や大規模な中央集権化は，野蛮で単純な状態からアテナイの高度に発展し洗練された帝国への行程における必要な段階である．

　この先史そのものとペロポンネソス戦争以前の歴史は，戦争の原因についてのトゥキュディデス自身によって表明された意見に直接つながっている．これはアテナイの勢力が強大になりスパルタ人たちがそれを怖れたからであった，とわれわれは言い聞かされている[29]．この戦争の本当の原因に真っ向から対比されて，戦争勃発時にその原因[30]であるともっとも多く言われ

59

たものについて，つまり，ケルキュラの事件とポテイダイアへの攻撃についてわれわれは言い聞かされている．

われわれは直ちに「考古学期」と「50年期」の本文には一連の対立があることを思い出す．そこでわれわれは，ホメロスのような詩人たちあるいはヘロドトスのような歴史家たちによって提示されたさまざまな空想的でロマンティックな説明とは対立するものとしてトゥキュディデスが発見した本当の，常に物質的な諸原因を，しばしば聞くのである[31]．歴史の発展におけるこれらの「真の」要因はたしかに地理や資源にだけ限定されたものではない；それらの要因は，関係している人間たちの心理全体を考慮に入れたものである．たとえば，アテナイの力という事実だけでなく，まさにアテナイに対するスパルタの恐怖心が重要なのである．アテナイ人の性格や気質の存在だけでなく，まさにアテナイ人の性格についてのコリントス人たちの印象が問題なのである．

他方において，道徳的含蓄をそれぞれ伴った，自由や隷属そのものの争点は，トゥキュディデス個人によって決して明示的に論評されていない．このテーマは諸国民の代表者の口の中にあらわれた[32]，いずれにしても，彼らの目には，あるいは，彼らの唇には重要な要素としてあらわれた，しかしトゥキュディデスは，道徳的諸争点自体のもつ純粋な力が実際に存在するという保証をどこでもしていない．

トゥキュディデスが，ある政治状況においてこれらの道徳的争点が曖昧であると理解したのは，その歴史状況によって彼に事実上強いられていたのかもしれない．彼の時代の国際的手続きにおける正義あるいは不正義の実践的問題は，ほとんど恒常的に前490年と前480年のペルシア人との戦争で個々の国が何を行ったのかの申し立てに還元された．そしてこの自由と隷属のテーマとペルシア戦争を結びつけることが，まさしくトゥキュディデスの目にはそれを疑わしいものにした．ギリシア諸国が前5世紀という「近代」にとって本質的な点で最初の表面的な統合を成し遂げたのは，まさにペルシア人たちとの戦役においてであった．トロイア戦争は，彼らにとってあらゆる歴史的真実をもって，遙かな過去に実際帰属していた．さまざまなギリシアの諸国家が，たとえ一時的にせよ，彼らの地域の独立の1部を共通の計画——ペルシア人たちの打倒——の遂行に際して放棄したことは，実際に立証でき

第Ⅴ章　トゥキュディデスとアテナイ帝国

る記憶の範囲内では初めてのことであった．前480年以前においてギリシア人にとって自由とは，彼の共同体が選好した政府の形態に関係なく，彼自身の共同体がそれ自身の事柄を管理する権利を意味した．そして，そのような自律を一時的にも放棄することを受け入れさせるためには，ギリシア世界とペルシア世界との紛争全体は隷属に対する自由という共同体的争点として表象されねばならなかった．

　それゆえに，ヘロドトスの第8巻において，ペルシアの代弁者であるマケドニアのアレクサンドロスが地域の自律の名のもとにアテナイ人たちに直接に訴えかけ，そしてこのマケドニア人がペルシア王はアテナイにこの自律を容認する用意があると宣言したことは，意義深いことである[33]．このことが著しく有効な宣伝であったことは，アテナイがそれを受け入れるのではないかとスパルタが懸念したことで立証されている[34]．そしてギリシア世界の擁護者であり，また血統，言語や慣習においてもそうであったアテナイ人の力強く反響した返答は純粋に真新しいものであった[35]．前478年のデロス同盟の結成は，同盟国側においてペルシア戦争の間アテナイとスパルタが行使した中央集権化した支配の有効性を彼らが理解した帰結であり，それはまたギリシアの土地からペルシア人が撤退した後に，同じ基盤のうえにその戦争の最終局面を継続しようとする努力を構成していた．

　私が思うに，ギリシア同盟諸国は，この同盟を彼らの国民生活の恒常的な特徴として考えていたという証拠はない．ヨーロッパにおけるペルシアの力の残滓を満足できるほど排除し，ペルシア人たちによって与えられた損害を修復したのちには，この同盟は解散するという想定があったのであろう．このことがプラタイア人に抗するテバイの代弁者などの人びとが行った怒りのこもった演説に少なくとも含まれていた含意であった：

>「ペルシア人がギリシアへ攻めてきたとき，ボイオティア人の中で唯一プラタイア人だけがペルシア側に与しなかったとプラタイア人は申し立てた．このことは彼らが自慢し，われわれテバイ人を侮辱する主要な根拠である．しかしわれわれの意見を言えば，彼らがペルシア側に加わらなかったのはアテナイ人もそうしなかったからである．しかし，同様にして，アテナイ人が後ほどギリシアの残りの部分を攻撃すると，

ボイオティア人の中でプラタイア人だけがアテナイに味方したのである」[36].

　こうして国際的手続きにおいて正義あるいは不正義の観念は，自由あるいは隷属の争点に帰着し，そしてこれは立法，行政や司法の手続きのうえで，ある共同体が自らの選好に従って生きる唯一の権利として非常に単純に理解されたのであった．

　この無媒介的で直接的な地域の自律は，トゥキュディデスの『歴史』の頁において比較的に中央集権化した政府というもう1つ別の観念から挑戦されている．トゥキュディデスにとって，その過程は継続していること，すなわち，「考古学期」から彼自身の時代まで延長していたということをわれわれが見ることは意義深いことである．前420年代のシケリアは，以前にギリシア大陸が体験した発展と同様の発展を経験していた．そして前13世紀，前12世紀のギリシア大陸において海賊の恐怖や貿易の増大が政府のより大きな単位の形成へ導いたように，シケリアがアテナイとスパルタからの脅威に晒されると，ヘルモクラテスはシケリア人にシュラクサイの指導力のもとに団結するように忠告した[37]．彼が指摘しているように，一時的にそのような彼らの特定の諸利益をより大きな統合体のより大きな利益に譲ることは，特定のシケリア諸国にとってさえ国外の権力に直接的に隷属せずに生存できる唯一の方法であった．同様の論点はスパルタ人たちに対しても数度にわたって繰り返された[38]．彼らはその勢力範囲内に自国に適さない統治形態の国が存在しないように彼らの同盟諸国を管理した；すなわち，スパルタの制御する国すべては寡頭政治によって統治されていたのである．アテナイがまだ自国の意志を直接に他国へ強制できなかったところでは，アテナイは「民主的」と申し立てられる支配的集団が政府を託されるように腐心した．

　こうしてトゥキュディデスや当時の最も洞察力のある多くの人びとにとっては，この自由と隷属の争点は時代遅れで無意味なものであった．弱小国の強大国への何らかの形の隷属は，その時代の必然的趨勢であった．重要なのはその形式だけであった．かくして，国際正義の本質は，各国が自国の国事を管理するというかなり古い簡単な規則にではなく，支配権力が行使した干渉の種類に存したのである．残虐行為への転落が始まるのが，実際のとこ

第V章　トゥキュディデスとアテナイ帝国

ろ，この時点である．以前の弱小諸国家が諸権利をもつという原則からは，この転落は始まらない．アテナイも，スパルタも，後のシュラクサイも仲間の諸国を昔の意味での「自由」な状態に置こうとは提言しなかった．まさにこの理解の光のもとで，トゥキュディデスは，統治する都市が最初は被支配者の取り扱いにおいて何らかの外的「正義」，均衡あるいは公正さについての揺れ動く観念を維持しつつ，徐じょに状況に強制され，まったく費用のかからない体裁だけを保ちながら，被支配者を単にある目的のための手段として取り扱うようになっていく諸段階を叙述したのである．

　トゥキュディデスの「考古学期」と「50年期」の両方に一貫した強い主張によると，以前のすべての戦争は，その規模と意義において[39]，ペロポンネソス戦争と比べると小人のような価値しかない．ペルシア戦争は過去に帰属し，自由か隷属かの道徳的争点は，ギリシアの権勢がその頂点に到達したときに，同郷のギリシア人たちが相互にしたことの前では意義が消え失せた．あたかもギリシア対野蛮という争点全般の陳腐さに注目するかのように，トゥキュディデスは第Ⅰ巻において，ペルシアの援軍を招こうとするスパルタの意欲を細かく記述した[40]——そしてアテナイはペルシアの援軍をかちえようとアルキビアデスの祖国復帰を認めた[41]．トゥキュディデス自身，戦争におけるペリクレスの判断を評価して，ペルシアの援軍が最終的なスパルタの戦勝における決定的諸要因の1つであったと指摘する労をとっている[42]．ギリシアはマラトンでの戦士たちの亡霊に悩まされていたし[43]，ペルシア戦争の諸争点は前5世紀後半の当時の批判的な「近代人たち」にとっては陳腐で無意味なものであったことをわれわれは知っている．トゥキュディデスは，テバイ人たちがプラタイアの民衆に対抗した論争において，ペルシア戦争におけるテバイ人たちの行為は当時の世界における彼らの政治的立場には関係がないというテバイ人たちの主張に同意していると感じないのは困難である[44]．

　もちろん，論評を厳しく慎むことを決意しているトゥキュディデスのような歴史家については，この帝国をあからさまに道徳的に批判しないことは，その歴史家が暗黙の非難を浴びせることになると想定することは理論的には可能なことであろう．けれども『歴史』を丁寧に調査すると，それはほとんど支持されないだろう．彼は実際この戦争を通していくつかの制度や多くの

63

男を褒めたり貶したりしている．彼は民主政治の制度について，軽蔑的にそして痛烈に，その判断を述べ，それも1度だけでなく何度も述べている[45]．彼は，アテナイの最善の政府は彼の時代にあってテラメネスの寡頭体制であったと公言している[46]．ヒュペルボロスの「卑俗」についても彼は語っている[47]．彼はわれわれにクレオンについての「見識ある」人物たちの諸見解も伝えているが[48]，これはそのような判断が「見識ある」と彼自身が考えていることの公正な証拠である．ミュカレソスの子供たちに対する犯罪はこの戦争において「最も悲惨なこと」であった，と彼は言っている[49]．ニキアスが「あのように死ぬのは最も相応しくなかった」と彼は言っている[50]．そして，何にもまして，<u>内乱 stasis</u> の諸章において[51]，道徳的形容語句が意味をもっていることへの彼の確信について疑う余地のない証拠を彼は示している．いかなるギリシア人も，品位や高貴さのような資質が存在すると彼が考えていることを暗に示すことなくして，品位や高貴さやその他について語ることはできない．古い諸価値は革命時には投げ捨てられたが，しかし彼は，それらの古い価値に対して人間たちがかつての尊敬を払わなくなったとはいえ，それらがかつて存在したこと，そしてある程度まで今でも存在していることを知っている人間として著述している．道徳的被造物としての諸個人や共同体の道徳観の変化についてのこのようなすべて直接的な論評に鑑みて，民主政治に，その指導者たちに，そして個別の行為や男たちに道徳的批判に類似のものを彼が浴びせているのに，その帝国にはいかなる道徳的批判も存在しないことは，彼がそのような道徳的批判は適当でないと考えていたことを意味するに違いないと想定することは，まったく合理的である．

　われわれは，したがって，『歴史』がそこから執筆された観点は，通常の党派提携としての民主主義者のそれではなく，あるいはおそらく寡頭派のそれでもないだろうという帰結に到達したのである．民主主義者でないという理由は，交戦中の民主政治についてトゥキュディデスが下した多くの悪い評価はまったく度外視しても，彼はテラメネスの国制に好意的な記録を残すことまで行ったからである．この憲法は既往の民主的国制に取って代わり，民主的立場の根本原理である無制限選挙権の観念をとくに拒絶したのである．けれどもトゥキュディデスは往年の寡頭派ではないことも確かである．というのも彼は帝国に対して，あるいは一般的に，諸国家の昔からの自律の侵害

第Ⅴ章　トゥキュディデスとアテナイ帝国

に対して，道徳的に非難しなかったからである．トゥキュディデスは民主主義者の党派でも往年の寡頭派でもないと記述したからといって，私は直接的党派提携の欠如を強調したいわけではない．前422年北東部で彼が指揮官の地位に就いたとき，彼はおそらく保守的民主政権との関連でその職に就いたのであろう．トゥキュディデスはテラメネスの革命を賞賛したが，革命時にはアテナイに居なかった．しかし，彼の党派的傾向を考慮からはずしても，多数者の支配を拒否し，1つの国の他国に対する支配を批判することを拒絶する点で，彼は民主主義者の公然の諸原理あるいは寡頭派に反対したのである．われわれが探し求めるのは，したがって，この歴史家が適合する第3の党派関係ではなく，政治的に第3の理論的な立場である．

　私の主張は，この立場の本質は，個人と国家の両方において権力への憧憬は人間の諸資質の最も基本的なものであり，その資質の光のもとに歴史家はすべての政治行為を判断すべきである，と見なすことであるが，しかし前5世紀に広く流布していたこの新しい政治理論の枠組みにおいてトゥキュディデスは2つの個人的な逸脱を示していた――すなわち，政治権力のゲームにおける運の被害者への思いやりのある憐れみと，独自の政治的価値との2つであるが，後者は，権力への憧憬によって創造されたものと，創造されたものとそれを創造した男あるいは男たちとの関係とに割り当てられた．

第Ⅵ章
歴史的必然

1

　トゥキュディデスが過去の歴史―――古代の歴史と 50 年の歴史―――の検証において，どのように心理的諸要因と物質的諸要因の相互作用を強調しているのか，そして過去の詩人たちや散文史家たちが各要因の強調を歪めたことについて彼はどのような異議を唱えたのかに再び留意するのは価値がある．それらの諸章の範囲は，トゥキュディデスの時代以前のいかなる戦争も，ペロポンネソス戦争ほどには重要でも大規模でもあるはずはなかったことを証明しなければならない必要に関わっている．そして，この点をどのくらい強調すべきかは若干微妙であるが，彼の時代以前のいかなる歴史家もその史実を，厳格な歴史家が取り扱わなければならなかったようには取り扱わなかったのである．それゆえに彼は過去の歴史を通観し過去におけるこれら 2 つの偉大な戦争，すなわちトロイア戦役とペルシア戦役を吟味し，そして彼自身の言葉で，詩人たちの虚栄心と年代史家たちの無節操な通俗化とが不明瞭にしてしまった史実の隠された意義を指摘することを選択したのである．

　たとえば，トロイアの城攻め期間は長引いたが，それはトロイア人たちが頑強で勇敢であったからではなく，ギリシア軍の無能さによるものであり，そしてこれは全軍が城攻めを継続するだけの十分な糧秣を運搬できなかったことによる[(1)]．この戦争は，したがって，多くの詩人が流布させた名声とは違って，事実においては取るに足りない事件であったことが，この個別の

第Ⅵ章　歴史的必然

事例と他の事例から明らかにされている[2]．求婚者たちを支配したアガメムノンの力は，彼らを彼に縛りつけた誓約――架空の話――によるのではなく，彼の時代の君主たちのあいだで傑出していた彼の財力のためであった[3]．そしてアルカディア人たちに関するホメロスの証拠はアガメムノンの力の規模を確認するものである，もっともトゥキュディデスはここにおいてさえも彼の権威を冷笑しているのである[4]．

　しかし彼の全体の説明は古の詩人たちや年代史家たちに対する攻撃以上のものであった．これは次のことを主張している：過去について真実を知りたい人間にとって，その過去についての真摯な探究は，前5世紀初頭までのギリシアの弱さとそれ以後のその強さは，財貨，通商，海軍力や大規模な結合と中央集権化の問題であることを暗示するであろう[5]．それゆえに，詩人たちや年代史家たちが言わなければならないことは，彼らが意識的あるいは無意識的に隠蔽しようと試みた真実の間接的な証拠としてのみ引用されている．

　われわれが海軍力，中央集権化，通商や財貨などの諸要因を眺めると，われわれは次の点における密接な平行関係に驚く．すなわち，ギリシア文明の成長についてのトゥキュディデス自身の説明と，この試論の冒頭において引用した，アテナイ人が彼らの帝国を手に入れた方法についてのアテナイ人使節団の説明との間の緊密な平行関係である：すなわち，後者の方法は男たちの恐怖，名誉と強欲の力によってである[6]．広大な都市たちの設立や通商の成長に関して第Ⅰ巻においてわれわれは次のように言い聞かされている．「弱者は利得を求めて強者への隷属に屈し，そして，強大な者たちは余剰を手中に収め，弱小都市に彼らの臣民になるように強要した」[7]．ここにはたしかに恐怖と利得が働いている．そして名誉による偉大な出来事が省かれているのは，私見によれば，熟慮に基くものである．名誉の時代は，われわれが後に見るように，全盛時代である；そしてその全盛は未だに来ていない．その時代はペリクレスのアテナイ時代にやって来るのである．

　われわれはトゥキュディデスの『歴史』を読むにあたって，それは戦争についての書物であることを常に思い起こさねばならない．この戦争は著者にとって主に軍事的あるいは戦略的関心事ではなかったが，それでもなお，これら両面はもちろん戦争の記述において重要である．この戦争はトゥキデ

67

第 I 部　静観した男

ィデスの言葉でははるか昔の前479年に始まった長い歴史過程の頂点であり，その年にペルシア軍はギリシアから撤退したが，その同じ年にそれでも依然としてギリシアに対するペルシアの脅威を恐れていた同盟諸国の要請に応じてアテナイがその指揮官の地位に就いた．翌年（前478年）には，アテナイはデロス同盟を設立した，当初それはペルシアに抗しての自由諸国家の連盟であった；それから30年も経ずしてアテナイの利権だけに役に立つように構想された高度に組織化した帝国になった．これこそがトゥキュディデスにとって本当の戦争の背景であった，そしてその戦争は，したがって，過去の伝統から相続した非本質的なものすべてを破壊しながら，戦争の要求によって国家の真の自然本性 true nature とその中の人間たちのそれを露にする危機のモーメントであった．

けれども「50年期」はペロポンネソス戦争の背景として重要ではあるが，この「50年期」の物語そのものの背後にはミノア人時代にまで遡るギリシアの物語がある，そしてこの物語は「考古学期」として第I巻の最初の18の章においてトゥキュディデスによって語られており，「50年期」そのものとともに，その戦争への前奏としてすべて1つになっている．これは単にその言葉の年代順的な意味における前奏ではない．これはあらゆる戦争 a war へ，つまり，その戦争 the war ではなくあらゆる戦争 a war へ導いていく過程の物語である．この戦争は興味深いものであったが，その理由はギリシア世界がかつて知っていた最大規模の戦争であったからである．そしてトゥキュディデスもまた個人的にそれを見ることができた──それに彼の注意を払うことができたので「彼はそれについて何かを正確に知るであろう」[8]．しかしそれでもこれは単にこの戦争ではなく，あらゆる戦争の物語である．戦争はトゥキュディデスにとって社会的発展における最終段階であり，あらゆる史劇の厳粛な最終幕なのである．

このことをトゥキュディデスの眼から見るには，われわれは彼がこの戦争についてそして第I巻でその先行事情について直接的に語っていることだけでなく，前427年にミュティレネの民衆を代表したディオドトスの演説で言われたことも眺めなければならない[9]．このディオドトスは，アテナイ民会の前で，反乱したミュティレネの擁護論を申し立てているが，その前日に既にその民会は成年男子全員の死刑と婦女子を奴隷として売却することと

第Ⅵ章 歴史的必然

を決議してしまっていた．ディオドトスはその判決の正義あるいは不正義を討論することに興味はなく——それが得策であるかについてのみ議論することに興味をもっていることを彼は是非とも明らかにしたいと思っている．彼の考えでは，国家の単位の内部あるいは外部における侵略的行為の抑圧における過酷さは，それが個人の犯罪者に対して行使されようとあるいは反乱国に対して行使されようと，人間的自然の構成からして決して儲からない．彼自身の言葉は次のように続く：「貧困はその必要性に迫られて大胆不敵を生み出し，そして裕福さはその高慢と傲慢とともに貪欲を生み出し，そしてその他のあらゆる条件は，そのおのおのが特定の人間的気質によって支配されるように，人間自身よりもより大きくそして直すことのできない何らかの圧力によって人間を危険へと駆り立てるのである．そしてあらゆる場合において，希望がありそして情熱もある，前者は導いていき，後者は服従する，さらに前者は攻撃の計画を考え抜き，後者は幸運の豊かさを示唆する．これらが最大の損害を与えるものであり，そしてそれらは見えないが，眼に見える危険よりも強力なのである．これらのほかに，運そのものがあり，それが激励に少なからず貢献する；というのも，時どきそれはまったく見込みのないひとの力になり，彼の資源が劣っているにもかかわらず彼に危険を冒すように導いていくのである．これはまた，諸国家にとってその利害関係——自由あるいは他者に君臨する帝国——が最大であるかぎりにおいて，国家にも妥当するのである．このようなことすべてとともに，各人は自分自身をより大きな何かに匹敵すると非合理的にも判断してしまうのである．かくして，人間たちの自然本性がある目標を熱烈に達成しようと励んでいるときに，ひとが法律の力あるいは他の恐怖 terror の手段によって，彼らの目標から彼らを逸らせる方法を考案できると想像するならば，それは単に不可能であり余りにも短絡的な考えの徴しである」[10]．

ディオドトスの発言の趣旨は，個々人と国家の両者の永久的攻撃性の断言に向かっている．これが単独な人間の自然的条件そして政治的な人間の自然的条件であると見なされており，そしてディオドトスが顕わにするのは，まさにこの自然的条件に横たわる諸要素である．その帰結として，諸政治的社会間の戦争，単一の社会における<u>内乱 *stasis*</u>，および個人が属する特定の社会に対する彼の無政府的戦争は，人間生活の自然的潜在的可能性である．

69

第Ⅰ部　静観した男

　ディオドトスは社会における犯罪者の立場と同盟関係における反乱国家とを同等視していた，そしてこの点こそ，われわれが「考古学期」に向かうときに留意すべき論点である．ディオドトスはまた諸都市にとっての「最大の利害関心」を指摘していた，そして再びこれら——自由あるいは他者に君臨する帝国——は同一視されている．こうしてあなたは犯罪人が犯罪を犯すことを死の恐怖によって妨げることはできないし，そしてあなたはミュティレネがその自由を救うために反乱を起こすことを個人あるいは集団の死の恐怖によって妨げることはできない．「考古学期」の物語はむしろ酷いほど同じである．それは不可避的に戦争の偉大なモーメントへと進んでいく小さな諸都市の国民全体の物語である．

　たしかに，これは不明瞭にされているが，その理由は「考古学期」において技術的に意義をもつ諸発明が物質的環境への独得な人間的反応として扱われているからである；換言すれば，なにゆえに男たちが反乱や戦争の犯罪を犯すのを妨げることが不可能であるかに語り手の関心の重心が置かれる代わりに，それは，技術的観点から，彼らの環境への彼らの反応の積極的諸結果に集中していたからである．かくしてわれわれは諸艦隊の建造，町まちの補強，通商の拡大，<u>内乱 *stasis*</u> の成長，諸僭主政治の成立，そして巨大に中央集権化した諸連盟の誕生をば，略奪行為や，海洋への接近に内在している潜在的富や，人口増加における潜在的に大きな市場から生まれる，初期の貧困に対する直接的人間的解決策として学ぶのである．けれども，疑いもなく「考古学期」全体の方向はその戦争に向かっている：物質的繁栄の着実な成長は，諸都市や男たちの中のそれに対応する諸情念に対抗させられた，そしてその結果は，遅かれ早かれ，戦争になる運命であったのである．

　トゥキュディデスの語りには，哲学的にも実践的にも，他に可能な解決はない，というのも彼にとっては，ある与えられた権力あるいは諸権力の混合の中に正義の均衡のとれた調和あるいは正義の具現化の静的観念がないからである．貧困が初期の無防備な遊牧民たちを通商や諸都市や海洋へと強制的に駆り立てたのに対して，この休みのない運動によってギリシアは2大連盟陣営を最後の絶体絶命の闘争の渦中に追いやったが，ほぼこの運動と同じような最初と最後を伴った終わりのない循環を無制限に継続するのである．まさにこのことを心に留めながら，彼は彼の歴史について次のように書くので

ある．すなわち，内乱について強調しているように，「人間的なものに従って」[11] 同等あるいは類似の形において過去に起ったことと将来に再び起こるであろうことの説明が彼の歴史なのである．そしてその内乱についての陳述において彼は次のように言う．「人間の自然本性が同じであるかぎり，今起きていることや将来も再び起こるだろうこのような事柄は，それらの開始期を支配していた環境の個別的な交錯次第で，多くの暴力を伴ったり少しの暴力を伴ったりする形をとるのである」[12]．

そしてトゥキュディデスが戦争勃発前にスパルタでのアテナイ人使節団の言葉を特別な苦い思いをもって書き記していたのは疑う余地がない：「かりに諸君自身がわれわれを破壊し，帝国を引き受けることになったとしても，男たちがわれわれを怖れる理由から，諸君は諸君の今もっているその好意をにわかに失うであろう」[13]．前 421 年のニキアス和平条約の後にスパルタに対して直接に向けられた憎しみ[14]，ペロポンネソス半島におけるスパルタの権勢に抗しての新たな諸連盟の形成，そしてもちろん前 403 年の新スパルタ帝国に対するさらにより激しい反作用は，トゥキュディデスの心の中では，ペロポンネソス戦争は権力と僭主政治の究極的問題を解決しないであろうという彼の理論の真理の生きた証拠であるに違いなかった；それはある僭主権力を斥け，他のそれに代替しただけであった．諸環境は権力の集中を強制し，そしてこれに対する人間的反作用がそのような集中の諸帰結を強化した．ある国の他の国に対する戦争，そして好ましい機会における国内のある階級の他の階級に対する戦争，そしてある男の彼の社会に対する個人的無政府的戦争は，貧困あるいは豊かさが「制約」によってあるいは「高慢と傲慢」によってひとを駆り立てるとき（事例としてはアルキビアデスの経歴），いかなるひともいかなる国家も束縛されている必然の連鎖全体の部分なのである．

2

前 5 世紀における当時の政治討論に関する〔トゥキュディデスの〕外部の証拠のいくつかを見てみよう．プラトンはわれわれに 2 人の人物を提供している．すなわち，トゥキュディデスの読者にとってとくに興味深い『国家』

におけるトラシュマコスと『ゴルギアス』におけるカリクレスである．カリクレスは民主派のように見える；トラシュマコスは必ずしも民主派の立場あるいは寡頭派の立場を採るわけではないが，しかし個人的利得を考慮に入れながら，彼がたまたま市民であるいかなる国の政府とともに変化するであろう[15]．彼ら2人は，しかしながら，圧力を受けると，当時の民主政治が基礎としていた慣習のほとんどを含めて当時の道徳的諸慣習 conventions を，社会における弱者が彼らの自己保存のために強者に課した人工的な制約として彼らは見なしており，そしてこのような制約を真に賢い男はチャンスがあれば無視するであろうということ．彼ら両者とも，少なくともソクラテスに論駁されるまでは，僭主の生活こそが最高に幸福な生活であると肯定するのである．

このようにわれわれはこれら両人物の性格素描の中に，前5世紀の最後の4半世紀におけるいかなる特定の党派編成をも実際には超える政治や個人的道徳の1つの哲学を見つける．トラシュマコスあるいはカリクレスのような人物は民主派であるかもしれない；彼がそうである可能性は非常に高いであろう，民主派がアテナイにおいて優勢でありそうなので，そして最もおそらくはその綱領のもとでは彼は権力を手中に収めるであろう．彼は，しかしながら，寡頭派であるかもしれない．クリティアスはそのようであり，そして彼の行動を基礎とするならば，『国家』の第Ⅰ巻においてトラシュマコスによって描き出され成功した男の歴史上の人物以外の者として彼を見なす理由はない．しかし彼がどの派であろうとも，あるいはどんな中道的立場を採ろうとも，彼の行動にとっての哲学的基準は党派への直接的忠誠心を超越していたそれであっただろう．彼は私利の充足とそれゆえ権力の掌握とが彼の生の至高の目標であることを発見した人物である．そして国際政治の用語で表現されれば，これは，個人のように国民も，好機さえ与えられたら，それ自身の国民的満足のために最大限にその権力を行使すべきであることを意味するのである．

トゥキュディデスとプラトンの両者における同じ妥協点や同じ結論に留意することはおそらく重要ではないことではないかもしれない．スパルタでのアテナイの使節団は「自然的」功利主義的諸理由の真っ只中にいくつかの不適切な「道徳的」議論を依然として強く奨励する．彼らは，たとえば，次の

第Ⅵ章　歴史的必然

ように言う：「人間の自然本性 nature の命令に従い，他者を支配しながら，それでも彼ら自身の力が保証する以上により正義であると判明する人びとがあれば，その人びとこそ賞賛に値するのである」[16]——他方で，もちろん，もしも彼らの議論全体の諸含意がしっかりしているならば（メロスでのアテナイの役人たちはそれらを厳格に解釈するが），アテナイの正義，つまりアテナイの自然的正義 natural justice は，アテナイの進むかぎりのところにおいて展示されるであろうし，そしてその帰結として，彼女は道徳的根拠に基づくいかなる擁護も必要としない．『国家』第Ⅰ巻におけるトラシュマコスの場合には，その最初の段階の彼の議論もなお一定の慣習的な道徳的諸想定に基づいている，あるいは基づいているように見える．赤裸々な力と自己拡大の教説が新しい自然的正義として引用されるのは，まさにトゥキュディデス（第Ⅴ巻）のメロス島での対話とトラシュマコスの議論の最後の段階にいたって初めてであった．そして，意義深いのは，両方の場合において，その教説が前面に出されたのは，若干の躊躇を伴いまたもっともらしく尻込みしながら，そして最終的には，発言者たちは彼らの本当の理由を尋ねられており，かつ，この問題に関する未経験者たちはその場には居合わせないという口実のもとであったことである[17]．

　トラシュマコスやカリクレスのような人物の，あるいはスパルタにおけるアテナイ使節団の心理的アプローチは，トゥキュディデスにおいて歴史における唯物論的因果律の彼自身の理論と結合していた，そして彼の著作が将来何らかの有用性をもつかもしれないという希望を，彼はまさにこの心理的要因と唯物論的要因の相互作用に基礎づけている．『歴史』において少なくとも３度——戦争，疫病および内乱について——彼は，一定の途方もなく大きい破局の諸事実についての彼の正確な報告は，それらが再び起きたときに，役立つであろうことにわれわれの注意を喚起している；そして２つの場合——内乱と疫病——にはそれらは疑いなく再発するであろうと彼は断言している[18]．

　内乱 statis に関して言えば，さらにまた，彼はその時が何時であるのかについてわれわれに疑う余地を残さなかった。この特定の内政の変種である革命は，それに付随する道徳的腐食を伴い，大きな戦争と共時的に発生する，というのも，この戦争は「男たちの日常生活の安全を奪う」からである[19]．

同様に，ひとは気づくのだが，疫病発生時にアテナイを苦しめた道徳的破局は，男たちが彼らの精神の中に明日も生きているであろうという自信が排除されることによるのである．このゆえに彼らは外からの法律の抑制や内なる良心を無視して彼らが今日歓ぶものは何でも行おうとしたのであった[20]．

そしてそれでは，「人間的なものにしたがって」大きな戦争が再発することを，「考古学期」と「50年期」についてのトゥキュディデス自身の説明に適用しようとするのはあまりにも行き過ぎであろうか？　たしかに，彼自身の時代までのギリシア史についての彼の導入的説明において示されていることは，諸国民がより富裕になり，そして通商と通信が盛んになるにつれて，一定の物質的あるいは一定の心理的諸要素の積み重ねが，中央集権化された偉大な帝国の成立に寄与することである．これが起こると，そのような帝国はその勢力が脅すと受けとめられるいかなる隣国たちあるいは隣国たちの結合とも衝突する運命にある．そしてこの光のもとでは，彼が彼の理論に従って，アテナイ勢力に対する恐怖がペロポンネソス戦争の基本的理由であったと見ることは正しい，とわれわれは見ることができる．彼は帝国あるいは帝国建設者たちに対する道徳的批判に耽らない，なぜならば，疫病の発症に対してアテナイ人たちを批判することと同じように，彼らをそのように批判することは，場違いであろうからである．都市への人口密集がたしかに疫病の主な原因であったが，しかし必然の強制が過密を強化したのである[21]．帝国はたしかに戦争の殺戮や荒廃の主な原因であった――しかし，歴史の必然の強制が，トゥキュディデスによれば，帝国を強化したのである．

3

この強制はまた，トゥキュディデスが次のような言葉で彼自身を彼の先行者たちから差別化しているあの有名な文章をひとが解釈するときに想起されなければならない：「おそらく私の語り口の性質が物語りめいていないので，ある読者には少し簡潔すぎるかもしれない，しかしもしも人間的なものに従って同様な形あるいは類似の形で生起したこと，あるいは再び生起するであろうことのその明晰な真理を知ろうと欲する人びとがこれを<u>有用であるuseful</u>と判断すれば，それで私には充分である」[22]．しかしこの有用性の

第VI章　歴史的必然

本質 nature についての明示的敷衍はないし，そして歴史における因果性の分析は，トゥキュディデスが特定の出来事に先立つ特定の著作をその破局の諸根源を未然に防ぐ程度にまで有用であると考えていたかについては，われわれを非常に懐疑的にしたままである．

　この見解は，たしかに，歴史的な諸出来事のユニークさを歴史家がその真理を強調している文脈においては，ほとんど不可避的である．もちろん，パタンの繰り返しはある，そうでないならば，歴史は現在の歴史的観察者にとってまったく何の興味関心を与えるものでもないであろう．しかし，このパタンを含む一連の特定の環境のユニークさもまたそこにある．強調は一定の結果を生む一定の人間的諸要因の恒久的な繰り返しに置かれ，そしてそれぞれの機会における繰り返しの外的形式の差異に置かれる(23)．

　さて今日の人間，あるいはトゥキュディデス以後のあらゆる時代の人間は，この歴史家を読み，その中に一定の有用なものを見つける<u>かもしれない</u>し，存在する惨事に対してより有能に取り扱うまでになるかもしれない，しかしトゥキュディデスを読むことにより獲得される智恵は，将来の破局の<u>諸原因</u>の削除には向けられない．彼は，前5世紀最後の4半世紀に起きたことの真理を理解することによってあなたは人間たちが同じ荒廃や崩壊を再び作ることを防ぐ方法を知るであろうとは語っていない．それとは程遠いのである——というのも，その荒廃や崩壊を産んだ諸動機は依然としてそこにあり続けるだろうからである．しかしおそらく，もしもあなたが一連の特定の環境をそれらの特殊性やユニークさのすべてにおいて理解すれば，同じ諸動機によって創造された次の不測の事態に対処するのに必要な技能の何かを獲得するであろう．

　ペロポンネソス戦争のような1つの歴史的出来事の内在的に真なる把握は，人間の諸欲望の中の恒久的なものの理解とそれらの欲望が束の間に装ったユニークな外形の把握とを必然的に組み合わせるならば，将来の政治的観察者における唯一貴重な資質，つまり，男たちの政治的行いへの鋭い推測や直観的洞察に導いていくかもしれない．まさにこの精神をもって彼は疫病，つまり，道徳的政治的破局に匹敵する物理的破局について語ったのである：「各人に彼が知っているように，医者であれ素人であれ，何がこれを惹き起こしたらしいのか，そしてそのような変化を動機づけたと彼が考える十分に

75

力強い諸根拠について語らせよう．しかし私はそれがどうであったのか，それを観察した男としてそれらの症状を示してみよう．もし再発した場合に，無知に備えて最良の予備知識をもっておこう．というのも私自身もそれに罹り，他の苦しむ人びとを見たのであるから」[24]．

4

　さてもしも歴史的変化の諸要因が，トゥキュディデスの眼には，実質的には固定しているならば，政治的手腕の基礎的価値は先見の明であることをわれわれは発見すべきであるということになる．もしも極端な貧困と富とは人びとに明確な諸反応を産み，そして人びとの物質的状況から切り離しうる彼らの感情は情念と希望に要約されうるならば，政治家は，いやしくも政治家であるならば，これらの一般的な概念を彼の時代の特定の環境に適合させるうえで善い判断をもたねばならない，そしてこの資質はいわゆる「先見の明」である．必然性の鎖を断ち切ろうとする試みは愚行である；人間の環境によって，また彼の無条件的根本的な攻撃性によっても彼に強制されている不可抗力の程度の正しい理解をもってしても，政治家はなおも他の多くの理由によって無力であるかもしれない．しかしそのような不可抗力の理解なしには，彼はまったく政治家ではありえないのである．また，社会と人間にとっての危機の契機は，トゥキュディデスの観点では，戦争であるので，政治家の才能が究極的に真価を問われるのは，まさにそこである．そしてそれはさまざまな方法においてである．というのも彼は戦争に勝つための技術的で軍事的な好都合な手段を考案できないかもしれないからであり，そしてその帰結として彼の社会にとっての優勢な地位を失うかもしれないからである；あるいは彼自身の社会の中でその戦争への心理的な反作用を制御できないかもしれないからである；あるいは戦争が贅沢な余計な感情を取り去るにつれそれが病的なほど挑発する個人的攻撃の病弊の犠牲に彼自身がなってしまうかもしれないからである．アテナイの政治的手腕にとってのこれらの危険すべてはトゥキュディデスの頁に叙述されているのが見られる，そして上述の３つの危機に直面する独得の機能をもつ３人の政治家についてのさらに詳しい論評は，トゥキュディデスの歴史的因果理論とディオドトスのそれとの

第Ⅵ章 歴史的必然

真の偶然の一致についてのわれわれの最善の証拠である．これら3人の男とは，テミストクレス，ペリクレスおよびアルキビアデスである．

3つ場合すべてにおいて彼らの先見の明が際立って強調されている．テミストクレスは未来の行程について最も狡猾な推測者であり，そして難問の発生に際してそれらを取り扱ううえで最も機知に富んだ臨機応変の才があった[25]．戦争におけるアテナイの持久力と戦争そのものがとるであろう行程についてのペリクレスの評価は，非常に注意深くなされていたので，2，3の不測の要因がもちこまれたとしても，彼の判断は正しい結果となる[26]．アルキビアデスはこの点に関して明示的な表現ではあまりはっきりとは賞賛されていないが，しかし，暗示されているのは，ペロポンネソス半島におけるスパルタのもろもろの敵国を統一するための彼の計画や，シケリア遠征の勝算に関する彼の判断や，デケレイアに常設駐屯部隊の設立のためのスパルタ人への素晴らしくまた非常に効果的な彼の勧告を含む，前413年以後の勝利の好機を計る彼の技能は，未来を査定する同じ智恵を示していることである[27]．

トゥキュディデス的政治家のこの資質——彼の先見の明——は，ディオドトスのリストの中で政治的変化の諸要因と一体的に結合している．3人の政治家はすべて物質的環境の力とそれによって作用を受けている人間たちにおいてそれが生み出す気質との必然的な環の適切な理解をもっている．もっとも3人の政治家のそれぞれの必然性に対する理解の光のもとで歴史が彼らのそれぞれに要請している役割には差異があるけれども．

テミストクレスの独得の貢献は，政治権力発展の比較的早期の段階における政治権力の必要を充足させる技術的な手段の発明である．アテナイの場合には，これは長い城壁と艦隊とを意味する．ここでの才能はほとんどまったく技術的な発明のそれである；すなわち，両方の防衛形態が必要であることはこの政治家が説得しなければならない国民にとっては相対的に明白であった．最初，艦隊建造のために必要であった資金を共同で分配することを諦めさせることをアテナイ人たちに説得するのにある程度の困難があったことは本当であるが，しかしわれわれは彼らを説得するのは非常に困難であったとは思わない[28]．また，歴史的ゲームで成功するには，この時点でアテナイの計画に決定的に干渉していなければならなかったスパルタ人たちを取り扱

ううえで，テミストクレスは「臨機応変」で彼の賢さを示すが，しかしその策略は実行するには比較的簡単であった[29]. ここで歴史の必然が要請したのは，まさに技術的創意であり，そしてこれをテミストクレスは所有していた.

ペリクレスの時代においてアテナイの政治家に要請されていたものは，将来の戦争あるいは実際の戦争を取り扱ううえでの技術的手段の精緻化にそれほど向けられているわけではない. それはむしろ彼自身の国民における戦争への心理的反応をいかに制御するかの理解に，そして敵側の気質を正しく解釈しかつ予測することに向けられているのである. ここでもまたわれわれはこれがちょうどトゥキュディデスがペリクレスについて強調していることであると気づく. 彼は「アテナイの民衆に導かれることなく，むしろ彼らを導いていく」ことのできる男である；彼は「自由の精神においてさえも，彼らを制御する」ことができる[30]. そしてスパルタ人が反応するであろう仕方についての彼の判断は，第Ⅰ巻を通して継続的に正しいことが証明される.

注目すべき点は必然性のパタンが変わってしまったことである；政治的用語において満たされなければならない条件は，主に計画の立案あるいは防衛あるいは侵略の機動力ではもう既にない. 今ではほとんどもっぱら，ある与えられた立場の必然的心理的諸帰結とそれらを取り扱ううえでの成功する手段の進化を把握することである. 宣戦の瞬間，戦争の諸含意と成功裡に進む戦争の継続と終結のための計画についてのアテナイ人たちへのペリクレスの忠告は，彼自身の国民の感情と敵側の感情についての正確なヴィジョンにすべて基づいている[31]. これが運によってもちこまれた計算不能の要因である疫病が諸計画をほとんど壊滅させるまでに駄目にする理由である. ほとんどであるが，しかしまったくではない. というのもここにおいてさえ，ペリクレスに襲いかかる民衆の非合理な嫌悪の十全な力に直面してさえも，彼は彼らが疫病をそれが本当に何であるか――運の仕業であり，そして政治家の無能ぶりを証明するものではなく，あるいは指導者や方向を変えるための善い理由でもないと見なければならないと彼らに納得させることができるからである[32].

しかしながら，政治家がある与えられた物質的条件を取り扱うのに必要な技術的発明の諸資質と諸環境への人間たちの心理的反応の正確な理解を最高

度に所有していながら，しかもなお失敗するとわれわれが見ることができるのは，まさにアルキビアデスの場合においてである．アルキビアデスの技術的な計画は，アテナイの利益のためになされようとそれに反してなされようと，卓越している[33]．そのうえ，ペリクレスのすべての技能をもってアルキビアデスは彼の提案への心理的反応を測ることができる．彼はアテナイ人にアギス同盟やシケリア遠征を説得できる；彼はスパルタ人の前で彼自身の祖国に対して反逆者として見えるが，彼はスパルタ人に彼の忠告の妥当性を説得できる[34]．諸策略の発明においても人間の感情の理解においても彼に不十分なものはなかった．そして，その瞬間によって要請されている政治家にいかにアルキビアデスが接近しているかをいわばはっきりと示すために，トゥキュディデスは彼の極端に稀な仮定的陳述の一言を述べている：アルキビアデスの行き過ぎた行為は，民衆が彼に対して不信感を抱くようにすることによってアテナイ国家の荒廃に「とりわけ」寄与した，と彼は言う．この含意は明らかに，彼らが彼に信頼をおいていたならば，彼は彼らを救っていたかもしれないということである[35]．けれども何が欠けていたかの説明は第Ⅱ巻のペリクレスの演説においてトゥキュディデス自身によって提供されている．彼は都市にとって無益であると判明するであろう3種類の政治家を議論している：

「必要なことを知りながら，民衆に対してその明確な説明をすることのできない男は，あたかも彼がその考えを思いつかなかったのと同じぐらいの価値しかない；その知識をもち明確に語ることができても，都市の善い友人ではない男は，真に個人的な感情をもって語ることは依然としてできないであろう；しかし彼がその他にこれをもちながらも金銭に隷属してしまっては，これのために共通なものすべては売り渡されてしまうだろう」[36]．

アルキビアデスにおいてそれは金銭の愛ではなく野望である；そして野望の諸危険は，アテナイ人によって独得に，ほとんど不合理なほどに痛感されていたが，そのことをトゥキュディデスは，僭主たちの破壊について詳説されている彼らの歴史的ロマンスの説明において指摘している[37]．ある政治

家の有権者たちの眼に彼に不信をいだかせてしまう個人的な道徳的諸欠陥のいくつかの種類があり，そしてその場合には，歴史の必然性についての彼の真の知覚でさえも歴史的行動の舞台で彼が能力を発揮できないことから救いはしないであろう．

第Ⅶ章
運と憐れみ

1

　トゥキュディデスの読者は誰でも，彼が叙述している人物たちや出来事について個人的な道徳的論評が乏しいとの印象を抱いてきた．しかしそのような道徳的論評がなされている場合には，それがいかに奇妙な仕方で述べられているかに注意した読者はほとんどいなかったように思われる．とくに，以下のような種類の３つの章句があり，そしてそのおのおのがこの歴史家の個人的判断を具現しており，一見したときには，その論評の本質や多様性においてきわめて異なっているように見えるが，それでも詳細に検討すると同じ種類の醒めた人間性 detached humanity を示すのである[(1)]．

　a) 最初の章句はミュカレソスというボイオティア人の町の破壊の物語である[(2)]．ミュカレソスはかなりの内陸に位置し，その城壁は役に立たず所どころ崩れかかっていた．そこは戦争とその利害関係からはまったく隔離されていた．不運にも，たまたまアテナイ人たちがトラキア人の傭兵部隊を雇い入れ，それはデモステネスとともにシケリアへ出兵されることになった．その部隊の到着は非常に遅れ遠征部隊への合流ができなかったばかりか，特別に割り当てられた軍務なしに雇い入れているのはあまりにも費用がかかることが判明した．そこでアテナイ人たちは彼らに帰国を命じ彼らの帰路をアテナイ人の役人の指揮下においた．彼らがアテナイの指揮下にあるかぎり国家が１ドラクマの日当を各兵士に支払い続け，また陸の帰路はかなりの時間をとりそうだったので，ディエイトレプェス指揮官はその帰路彼らを使って

できるかぎりの損害を敵に与えるように指図されていた[3]．彼らはボイオティアの地方を行進し，この眠るように静かな小さな田舎町のミュカレソスを略奪したのは，このように環境のもとにであった．そこでトゥキュディデスは次のように述べる：「彼らは皆殺しにしながら，ミュカレソスを襲撃し，その住居や寺院を略奪した．若年だろうと老人だろうと容赦はしなかったし，見かけたものは全員，婦女子も同様に殺害し，生あるものはすべて駄獣までも惨殺した．というのもこれらのトラキア人は，他のたいていの野蛮人のように，自信に溢れているときには最も血に飢えていたからである．その時には酷い混乱が発生しあらゆる形の死が起きたが，とくに町で最大の学校を彼らが襲撃したときは，子供たちがちょうど登校し，そのときに１人残らず虐殺してしまった．この町全体が予想外の恐怖において，他とは比較のできない最大の惨事を被ったのである」[4]．この章句の最後にトゥキュディデスは書いている：「これがミュカレソスに起こったことであり，この町の小さな規模を考えると，この戦争で起きたあらゆることと同様にわれわれの涙に値する出来事である」[5]．

　b）シケリア方面作戦の最後でニキアスはシケリア部隊に投降したが，トゥキュディデスがわれわれに語るように，その理由は彼がシケリア人たち自身よりも彼らのスパルタ人の指揮官ギュリッポスをより信頼していたからである[6]．ニキアスともう１人の指揮官デモステネスとはギュリッポスの要求でシケリア人たちによって暫時拘留されたが，しかし最終的に両名とも死刑にされた．トゥキュディデスによると，シケリア人の中でシュラクサイ人は，ニキアスが助命されるのを恐れた，というのもアテナイ人との公式の交渉を試みてしまったシュラクサイ自身の中の著名な１派の人びとの名前をニキアスが拷問されて暴露するといけないと思ったからである．この遠征の失敗全体と，４万人に近い死傷者や捕虜などの損害は[7]，ニキアスの愚かさ，臆病さ，無能さに非常に多く帰しうる．デモステネスは軍隊を助けようと繰り返し試みたし，この目的のための彼の諸計画は堅実であり，そしてそれらの成功はありえたろう．ニキアスは一貫してそれらを妨害した．これらの事実はトゥキュディデス自身が第Ⅶ巻において証人となっている．ニキアスの最期についての彼の論評は次のようなものである：「かくしてこのようなあるいはこれに似たような罪により，ニキアスは死んだ．通俗的に徳と呼ばれ

ているところのものにしたがって彼の一生を通して彼が生きてきたことから，私の時代のすべてのギリシア人の中でこのような不運の極みに最も値しない人物であった」[8]. デモステネスについて彼は何も語っていない.

c）前412年から前411年にかけてアテナイの民主政治は寡頭派たちの陰謀によって転覆されたが，その理由は，彼らはアテナイが民主的であり続けた場合の，戦争と平和の両方の展望に長い間不満を抱いていたからである．アルキビアデスの協力がえられる希望と，彼とともにおそらく彼ならば確保できるだろうと評判されていたペルシアからの援助とは，この党派の数名にとって重みがあった．しかし戦争，民主政治，スパルタに対する寡頭派の態度の根源は，われわれが前の章で見たように，もっと昔に遡る．寡頭派の徒党には2つの陣営——ごく少数による強い政権を目指す暴力的派閥と，選挙権の制限を望み，そして憲法の改正を行い，それをアリストテレスが後に<u>ポリテイア politeia</u> と呼称するもの，つまり民主政治と寡頭政治の両要素の混成に近づけようと望んだ穏健な立憲的党派——があった．急進的寡頭派の中の首謀者はアンティフォンと呼ばれる男であった；穏健派のそれはテラメネスであった．

急進派は革命における最初の行動を起こし，秘密警察の方法でしばらく都市を統治した．トゥキュディデスが述べるように，そのときに「他の市民は誰もがこの陰謀の規模を見て怖れ，これらの施策に対して何の異議も唱えなかった．もしも誰かが唱えたとすれば，彼は都合よくすぐに抹殺された．その行為をした人たちを捜索することもなく，嫌疑をかけられた人びとに対する正義も求められなかったが，大衆は口を噤み，あまりの恐怖に怯え，自らには暴力がふるわれなかったひとも口を閉ざし，そうすることが得であると考えた」[9]．恐怖政治は長くは続かず，寡頭派内の穏健派が実権を掌中に収め，新しい国制を起草し，選挙権を5,000人に制限した．寡頭派内の急進派は既に正式にこの施策を示唆していたが，トゥキュディデスによると，これは民主政治からの移行を安易にしようとする単なる口実であり，この5,000人を政治の運営統一体にしようという意図はまったくなかった．しかしながら、穏健派の指導者テラメネスは，誠意をもって5,000人に望み，そして5,000人の名のもとに樹立された国制についてトゥキュディデスは次のように述べている：「この時点で私の人生で初めて，アテナイ人は卓越した政府

をもつことができたと思われる；というのもそこには少数者と多数者の混成があったからであり，アテナイを劣悪な状態から引き上げる第1番目のものであったからである」[10].

2

さてもしもわれわれはこれらの章句を，最初はそれらの文脈において，続いて相互の関連において見てみると，それらの奇妙さの何かが明らかになる．第1に，これら3つのどれも——比較的に言って——ひとが著しくメリットがある論評と呼ぶかもしれないものを構成していない．メロスの殲滅が最も冷酷なやり方で行われたことや，ミュティレネの都市の全滅にほぼ近い破壊や，そして包囲攻撃後に投降したプラタイア人の処刑を記録するその男が，被害者に対する憐れみの言葉もなく，あるいは加害者に対する非難の言葉もなかったのに，他方で，ボエオティアにおける200ないし300人の村民と児童たちの学校の殺戮のためにこの憐れみと非難の言葉を確保しておかねばならなかったのは奇妙ではないだろうか？（「徳において彼の時代の誰にも引けを取らない」と記述されている）[11] アンティフォンの最期についてと，ピュロス戦線において輝かしい勝利を収め，ニキアスの指揮がシケリア遠征を失敗の運命に追い込んだのにその失敗からその遠征をほとんど救援しかけたデモステネスの最期については，一言半句の論評さえもせずに書き留めたその男が，一連の決定的な戦線で敗北を喫したニキアスについては，あれほど完全な形でかつ総括的に賛辞の判断を下さなければならなかったとは，奇妙ではないだろうか？ そしてペリクレスのアテナイを見てしまい，その膨大な力，弾力性および生命力を承認してしまったその男が，2ヶ月間しか存続せず，機能する構成単位としては真にほとんど命のまったくなかったテラメネスのかなり影の薄いアカデミックな実験のために「最善の政府」という彼の賞賛を保留しておかなければならなかったとは，奇妙ではないだろうか？

　これらの論評における奇妙さの感覚を排除する1つの方法は，それらを個別的にまた断片的に説明することである．それらの論評のおのおのはもちろん個別的説明を受け入れる余地がある．われわれは，結局，トゥキュディデ

第Ⅶ章 運と憐れみ

スもまた他のいかなる男と同様に人間的 human であると言うことができる；われわれは，壊滅させられた村と惨殺された学校の児童たちは彼の憐れみの感覚に訴えたのに，より大きくてより酷い出来事たちはどういうわけかそうでなかったと言うことができる．あるいはわれわれはミュカレソスの規模についての強調を重要なこととして見るようにわれわれ自身強いられるかもしれない．これよりもより大きな他の諸都市も陥落したが，その小ささを考慮に入れると，これほど完全にはなされなかったのである．そしてわれわれはトゥキュディデスとニキアスの個人的な友情とトゥキュディデスとデモステネスの個人的な敵意を想定することによってニキアスについての論評をうまく釈明することができる．そしてわれわれは，結局トゥキュディデスは，選好の問題としては，穏健な寡頭派であり，民主的帝国を絶対に承認しなかったし，そしてテラメネスの政体に対する賞賛の彼の言葉は前5世紀の政治家としての彼の個人的な意見であると言うことによって，テラメネスの政体についての陳述をうまく釈明することができる．そのような個々の説明を貫通する共通の糸は，歴史家トゥキュディデスと人間トゥキュディデスを分離することである．厳格にペロポンネソス戦争を記録する任務に夢中になっているトゥキュディデスのような人間が，それでもわれわれすべてと共有する私的な人間性のようなものをときどき露呈しているのを，われわれはわれわれの心に描写するのである．

　ヘーゲルあるいはシュペングラーの場合のように，歴史家が第1次的に歴史の哲学者であり，第2次的に歴史家であるときには，専門家的なものと個人的なもののそのような2分岐は考えられる．その理由は，一連の諸事実が芸術的形式をとってしまう前に，一連の諸事実が個々の芸術家に与える衝撃から発生するパタンが最初に孕まれるからである．これが起こるとき，哲学者―歴史家の特定の些細な弱点は時として彼が創造したモデルを壊すことができる．しかし，トゥキュディデスがそうであるように，具体的特定的なものが，その完全性において，その哲学の形式と全体性の両方であるときには，個人的なものは介入することができない．彼が1つ1つ微細に見たものは物語であり，そしてその物語は主要な諸含蓄をもつ；しかしこれらの含蓄はその物語から湧き出るのであり，その物語はある理論から湧き出るのではない．個人的なものは，そのような場合に，歴史家が最初に彼の主題を選定

85

するときにだけ入り込むのである；それは主題の取り扱いにおいて付録あるいは割り込みとしてはあらわれないのである．

3

　これ以上である．もしもわれわれが引用された3つの章句すべてを再度眺めてみると，われわれはその道徳的な論評における共通の環 link を見ることが<u>可能である</u>．これら3つの章句すべては，必然の領域の中にあるよりも，むしろ奇妙なことに運の領域の中にある男〔人間〕たちあるいは出来事たちを取り扱っている．

　ミュカレソスの場合にはトゥキュディデスは次のことを強調する．その行為を行った兵士たちは，彼らが任命された任務には遅れて到着した傭兵団であった；彼らはボエオティアを経由して帰路につかされた；彼らが受け取った指示——彼らはその帰路で最大限の損害を敵に与えること——が彼らをこの非常にみすぼらしいボエオティアの村にきわめて偶発的に導いていったのは，まさにちょっとした単なる運であった[12]．ミュカレソスそれ自身は，その壊滅し崩れ落ちた城壁とその完全に安全の感覚が証拠であるが，この戦争において何らかの役割を担えるのに適した場所ではなかった．メロスはアテナイとスパルタの争いのもとになりえたかもしれないし，自然的にそうなった；アテナイにもスパルタにも味方することがないドリス人たちによって居住されていた島は，戦争の論理からすると，苦しむ宿命にある．しかしミュカレソスは，この同じ論理に従えば，その必要はなかった，そしてトゥキュディデスがそれを憐れんだのはまさにその理由からである．

　同じようなパタンはニキアスの物語とシケリア遠征への彼の関係にも識別されうる．われわれが第Ⅵ巻から学ぶように[13]，彼はそのような遠征をまったく欲しなかったし，それを指揮するなど思いもよらなかった．彼自身の意図にかかわらず指揮官として選出されたが，彼は次にそれを成功させえたであろう2人の補佐官を，つまりラマコスを死によって，そしてアルキビアデスを脱走によって純粋に偶然な仕方で奪われてしまう[14]．彼の最初の失敗の後に彼は指揮権を手放すためにもう1つの自暴自棄の努力を行うが，それは彼がアテナイ人たちが拒否するだろうと彼が想定するほど大規模な増援

第VII章　運と憐れみ

軍を要請し，そして病気による彼の再起不能のために彼自身の後継者を要請するときである．彼はどちらの要請にも成功しない[15]．不運にも，アテナイ人はかなり大規模な別の軍隊を派兵したので，ニキアスは失敗のための口実を失ってしまった；そして彼らは彼に公職に留まるようにしつこくもとめながら彼に対する彼らの信任を肯定する[16]．最後に，港内での戦いで打ち負かされたとき，彼はまだ彼の軍を比較的無傷なまま撤退させえたかもしれなかったが，しかし月蝕の介入が迷信深いニキアスの弱点を露呈させた，そして彼が強制的に遅延させられた結果は，軍隊と彼自身の完全な破壊である[17]．

　ニキアスの地位の特異な痛ましさは，われわれが彼自身の評価とアテナイ人たちのそれにおいて彼は非常に幸運な将軍であったことを念頭に置くとき，さらに強調される．彼は再三幸運に頼りなげに依存しつつわれわれの眼前に現れる．トゥキュディデスはわれわれに次のように告げる．彼は前421年の彼の名を冠する和平条約を是非とも交渉したかった，その理由は，将軍の職にあって彼の幸運はそれまで途切れなかったし，そして彼は無敗の将軍の記録を保持するのを希ったからである[18]．彼は「全生涯にわたって通俗的に徳と考えられているものに従って生きてきた」[19]が，しかし幸運であり続けても，この幸運は変わりうることを知る男の臆病な警戒心を抱きながら生きてきたのである．そして彼の「通俗的徳 popular virtue」と幸運についての警戒心との結果は，彼自身彼の国がかつて経験した最も桁外れの破局に彼自身関わる運命にあり，そして彼の国をも巻き込む運命にあったのである．

　これら2つの章句の中に運を眼前にしてトゥキュディデスの畏怖 awe の感覚があると私は信ずる．トゥキュディデスは迷信深い男ではなかった；運は神の目論みに対してのわれわれの名前であり，あるいはディオドトスが「運」と名づけた領域は本当に宿命のパタンであるとは彼は明白に信じてはいなかった．しかし私は次のように考える．すなわち，特異な運のアイロニーがある種の戦慄を彼に呼び起こさせた，そしてこれら2つの事例において，すなわち善意に溢れ上品ではあるが無能な男が，計り知れない技能を要求される任務に無意味にも巻き込まれてしまった事例と，簡素でちっぽけな田舎町の男，婦女子，動物が傭兵軍によって，軍事目的も考えられないのに

意味もなく虐殺された事例において，それらの民衆と彼らの運命との不釣り合いは，人間的憐れみを覚醒させたが，その憐れみはそれにもかかわらず彼自身の歴史とその展開の理論に従って説明できるのである．

最後の事例──5,000人の国制についての論評のそれ──を評価するのはさらに難しい．5,000人の国制は明らかにとくに運の産物ではないし，また，これとの関連では，それはニキアスとミュカレソス村の事例において顕著であるアイロニーを示していない．他方で，おそらく5,000人の国制を歴史の必然から直接的に成長したものではないとして見る別の方法があるだろう──こうしてこれがトゥキュディデスのそれについての論評を説明するのである．内乱の章においてトゥキュディデスは次のように言う：「平和で善い時代には諸国家と諸個人の両者はより善い判断を示す，というのもそれは彼らが意志あるいは意図にとってはあまりにも強力な困窮に陥落しないからである」[20]．ここでの「より善い」とはおそらく5,000人政府に適用された「最善」と同じ種類の道徳的論評を示しているであろう：すなわち，両事例において「より善い」と「最善」はある種の道徳的な卓越性を指し示しているが，環境の圧迫が「たいていの男たちの感情を彼らの環境に同化する」ときには，それはもはや可能ではないのである．

もしもわれわれが内乱についての諸章における「より善い」と5,000人憲法を取り扱うあの節の中の「最善」の定義を探求するならば，上述のことはさらに支持される．内乱についての章の要旨は，平常時の状態における人間の立派な諸資質──勇気，慎重，品格や知性──は，無謀な大胆さ，冷酷さや世間一般に対する猜疑心などのような異常に歪んだものに実際取って代わられ，そして道徳的用語の使い方も変わる．歪められた極端なものは，それらに対応する通常のもののおかげで道徳的な名称を受けとった．5,000人の国制の章においてトゥキュディデスが「最善の統治」をそれがアテナイが戦争に勝利するのに役立つという意味での最善を意味しているはずはない，というのもこの政府の最初の行動はスパルタとの和平へ向けられているからである．彼が「最善」の属性のために彼自身与えた理由は真で有意義である．「というのもこれは少数派と多数派の混成であり，そしてこれがこの都市をその悪い状況から引き上げた最初のものであった」[21]．少数派と多数派の紛争は内乱の基礎であり，そしてこの内乱は，外地での戦争に起因する特異

な内地の状況としてトゥキュディデスが刻印するものである.

　換言すると,人間的自然の基本的駆動力が,国家間の戦争の潜在的可能性と,社会における持てる少数派と持たざる多数派の戦争の潜在的可能性へ導いていることを斟酌するならば,戦争や派閥において現実化した人間の攻撃性は,病的に興奮した状態を表現しており,その時点では道徳的な論評はもはや有意義ではなくなっている,というのもいまや人間の能力は諸環境によってまったく制限されており,そして彼の意志も彼の意図も自由に働かないからである.そのような時において政治の技術はその適正な行使を発見する,というのもこれは優れて必然性を理解する技術であり,そして必然性によって提供されるもろもろの可能な事柄の中で活動する技術であるからである.しかし<u>道徳的</u>論評が適切である領域は,人間たちが,彼らを制約する必然性の直接的力を受けずに,ある意味では2つ以上の選択肢から選択する自由をもちながら活動することとみなされうる領域だけである.

　この後者が5,000人の国制の事例である.これはある点においてアカデミックな実験である,というのもそれはアテナイ国家の根本的な病理,すなわち,少数派と多数派の紛争を徹底的に治癒しようと試みたからである.それは,民主派が望んだように,戦争の勝利を最初に確実にすることよりも,あるいは急進的寡頭派が欲したように,命令によって安定政権を樹立することよりも,この病理の治癒を優先したのであった.この試みは,必然性が強要する攻撃の合間に稀に存在する束の間の身動きできる余地の中に起き,理論的には,より善い国家を自由に意識しながら選択する男たちの努力を具現化している.そしてトゥキュディデスがこれについて論評したのは,まさにこのような精神においてであった.

　3つの章句を要約するとわれわれは次のような結果を陳述することができる.すなわち,トゥキュディデスが個々の男あるいは状況における善と悪の闘争を論評する価値のあるものとして診たのは,その男あるいはその状況が直接的に必然性の支配する領域の外側に属するときだけであった.こうして,このように運によるミュカレソスの破壊と,惨憺たるシケリア遠征の指揮官にニキアスを就任させた運は,別様でありえたかもしれない歴史の一断面を短く示している.その仮説的な差異の光のもとで,この歴史家は道徳的に論評しうるかもしれないし,またそうするであろう.繰り返すと,ある行

動が選択の真の可能性とともに実際に完成されうるときに——すなわち，それが必然性の強制からではなく人間たちの決断の自由に由来するときに——道徳的論評は有意義でありうる．しかし道徳的論評は戦争や帝国の討論の中では場違いである，というのもここにおいては諸環境の継続的過程への最終的自然的反応だけがあり，そして戦争や帝国に関して男たちが行うべきことは，現存する状況に対処する必然性によってのみ決定づけられる<u>べきである</u>からである．

第Ⅷ章
必然を超えて

1

われわれが前章において議論した諸論評は，私が示したこの歴史理論におそらく統合されるべきであろうけれども，それらはトゥキュディデスの歴史家としての最も有意義な態度を明らかにしない．ある意味ではこれはそれらが伝統的に説明されてきた仕方の光のもとではまったく自明である．もしもこれらの章句と残りの物語の全般的精神との非常に顕著な矛盾が存在していなかったならば，あれほど多くの学者がそれらを感傷的な書き込みと見る努力はしなかったであろうし，あるいは額面どうりに風刺的論評とはとらなかったであろう[(1)]．われわれがこれまでに追求してきた分析は，事実において，なぜこの論調 tone の食い違いがあるのかをまさに明らかにしている．ニキアス，ミュカレソスと 5,000 人の国制についてのそれぞれの章句においてトゥキュディデスは必然性の領域を特別な仕方で超越した諸現象について発言している．いくつかの演説が混合された「考古学期」と「50 年期」は，トゥキュディデスが歴史の必然性を何であると考えていたのか，そしてこの必然性の点において真の政治家であるだろう政治家たちに要求された諸資質が何であるかをわれわれに暗示している．われわれがいまなす努力をしなければならないことは，この領域——歴史の必然——の中でどこに最高の賞賛は与えられるのか——政治家に対してと国家に対して——を討論することである．男たちの自由意志は効果的に環境によって抑えられ，そして運が争点を明らかに混乱させないとき——換言すると，真の政治の領域において——ど

第 I 部　静観した男

こにトゥキュディデスは彼の最高の価値を発見するのであろうか？

2

　もしもわれわれはわれわれが探求している説明をみつけられないのであれば，われわれはそれ自身において十分に当惑させる章句から始めることができる．アンティフォンは，トゥキュディデスによると，知性に富み，寡頭派内の急進派の党派，すなわち，前411年の恐怖統治を樹立しかつ維持した党派に君臨した[2]．ここにこの歴史家自身の言葉がある：

　　「この提案を前面にもちだし，表面上どう見ても民主政治を破壊することに最も精力的であった男はペイサンドロスであった；しかしこの仕事すべてとそれをこの結果にもたらしたやり方を企み，そしてその計略について最も深く考えた男はアンティフォンであり，彼の時代のアテナイ人の誰にも徳において引けを取らなかった」[3]．

　無限定の「徳 virtue」という言葉は，ニキアスについての評決 verdict におけるそれ，「徳と考えられているもの」[4] と最も鋭い対照をなしている．おのおのの人物について記録してある諸行動を少しばかり調査してみれば，この2つの徳のわれわれの概念が何であるべきかをはっきりさせるだろう．アンティフォンの党派の寡頭派の暴力はトゥキュディデスによって非常に明らかに書き留められている．恐怖統治があり，そこにおいて秩序は慎重に選択された秘密死刑によって維持されていた．これに関するトゥキュディデスの冷徹な言葉は注意を要求する：「そして彼らは，非常に多くはなかったが排除するのに適当と思われた一定の男たちを殺害し，そしてその他を投獄し，そしてその他を追放した」[5]．ある意味で，ニキアスの記録すべては，彼の躊躇と優柔不断および効果的で残忍な行為を行わない全般的傾向とともに，これに最も鋭く対照的に位置している；しかしその記録は彼の兵士に語った彼の最後の演説のいわば感傷的な調子によって締め括っている：「私は諸君のうちで最もつまらない者と同じ危険と障害の中にいる；私は諸君の誰よりも強くない——実際諸君は私の病気が私をいかに弱らせているか知るこ

とができる．けれども私の私生活やその他の点で私はこれまでは誰よりも優る幸運に恵まれてきたと思っている．私は神がみへのかなりの信仰心と男たちを眼前にしながらかなりの正義とともに一生を過ごし，そして男の恨みを買うようなこともしなかった」[6]．

　もちろん，自分自身についての自己判断をその歴史家のものとするのは危険であるが，しかし物語と歴史家の判決とその指揮官自身の演説がすべて一致するときには，ちょうどアンティフォンと彼の党派についてのトゥキュディデスの論評がわれわれに冷酷な効率の描写を形成するように導くことが確実なように，善意のある無能の描写としてのニキアスの肖像を拒絶する理由はほとんどありえない．換言すれば，「慣習的徳 conventional virtue」と必然性に従う政治家の徳とは対極の位置にある．われわれはまた，アンティフォンについての一般的記述の中の表現である「諸観念を形成することにおいて，そしてそれらに声を与えることにおいて最も能力ある者」はもう1つの同じような章句を想起させる，と留意することができるかもしれない．それは政治家たちの諸義務についてのペリクレスの叙述であり[7]，その中で同じ言葉によってこれら2つの資質がまさしく強調されている：諸観念を形成しそしてそれらを表現する能力の必要性である．われわれはテミストクレスについての章句もまた思い出すことができるかもしれない：

　　「テミストクレスは天賦の力を最も確実に示した男である，というのもこれは他の点よりもわれわれの賞賛により値するからである．彼の独得の理解の力で，しかもそれを改善しようとかあるいは補充しようとか事前に研究しなくとも，彼は実際熟考の猶予を許さないそれらの危機について最も抜け目のない判定者であったし，そして将来についての究極の限界まで見透かす最善の予測者であった．<u>彼が眼の前にもったことについては常に説明が可能であったし</u>，そして彼が未経験な事柄についてもかなり充分に判断するうえで無能ではなかった．未来に対して，その善い面，悪い面の両方に関して，かなりの程度に予見した．一言で言えば，素晴らしい自然の能力で，しかもそれをほとんど努力なしに，彼は必要とされる措置を臨機応変に施す点で最も有能な男であった」[8]．

第 I 部 静観した男

　アンティフォンについての章句の中での「徳」の使用からの推論の否定的部分はこうして確立される．アンティフォンの中にトゥキュディデスが賞賛している徳は，本質的に慈悲あるいは人間性とは無関係であるのは明らかである．われわれはまたペリクレスに関してもこれを確信しうるし，彼の帝国についての言葉をわれわれが想起するのも善いであろう．「帝国の獲得は不正であったかもしれない：それを手放すのは危険なことである．諸君は僭主的権力を手中に収めていることを覚えていなければならない」[9]．アンティフォンに関する総括的な徳の定義から行使されうる他の属性にして，トゥキュディデスの論評をより一般的にわれわれが理解するのを助けるようなものはないだろうか？

　それはある．たしかに，トゥキュディデスによれば，政治家の徳はそれとともに成功をもたらす必要はない．テミストクレスもペリクレスもアンティフォンも成功しなかった――少なくとも個人的には成功しなかった．すなわち，彼らのそれぞれが膨大な政治の仕事を達成した，最初の人物は新しい帝国を創るために長壁と艦隊を建造し，第2番目の人物は帝国を拡張しまた戦争のための準備を行い，そして第3番目の人物は民主政治を破壊した．しかし，それぞれの場合に，大衆の判断は達成における純粋に個人的満足を壊すために介入した．テミスクレスは彼が打倒しようと手を貸したペルシア王の客人として追放のうちに死んだ[10]；ペリクレスは，彼の生涯の最後の2，3ヶ月前に復権したけれども，あれほど長期にわたり率いた民主政治によって彼の生涯の最後にその名を汚された[11]；アンティフォンは最終的に民衆によって法廷に立たされ死刑に処せられた[12]．けれどもトゥキュディデスはわれわれに次のように語っている．テモクレスは「歴史上の他のいかなる男よりもわれわれの賞賛に値する」[13]，ペリクレスはアテナイの記録において稀に見る器量の唯一の政治家であった[14]，そしてアンティフォンは徳において彼の時代のアテナイ人の誰にも引けを取らなかった[15]，と．個人的な成功は，こうして，トゥキュディデスによれば，偉大さの諸属性の必要な要因ではありえない．彼にとっては先見の明と効率は善い政治家の必須条件であるから，このことはなおさらより注目に値する．

第Ⅷ章　必然を超えて

3

　次にわれわれは，トゥキュディデスの賞賛とその賞賛の属性を我が物とする政治家の側に，何を肯定的に見出すのか？　それは彼自身の『歴史』の観点において注目すべき行為が達成されることである，その行為がギリシアの通常の道徳に従って善行であろうと悪行であろうとにかかわりなく．それはこれ以上のものである．その達成は唯一無比の高みに達しなければならない．トゥキュディデスは，これら2つの偉大な帝国が衝突する彼の時代の歴史的有意義性が唯一無比であったと感じたように，その唯一無比は，彼にとってある意味ではある出来事の重要性の保証である．艦隊と長壁；戦争におけるアテナイの並外れた忍耐力；100年間も続いたアテナイの諸自由の破壊——これらすべては，トゥキュディデスにとって，単一さの刻印と偉大さの刻印をもつ．これはおそらく政治家たちの個人的な挫折へのまさしく鍵であろう，というのも大衆は唯一無比の偉業の達成にとってその自発的なパートナーとして見なされえないからである．彼らは克服されねばならない諸困難，つまり攻撃者の強さを試す障壁を構成している．そしてそうであったからこそ，仕事が成されたときに，多数者と1者は敵対関係の彼らの自然状態に戻り，そして紛争が個人的になると，その1者は打ち負かされる．しかし自己犠牲の不思議な非個人性の中に，ただ1人の男の野望あるいは善意 benevolence の射程よりも偉大な何かを創造しようとする決死の力と意志の中に，トゥキュディデスは彼が「徳」と呼んだところのものを発見したのである．

　諸国民の生活はトゥキュディデスにとっては初期の諸段階においてすべて一致している：存続のための闘争そして次に優位のための闘争である．その国民にとってその歴史的発展における関心の対象は<u>デュナミス</u> *dynamis*，力であり，そしてこれは他者に君臨する主人的支配 domination を意味する．恐怖と貪欲は帝国主義への道のりにおいて人びとを駆り立てる諸動機であり，そして後戻りできないのである．けれどもこの発展の過程において，これら2つの要因が唯一の要因ではないモーメントがある．アテナイの使節団がそれを陳述するように，栄誉 honor がある．創造されたもの，すなわち，

第Ⅰ部　静観した男

帝国の偉大さの中にそれを創造した諸資質とは異なる資質が存在する；それはそのもの自身においてまたそれ自身にとって偉大であり，そして栄誉はあらゆるものから与えられるべきものである．

　この歴史的モーメントは，おそらく，長く続くことはできないだろう；けれどもその偉大さと威厳とは歴史家の注意を引きつける磁石であり，そしてその衰退は，政治的諸動機，失敗および成功について彼に提供されうる最も鋭敏な開示である．ここにトゥキュディデスにとって有意義で繰り返し起こるものがある．男たちは生きるために闘争し，そして次に個人としてまた国民として相互に主人的に支配する dominate ために闘争することが繰り返されるテーマであるが，しかし彼らの協調的集合体的な諸努力が，彼らの個人的貪欲や恐怖に対する偉大な金字塔を建立してしまうまで，それはいかなる正確な形をも獲得しない．彼らは彼ら自身の物質的幸福の源泉としてだけでなく，彼らとは別の，彼らよりも偉大でなおかつ彼らの犠牲に値する何かとしてもまた，かの金字塔に彼らが栄誉を授けるそのときに，男の最も偉大な発展は，トゥキュディデスが彼を政治的にも社会的にも最も偉大であると見たように，獲得されたのである．そして，それに応じて，このモーメントは，政治社会の中に生きている男の最も繊細かつ洗練された感情を醸成したように，その均衡は稀であり不安定である．一夜にしてそれは恐怖に慄く貪欲な男たちの結社へと再び溶解してしまう．

　歴史は，したがって，トゥキュディデスにとって一連の有意義な山脈であり，その終わりのない尾根伝いの所どころに峰が聳え立っているようなものであろう．そして，歴史家にとって，創造された偉大なものの偉大さと均整のとれた調和とは，それら自身のために貴重になった．もちろん，偉大さと調和を高く評価することは歴史家の強調を含意するけれども．トゥキュディデスの研究のこの局面を，男たちや彼らが構成する集団の政治的諸統一体の両方について彼が慣習的道徳的諸判断を回避していることと一緒に置くことは困難ではないし，そしてさらに重要なことには，われわれが所有している2, 3のどちらかというと不思議な判断が含まれていることと一緒に置くことも困難ではない．慣習的道徳的判断は，彼の視点からみると，有意義性の水準において失敗である．男の諸徳と通常名づけられているものは，トゥキュディデスの眼においては，有意義ではない．けだしそれらの徳は彼にとっ

て力の創造において正真正銘の推進要因ではないからである；そして力の中にのみ、彼自身よりも大きな何かの建設の中にのみ、真に強制的諸力である恐怖と貪欲とそれらの機会の圧力の独得な卓越性——そして諸限界内でそれらを超越する能力——がある．

けれどもその超越は対象がない；それがそれ自身の対象であらねばならない．これは政治家と国家と歴史家にとっても同様に妥当するであろう．偉大な政治家は，彼自身の利益のために統治するのではなくて，あるいは必ずしも（古典的陳述であろう）被統治者の善のために統治するのでもなくて，アテナイにおいて力，富および版図の中に国家の特徴的表現をもつ国家の継続した尊厳と生存のために統治する男である．偉大な国家は，アテナイのように，それ自身の美と規模の輝きの中に生きながら，いかなるモデルも探さずに，それ自身の中に模倣の対象があるであろう．その歴史の偉大さはその真理とその有意義性との中にある；それは男の歓喜，虚栄心あるいは帰属に奉仕しない；もろもろの出来事はこのようにあった，そしてそれらは再びこのようにあるだろう，けだしそれらについての記述は真理であり，そしてそれらは繰り返されるであろう秩序に属しているのであるから．

4

政治家たちの中でこの歴史における唯一無比な位置はペリクレスによって占められている，そしてわれわれがトゥキュディデスの賞賛の最も有意義な表現として眼を向けなければならないのは，まさにペリクレスとペリクレスのアテナイに対してである．

『歴史』に報告されているペリクレスの演説は３つしかない．それらは，彼が戦争宣言を擁護する演説[16]，戦場に斃れた者たちへの有名な追悼演説[17]，および彼の戦争遂行に対する民衆の不満に抗して彼が自らを弁護する演説[18]である．これらの３つの演説は，アテナイがその長い闘争に突入するときのその都市の精神を独得に表現している，そして，トゥキュディデスの『歴史』の中でそれらが有する意義を別にすると，おそらくそれらは，赤裸々で絶対的な民主政治のもとでの第１人者と彼の民衆との関係を露にしている，われわれの所有する最も並外れた文書を構成しているであろう．

第Ⅰ部　静観した男

　われわれを驚かすかもしれない3つの演説すべての最初の局面はそれらの率直さである．民主政治の有権者を前に政治家が彼の抱負と恐怖を彼自身にあらわれるにちがいないような形でほとんどありのままにそれらを明らかにできるのは滅多にないことであるが，おそらくこの点にトゥキュディデスが民衆に対するペリクレスの一風変わった態度として記述したものの徴しがあるだろう；「彼は彼らを主人的に支配したが，しかし自由の精神においてであった」[19]．たとえば，最初の演説———この中で彼は宣戦布告を強く推奨する——において彼は，民衆は戦争を将来の可能性として熟考するときと，彼らがその渦中にいるときとでは，その戦争についてかなり異なって感じるかもしれないであろう，と民会に警告する．これは誤った感じ方であると彼はわれわれに言う．「というのも，もろもろの出来事の結果は男たちのもろもろの計画に劣らず愚かに推移することも可能だからである：それゆえにわれわれはわれわれに予想外に起こることは何であれ運を非難するのに慣れている」[20]．

　ペリクレスは戦争の早い時期に不当な激怒に対して自己弁護を余儀なくされたが，その『歴史』の中の最後の演説で，彼は躊躇せず非難されるべきものを非難する：疫病と疫病下の民衆の苦しみである，というのも，これらが彼自身に対する民衆の判断を不公平にしたからである．彼は次に彼らの直近の背信によって彼らからしばらくのあいだ隠された真の成功のもろもろの可能性を彼らに自覚させようと試み始める．けれども彼はそうしながら，彼は彼らの主人である master には秘密があることを快活に明らかにする；彼は彼らを1人の男対1人の男として扱ってはいない．

　「この戦争における諸君の苦痛に対する諸君の恐れが深刻になり，われわれがそれを克服できなくならないようにするには——諸君の戦争の推移についての疑心が誤りであったと論証したのは以前に何度もあり，その時に指摘したことを思い出すだけで諸君には充分であろう：けれども私は諸君の帝国の偉大さについてもう1つの事柄を付け加えておこう．私は確信するが，それは諸君自身が未だに考えもしなかったことであり，また私も諸君へのこれまでの私の演説で言及しなかったことである．いまでさえも私はこれをもちだしたくなかったであろう；という

第Ⅷ章　必然を超えて

のもその提示はいくらかあまりにも威圧的だからである——しかし私は諸君が不条理にも意気消沈しているのを見ている．諸君は諸君の帝国が同盟諸都市だけを支配していると思っている；しかし諸君にこれを示そう：世界の中には利用できる2つの要素 elements，陸と海があり，そのうちの一方において諸君はその征服権を行使するかぎり，またさらに望みさえすればそのかぎりにおいて完全な征服者 master になれるのである．ペルシア王でさえ，また地球上の現存するいかなる民族でさえ，諸君がいま保有している艦隊をもって彼らに対して海戦に臨めば，諸君を妨げるものは皆無であろう」[21]．

　ここでわれわれはこの演説の穏やかな傲慢さにはしばらくのあいだ関心をもたずに——それは後に重要になるが——彼の聴衆に対してそれが誇示する率直さに関心をもとう．彼は人柄の正しさと才能の権利において彼らを操っているという含意があるのはそんなにも明らかである；彼は議論のうち今何を喋り別の時に何を喋るのが良いか知っている．そして彼はこれだけを彼らに告げる：<u>私は事実において非常に傲慢なような議論を産むのは望ましくないだろうと考えていたが，しかし私は諸君が不条理にも意気消沈しているのを見ている，そこで私は普段よりも少しより赤裸々な真理が諸君の分別のある心構えを回復するには必要であることがわかった</u>．ここには神の制裁の祝福もなくまた世襲の正当性もなく，完全に個人的責任の調子がある；そして同様にここには，自分の判断は彼らのものよりも正しく，また現前にあるような異常事態のみが彼の胸の内で熟考された最も深い諸要因を明らかにする必要があることを被支配者たちに教える男の確固たる腹蔵のなさがある．

　しかしこれらの演説の率直さはそれらの基本的特質の1つの側面でしかない，そしてそれはこれらは人間にしか関心をもっていない，そして人間以外の何ものにも関心をもっていないと言うことによって要約されるかもしれない．これらのような演説——長期にわたる戦争に都市が突入することを熟慮する演説，戦没者たちの賞賛が語られる演説，奇禍にあったために指導力を疑われた指導者を弁護する演説——において，些細でまったく生彩のない1つの言及を除けば[22]，神の導きへの言及，神の祝福への言及，あるいは，単なる感傷的な仄めかしにおいても，父祖の地の神がみへの言及すらもなか

第Ⅰ部　静観した男

ったとは異常なことである．

　これはギリシアの一般的慣行ではなかったが，もしもわれわれはこの事柄について説得が必要であるならば，われわれは，ニキアスがシケリアで最後の戦いに臨み，彼の兵士に向かってなした彼の最後の演説についてのトゥキュディデス自身の観察からもこのことを見ることができる：「彼はこのような緊急事態に置かれた男たちが述べそうな他のことを言ったし，妻子やわが国の神がみについて，すべての大義のために同じ形式において次つぎに持ち出されたことについて，陳腐なことを述べていると誰かに見えることを気にもかけずに，現下の緊急事態において男たちはそれらが有用であると判断し，それらを強く進めることについて」[23]．しかしペリクレスは危機に瀕してさえ陳腐なことを話していると思われまいと腐心するであろう．彼は彼の聴衆と次の知識を分かち合っていた——このことを知り，そしてこれから彼の力を引き出すのだが——それは，彼と彼らが，廃れて死滅した信仰に言及することによって彼らの希望あるいは彼らの恐怖あるいは彼らの悲哀までも奮い立たせるだろう他の時代あるいは他の国家の人びとのようではないという知識であった．この都市の愛する者たちである戦没者たちに対してペリクレスは彼の演説を行ったが，この戦争に傾倒するこの都市は人間によって作られたものであり，そしてその男たちの意志と犠牲とによってのみ存在したのである．

　ここにアテナイ市民へのペリクレスの物質的訴えの強みについての説明がある．彼らはアッティカの産物と同じように，地上の最果ての地の産物を，その産地の土着の民が享受するように享受する[24]．彼らは彼らの思うままに生活することができるし，そして誰からも干渉されない[25]．彼らは過酷で長期にわたる軍務の要請に悩まされることもない[26]．その理由は，ある意味で，この都市は彼らのものであり，伝統の影響あるいは外部から押しつけられる諸制裁ではなく，始めから終わりまで，その住民の直接的選択を示しているからである．そしてペリクレスは，スパルタとの戦争でのこの都市の勝利の見通しについての彼の最終的評価において，彼の都市の精神で，世界を本質的に利用すべき何かとして記述する：陸と海は，戦時であれ平時であれ利用のためのものである．そのような陳述において，人間よりも偉大なもの，あるいは単に人間とは無縁であるものの前でさえ，ある畏敬あるいは

第VIII章　必然を超えて

ある畏怖は感じられない；また軍事的ディレンマを解決するのに利用されうる諸要因には人的制御に服すものも服さないものもあったが，それらの錯綜する要因を均衡させるのに含まれるいかなる躊躇もない．そこには紛争と力の基本的決定的領域の完全に赤裸々な陳述がある．アテナイは1つの要素 element の主人，絶対的主人である．彼女はそれゆえに，戦争においてもまた平和においても海が力の源泉であるギリシアのような陸地においては，実質的に戦争に勝利する運命にある．これらの演説は甚だしく直接的であり，そして人間は演説者の口の中においてそして聴衆の精神の中において全宇宙の中心である．

　けれども人間的犠牲が要求されるのは都市のためであるが，この人間が作り出した対象の中に非常に顕著な非個人的なもの impersonality がある．息子たちを失ってしまった父親と母親は，さらに多くの子供たちをもつように強く勧められる：「というのも個人としての諸君に関して言えば，亡くなった者たちの後継者たちである子供たちはこれらのことを忘れさせてくれるだろうし，そして国家にとっても，それは国家にとって2重に利益になるであろう，けだしそれは国家から男たちがいなくなるのを防ぐだけでなく国家を安全にもするであろうからである；というのも自らの子供たちの命を危険に晒している者たちと，そうではない者たちとでは，彼らの助言の帰結に対して正当な助言や公正な勧告さえも出せないからである：これら2つの集団は同じ立場ではないのである」(27)．ここにおいてわれわれは，新しい子供を望む根拠は少なくとも大局的には都市を保存することであり，しかもその数の観点だけではなく，微妙なところを言えば，失うかもしれない最も貴重な所有物である子供をもつ人びとだけが国家政策に関する審議を十分に行うからだということがわかる！　このことをひとは熟考すればするほど，次のことがより深くわかってくる．すなわち，都市は，「それへの賛辞を私が贈ってきたが，都市の息子たちの功労により飾り付けられた」(28)ものであり，この都市は人間によって作られたものだけというのではない；彼女は独立した存在を獲得するので，その保存はすべての住民の幸福あるいは困窮より以上のものを意味するのである．

　この立場は，われわれが後に知るところとなった国家崇拝の諸形態からはなおもかなりかけ離れている．その理由は，第1に，それは，その全射程が

101

国家それ自身であるからである——ペリクレスにとって国家はそれよりも偉大なある理想を具現してはいない；そして第2に，彼は未来のある日のその破滅を観想しているからであり，その日以後その名誉が唯一残されるものとなるであろう．

> 「諸君は，諸君の都市が災難に屈しないので全人類のなかで最大の名声を博し，それが戦争に他国よりもより多くの男たちの犠牲と苦痛を費やし，それが世界が今まで見たこともない最大の力を手中に収めたことを理解しなければならない．たとえいつかわれわれがこの時代において破滅しようとも——そしてこのことは，生まれ出るものはすべて朽ち果てるのであるから，われわれにも起こることである——あの力の記憶は永遠に存続するであろう：われわれはギリシア人であったし，いかなる他の者たちよりもより多くのギリシア人を支配したということ；最も偉大な諸戦争においてわれわれは敵の全軍に対しても各軍に対してもわれわれ自身を持ちこたえたということ；われわれの都市はあらゆる点において最も偉大で最も裕福であったということを」[29]．諸君は諸君の臣民たちの嫌悪を無視しなければならないと彼は述べる，というのも「嫌悪はそう長くは続かないが，いま諸君が手にする光輝と今後の評判すべてはこれから永遠の記憶として残るからである」[30]．

この赤裸々な演説は，まったく抽象的であっても，充分に驚くべきことである．名誉だけしか後には残らない，けれどもその名誉はある原理あるいはある信仰あるいはある文明の勝利としてのものではない；究極的には勝利と同じように敗北にも帰属するのが名誉であり，畏敬の念にいだかれた記憶なのである．その記憶の中にギリシアの道徳に反する最も忌まわしい諸行為が美や智恵への愛と同等の真実性をもちながら刻み込まれているのである．そしてその都市の偉大さは素晴らしく並ぶものはなく，その物語は人間によって創造されたが，それ自身を超越した神や生を知らなかったがゆえに，人間に対して責任はないのである．

そして著述家としての彼自身の価値についてトゥキュディデスの観念は，彼が戦争とその政治的舞台の中に発見した価値と密接に結びついている．徐

じょにまた痛いたしく彼は詩人たちや散文史家たちの諸価値を置き去りにした．彼は楽しませることを欲せず，偉大で名誉のある史実を記録することも望まず，「彼らの記憶が男たちの間から失われないように……あるいは彼らの正当な栄誉を裏切ることのないように記録することも欲しなかった」[31]．真理である true ものと恒久的である permanent ものは彼が記述したいと望んだことであり，そして前5世紀のギリシアでの諸行為に反映されていた人間の自然における真理であり恒久的であったことは，めったに楽しいことでもなく，そしてほとんど名誉であることでもなかった．諸行為は過酷で残忍でしかも血生臭かったが，彼は，必然的により明るい将来の展望あるいは神的起源の全宇宙の善的な計画の展望に抗して，それらを道徳化しようとする慰めを与える可能性を伴うことなく，それらを直視しなければならない．それらをそれらの真の意味において理解すること，物事が別様であればなどと望んだりせず，あるがままの物事に無意味に憤慨することなく，彼自身の世界に倣って少なくとも立証できるような観点から冷血さと残虐さを説明することに，苦にがしく執拗に固執することが，その歴史家に課せられたすべての義務となった．彼の作品がその独得に厳格な完成に到達したとき，おそらくトゥキュディデスは，自分自身よりもより偉大な何かを，それでも自分の周囲の生の残忍な諸真理に根ざした何かを創造すること以外にはいかなる名誉も報酬も求めなかったペリクレスとの親近感を感じたであろう．

　ペリクレスは偉大である．というのも彼は彼の国の人びとの恐怖と貪欲のうえに昇ったけれども，彼が建設した帝国は恐怖と貪欲のうえに建設されたけれども，彼とおそらくそれはこの恐怖と貪欲を超越したからである．彼は何事も恐れなかったし，そして何に対しても貪欲ではなかった．彼は民衆が傲慢になると彼らを脅かして服従させ，彼らが意気消沈すると彼らを勇気づけた．誰もが金銭で彼を唆すことはできないと知っていた．そして彼が彼の仲間全員から一段と聳え立ったのは，まさにこのゆえであり，そして彼の後継者たちは再び万事を彼らの恐怖や貪欲のレヴェルに引き戻してしまい，国家と彼ら自身をも破滅させたのは，まさにこの公平無私の資質の欠如を通してである[32]．

　そしてアテナイという都市は，諸個人の中でのペリクレスに相当する国家なのであろうか？　彼女はギリシアの学校ではないだろうか？　いかに彼女

第Ⅰ部　静観した男

が同盟諸国を略奪してパルテノンを建立し，ギリシアの諸都市国家から彼らが大切にしていた自由を剥奪したとしても，彼女は，あの追悼演説が示すように，これのすべてよりもより偉大なものになったのである．その征服の日びが過去のものとなったからには，彼女は寛容で優雅な人間社会のモデルとなったのである．ペリクレスのアテナイの中にトゥキュディデスは，他の何ものもなしえなかったような，彼の知的敬意と彼の感情的受容とを恋にした偉大で賞賛できる何かを見た．もしもひとが人間の歴史は政治的には貪欲，闘争および恐怖の物語であり，そしてそれらによって創造された社会におけるそれらの営みであると信じるとしても，これらの情念が，ある歴史的モーメントにとって，均衡のとれた美しさと強さにおいて静止させられてしまっていた時がなおもあったし，そしてペリクレスのアテナイがこの歴史的モーメントであった．商業的民主政治だけが創造できた莫大な富は——トゥキュディデスが十分に知っていたように——アテナイの支配の諸象徴を劇的に始動するためにここにあった：アテナイ人は最果ての地のもろもろの果実を隣接するアッティカのオリーブと同じように日常的にその食卓で賞味できるのである．

　けれども，その原動力が貪欲と恐怖であり，その力があの貪欲と恐怖の所産であるこの民主政治はただ１人の支配者 autocrat によって抑制されたが，その支配をそれが受け入れた理由は，彼が他の男たちのようではなかったからである．この民衆の自発的な黙従の中に，民衆に媚びずまた民衆を恐れずむしろ彼自身の超然とした確信の魔力で民衆を勇気づけまた脅しつける政治家への民衆のこの服従の中に，トゥキュディデスは彼が信じていた物質主義を超越するものを見たのかもしれない．ここには，恐怖，矜持そして貪欲に基礎をおいた力が真にあった，けれどもそれはあまりにも計り知れないほどの魔術的な何かに触れたのである．

第Ⅱ部
砂塵あらしの中の男

第Ⅸ章
言葉と行為

1

プラトンの生涯は彼の思想を支配する単一の連続した知的関係によって枠組みを与えられている．これは彼を取り巻く世界の具体的細部，すなわち諸行為や諸含意の多様性と，それらの背後にある唯一不変の存在との関連である．私はこのことをプラトンに帰せられている馴染みの哲学的立場——イデアないし永遠の諸形相と生成の世界との区分——の再説のつもりで言おうとしているわけではない．それはこの再説以上のものである，というのもこの哲学的教説それ自身は彼の教え，著述，政治的諸企てにおいてその男に生命を吹き込んでいる知的衝動の１つの現れにすぎないからである．彼の生涯のこれらの部分には完全な分離はありえない；そして，プラトンの思想それ自身の内部において，あらゆるものが相互依存しているので，いかなる種類の主題の区分も究極的には結論に至らず不満足であると判明する．彼の思想の１局面を孤立させること——そして私はある一定の仕方で彼の政治を〔他の局面から〕孤立させることを提案するのだが——は，もしそれが可能であるとしても，この男の全体像が想像力をもって理解される場合にのみ達成されるのである．彼について理解すべき最初の重要な点はその中心的テーマであり，そのテーマのいくつかの差異の中への現れではない．そして，このテーマは，人間が見，聴き，嗅ぎ，そして触れることのできるものの実在の感覚——彼が愛し，憎み，そしてそれへの好みを感じたり，嫌悪を感じることのできるもの——を１つに保ちたいという持続する情熱であり，言い換え

れば，これらと，そのような実在を超えた，この世界を瑣末なものとしないで，デザイン，完成および美への欲求を満足させるであろう何かの保証とを1つに保ちたいという持続する情熱である．

　その男にとって最も重要であるのは，多様と単一との，具体と抽象との一体化である．彼のまわりにあるすべてのものに同時には生気を与えない，実在の不可視の秩序という思想に彼は耐えることができない；合一の瞬間が神話と寓話においてのみ表現可能な神秘であるということは，それが彼の知的および感情的な生活の中心的関心事ではないということを意味しない．そしてそのことに一致して，プラトンの生涯における真の展開はわれわれがその2つの世界の位置と意義の変化に気づくときに明らかになる．

　というのもプラトンが優に60歳を超えるまで彼の著作の力は——そして彼の教えと政治家としての技量もまた異なった仕方ではあるものの——彼が見た世界の中と背後に隠れていると彼が信じた秩序とデザインへの近似を芸術あるいは人生において実際に創造することに関わっていたからである．諸対話篇における劇の細部や諸対話者における性格の念入りな肉づけ；アカデメイアの創設と，その力点を将来の立法者や政治家の養成に置いたこと；とりわけシュラクサイのディオニュシオス2世という人物に哲学的君主を実際に養成しようとして痛いたしくも2度とも失敗したこと——これらすべては同じ方向を指している．この時点においては，詳細で観察可能な現在的なものと超越的なるものとの関係はプラトンにとっては，この世界における行動が意義と意味とをもつような均衡の中にそれら2つを見ようともがいていた関係であった．彼の長い人生行路の60歳から80歳までの最終段階において，これは決定的に変化した．彼は彼の2つの世界の一体化に以前にも劣らず関心をもっているが，しかしそれへの推進力はいまや他の側面からきている——つまり諸形相に関する確実性の必要から，そして究極的には，その確実性が彼に与える静謐からきている．ここには彼を取り巻く世界の諸事物を変化させるのに必要なエネルギーや努力の余地はない．彼が——彼自身のために，そしてずっとより少ない程度においてではあるが他の人びとのために——探求しているのは，行動あるいは創造よりもむしろ理解することである．そしてその理解は通常の種類のものではない．というのもそれはあらゆる対象の知識と知識の諸過程それら自身をも，それらを超越するものの把握

第IX章　言葉と行為

という行動にとっての単なる道具として扱わねばならないからである．人間あるいは市民あるいは国家の生，人間の身体，宇宙それ自身の解剖学は，それらを超えた真なるもの，そして通常のいかなるコミュニケーション手段の射程を超えた真なるものの類推的な諸表現でしかない．晩年の著作――ソフィストと政治家の素描，『ピレボス』の「善き生」の地図，『ティマイオス』の自然学的研究あるいは『法律』の未来の善き国家の諸企画――は，さまざまな局面においてわれわれ人間世界に関心があるように現れるけれども――その目に見える実践的目的を損なう超然的態度の魔力のもとにあるのと同時に，いかなる識別可能な人間的応用もない恐ろしいほどの深遠さと洞察の魔力のもとにある．

2

プラトンは前427年に生まれたが，それはトゥキュディデスが「彼はこの戦争について精確に何か知ることができるであろう」と思うほど身近に観察したペロポネソス戦争勃発の4年後であった．彼は戦争が終結しアテナイの民主政治が前404年に崩壊したときに若干23歳の若者であり，そして復活した民主的政権が彼の友人ソクラテスを前399年に処刑したときちょうど28歳であった[1]．この年の直後に彼はアテナイを離れ，ギリシア内外を前387年まで旅し，そしてこの年にアテナイに戻り，哲学者と政治家と立法家の養成のためのアカデメイアを創設した．彼は生涯の最初の28年間をアテナイで過ごしたが，おそらくその最後の10年から12年間はソクラテスと密接な親交をもち，この期間は他のすべての年月から区別されるべき一時期を画したであろう．ペロポネソス戦争のアテナイとソクラテスとはプラトンにとって生涯における凝縮した経験であった．彼は80歳の老人になるまで生きたけれども，そして，2度のシケリアへの短期間訪問を除いて，40年間近く（前387年－347年）を前4世紀のアテナイで過ごしたけれども，その前4世紀のアテナイについては彼の著述の中ではわれわれにはほとんど何も伝わっていない[2]．

　われわれはこの時期のアテナイと他のギリシア諸都市の両方について，イソクラテス，デモステネス，アイスキネスや他の雄弁家たちの著述によって

かなり多くを知っている．われわれはマケドニアの君主政治が樹立される以前のフィリッポスの外交や軍事政策の多くの成功について，そしてギリシアの諸都市国家の漸進的衰退についての詳細で精確な知識をもっている．しかしながら，多様な興味深い政治の実験が実施された前4世紀について，プラトンの諸著作にはその反響がほとんど存在していない．彼にとって少年と若者として過ごしたアテナイの年月があり，彼が後に重要な政治的争点と考えるようになったものがそれらの劇的な頂点を迎えるようになったアテナイの年月があった．そしてまさに初期対話篇と中期対話篇が再 - 創造したのはこの世界とこれらの争点とであった．たとえ『ゴルギアス』，『プロタゴラス』，『国家』および『パイドロス』がある意味では前5世紀の政治生活についての広範にわたる論評であるとしても，『政治家』，『クリティアス』，および『法律』のような後期の対話篇は，前5世紀からかなり乖離した独得のスタイルと諸主題とをもった政治的作品であることはもちろん真実である．けれどもこれら後期の作品の諸問題もまた前4世紀の諸問題ではない．それらは新しい種類の抽象性と一般性を獲得したのであった．初期の諸作品と後期の諸作品の調子と意義とにおける差異を認めつつも，それら2つの政治的立場の関連を示すことも可能である．しかし後期の諸対話篇の政治的内容と当時それらを実際に取り囲んでいた政治的諸事件との関係を，いかなる重要な意味においても関連づけることは可能ではない．

　諸対話篇の執筆時期を決定的に特定するのはきわめて困難である[3]．そうしようとする努力は2つの主要な線に沿ってなされるのが主流であった．これらの一方は，文体的な証拠についての調査と，時期を特定できる出来事をプラトンがどのように使用したのかの解釈とに依拠している；そして第2番目の努力は哲学的諸教説の出現とその展開とに依拠している．これらの方法のうちで，前者はその適用範囲が最も広い状態でかなり有用であるように見える[4]．誰でも『国家』と『法律』の間での著述の仕方における実際の変化を見ることができるし，そしてわれわれが少なくとも大まかにその地点を知っているこれら2つの点によって固定された文体の諸基準はおそらく十分に健全であろう．文体のこれらの基準を用いればわれわれはある程度確実に一群の対話篇の執筆時期を定めることができる——たとえば，『ゴルギアス』，『プロタゴラス』，および『パイドン』は1つの集まりに属し15年ある

いは 20 年という間隔の中に属すると言うことができる——しかしこれらの基準は言及された諸対話篇の前後関係の問題を決着することができない[5]. 哲学的内容に照らして諸対話篇の執筆時期を定めることに関心をもつ第2番目の種類の学者たちの仕事は，なお一層満足できるものではない[6]. その理由は，まず第1に，プラトン自らが認めているように，諸教説はその語の厳密な意味においては彼の対話篇の中には発見されえないからである[7]. すなわち，ある対話篇と他の対話篇との哲学的立場の変化はある命題についてのプラトンによる展開に起因すると想定する権利をひとはもたない；それらの変化は，ある場所ではあることを劇的に強調したいという欲望があり，のちの場所では別のことを劇的に強調したいという欲望があることに完全に起因するのかもしれない．第2番目には，これを認めつつも，一定の諸教説の頻繁な出現あるいは消滅という観点から諸対話篇の執筆時期を定めようと試みてきた学者たちでさえ，建設的なことをほとんど僅かしか達成できなかったし，いくつかの決定的な挫折に遭遇してきた．1例を挙げれば，彼らは，ひとは諸形相の理論は，最初にここに現れて，そこで重要ではなくなり，ある所から現れなくなったと示すことができる，と考えてきた．そして次に，彼らは時間的順序の中でこれらの点を使おうとしたのであろう[8]. しかし諸形相の理論自体は，このような手法すべてが依拠している主要な杭であるが，もしこの命題が正しいのであればこの理論がとっくに消失していたはずのかなり後に著述された対話篇においても，暗黙裡に含まれていることを示すことができるのである[9].

したがって，大まかに言えば，初期と中期——ソクラテスが処刑された前399年からプラトンがシケリアへの最後の旅から戻った前362年まで——は次の対話篇のリストによって代表される：『クリトン』,『弁明』,『エウテュプロン』,『ラケス』,『リュシス』,『カルミデス』,『パイドン』,『ゴルギアス』,『メノン』,『プロタゴラス』,『国家』,『パイドロス』,および『饗宴』. このリストの内部でいかなるほんとうに確実な執筆時期の順序も確立できない[10]. おそらくこのことは甚だしく重要であるというわけではないだろう．実際に重要であるのは，われわれがおおよその輪郭において芸術家および人間としてのプラトンの展開の感覚をもつことであり，そしてこれは哲学的諸教説におけるある変化の知識と同じではない．私としては『国家』を『政治

家』よりも年代的に後であると考えるのは不可能だろう；『饗宴』が『パイドロス』よりも前に著述されたか否かはたいして重大ではないし，私はそれが確実であるとは感じることができないのである．

　前399年から前362年までの年月は，プラトンの生涯において彼が最も広い意味での政治的生活において，諸形相の永遠にして不可視の世界の模倣として意義をもつであろう何かを構築することに腐心した時代である．ここに代表されている対話篇がこの構築の努力に密接に関連しているのは，それらが政治的諸問題を客観的かつ芸術的に描写している点において，かつ，それらが教育的価値をもつ限りにおいて人間と市民にとっての善き生へのアプローチを間接的に暗示している仕方においてなのである．それら対話篇のいくつかは，他のものよりもより完全に後者の目的を完遂した．たとえば，『国家』は前半部分と後半部分を貫いてプラトンが地上における最善の国家の形態を描くところまで限りなく接近したのに対して，『ゴルギアス』，『プロタゴラス』，および『パイドロス』は，いやしくも政治的生活を考慮する際に含まれている複雑な人間的諸要因についてのかなり生き生きとした研究である．アカデメイアにおける仕事は，われわれはそれについては残念ながらほとんど知っていないが，ギリシア諸国から要求されている立法者や政治家を供給するために企画されていたように思われる[11]．そして前367年と前362年にシケリアにおける政府を2度にわたり変革しようとする彼の努力において[12]，プラトンは，その好機が訪れたときに同時代の出来事の成り行きを変えようとする試みに配慮しない哲学者は，哲学という麗しい名前に汚名を着せるという彼の信念の誠実さの証人となっている[13]．

　プラトンはアテナイに前362年に戻り，前347年に没したが，彼の生涯のこの最後の期間において，彼はアカデメイアで教育と著述に専念した．彼は活動的な政治的生活にはこれ以上関与しなかった．そして前352年頃シケリアで派閥抗争が勃発し，膠着状態になり，それに関与した者の何人かが今や80歳にも近づいていた老人に，もう1度新規の国家形態を樹立するための援助を訴えたときに，彼はわれわれが『第7書簡』として知っている暫定的な拒絶の書簡を認めた．それには，政治の世界に2度と再び自ら踏み込まないだろうけれども，彼の全人生を不首尾に終わった政治的実験へと導いた一連の出来事を述べたいと切望していた人間の声が，間違えようもなく響いて

いる．後ほどわれわれが見るように，これは1つ以上の点で意味深長な文書である[14]．

　この晩年期にプラトンは『テアイテトス』，『パルメニデス』[15]，および『ピレボス』を書いた，そしてまた1つのシリーズに適合するようになったいくつかの対話篇をも書いた；しかしそのシリーズは彼がそれを企図したいずれの場合においても完結しなかった．こうして『ソピステス』と『政治家』には（決して書かれなかった）哲学者を扱うもう1つの対話篇が追加されるはずであったし，そして『ティマイオス』から始まるシリーズは『クリティアス』と『ヘルモクラテス』によって継続されるはずであった．これらのうちで『クリティアス』は途中で中断し，『ヘルモクラテス』は書かれもしなかった．最後の作品は『法律』，すなわち未来の善き国家の素描である．

　この試論はプラトンの全体像との関連において彼の著作の中での一種の展開であったと私がみなすものを提示することに関心をもつであろう，もっとも私は特別な議論のために，政治について彼が言っていることと彼が為したことを選択したのだが．この展開についての私の解釈にとっては，プラトンがあらゆる実践活動に次第に興味を失っていくことと，知的な仕事についての新しいそしてほとんどまったく神秘的な観念の出現とはきわめて重大である．この見解は，プラトンが初期および中期の一種の芸術家的な準備期から脱皮して科学者のような者，そして最終的にはおそらく政治の実践家のような者にまでなったとする慣習的立場とは真っ向から対立する．この一般的な見解によると，プラトンの後期の諸対話篇の中でも『ソピステス』と『政治家』とは新しい論理学的な諸方法についての彼の教育的関心を示し[16]，『ティマイオス』は自然学への彼の興味関心を示している[17]；『ピレボス』は彼の倫理学についての一種の教科書的要約であり[18]，そして『法律』は即時的応用のために『国家』を新しく改良した実践版である[19]．

　かりにときどき私が描こうとするプラトンの展開の描写が秘教的でこじつけのように思われるならば，私がたったいま概説したより安易で一般的な解釈に対する決定的な反論を構成するプラトン的問題の1つの局面を，読者には思い出してもらいたい．この後者の理論を奉ずる人びとは常に，プラトンの老齢のときの作品とアリストテレスの証拠とに非常に多く依存しているが，アリストテレスはもちろんプラトンがすでに60歳を過ぎたときの彼を

113

知っていただけである．プラトンは科学者，科学的教師および実践的政治的企画者へと1歩1歩堅実に接近していったという従来の見解は，諸対話篇からは入手できないけれどもアリストテレスの中に見出されると申し立てられているプラトンの「諸教説」，プラトンの「哲学についての諸講義」[20] と申し立てられているものの諸説明，および『ソピステス』と『政治家』の巧妙な諸解釈ならびに『ティマイオス』の同様に巧妙な却下とに基礎づけられていた[21]．強い劇的な調子を帯びている初期と中期の対話篇を特定の哲学的諸教説と結びつけることは難しい，もっともこのことさえも試みられたが[22]．しかし後の諸対話篇においてその概略がより劇的でなくなり諸論議が形而上学的により興味深くなったときに，注釈者たちはこれがプラトンが真摯な哲学者になった瞬間だと想定したのである．そしてこれが彼の生涯においてアリストテレスが彼を知ったときであるので，アリストテレスの著作における「プラトンの諸教説」と「諸講義」はすべて辻褄が合うのである．もしどこかでプラトンが哲学者としてその本心を打ち明けるならば，それは晩年のプラトンであると感じられた．そして『ピレボス』，『ソピステス』，および『政治家』には一種の教科書的特質が備わっており，それがプラトンはあたかも再び生気を取り戻して実践的になっていたように見えさせた．『ティマイオス』はその老人の奇妙な幻想としてその議論から落とされた．

　しかし事実は，プラトンは自らの哲学を，われわれが諸対話篇から理解できる以上には，より明示的な仕方で誰にも教えなかったように思われる．彼自身『第7書簡』の中で彼の哲学は決して著述されなかったし将来も決して著述されることはないだろうとわれわれに請け負っている[23]．さらにまた，最近の素晴らしく入念な研究は，アリストテレスがプラトンの教説を支持するために依拠できる典拠としてはわれわれが保有している諸対話篇以外にはいかなる典拠ももっていなかったと決定的に証明したのである[24]．アカデメイアはほとんどもっぱら幾何学と数学に関心を払い，これらは純粋に哲学の予備的諸研究とみなされていたという見解[25]，そしてプラトン自身による哲学の公式な教示についての証拠はほとんどまったくないしアカデメイアにとっての公的な教説についての証拠もないという見解を支持する強力な擁護論が立てられる[26]——アカデメイアの運営のプラトンの2人の後継者，スペウシッポスとクセノクラテスが，プラトンの哲学が何であったにせよ，

第Ⅸ章 言葉と行為

何らかの形で，たしかにその中心であったイデア理論を実際には放棄してしまった事実を注視せよ[27]．

　従来の見解は，晩年の諸対話篇の想像的な読解から学ばれるかもしれないものに，事実真っ向から対立するということを，私は示したい[28]．プラトンを理解しようとする努力において，彼を取り巻く人びととのほとんどすべての重要な知的接触をもたなかった晩年期におけるアカデメイアの指導者 director としての姿をわれわれは見失ってはならない．アリストテレスはプラトンの教説を議論する際にプラトンが何を本当に意味していたのか不断に問いかけたし，そして同じような諸困難が，彼を良く知っていた彼の後継者たちによっても提起されたのである[29]．もしこれらの人たちがいかなる証拠を自分たちがもっていたのか理解できなかったならば——そしてそれは明らかに諸対話篇の本文であった，というのも彼らは他に何も引用しなかったから——，プラトン自身に問うことができたであろう．おそらく彼らは問うただろうしそしておそらく何の答えも得られなかっただろう．たしかに彼らは何の答えも<u>もたなかった</u>し，そして彼らこそが哲学的素材が豊富であるにもかかわらずその著者の立場と教説に関してそれを解釈するためのいかなる十全な手がかりもないという逆説によって難問に直面する，その後長く続く一連の学徒たちの最初の人びととしてわれわれの前に現れたのである．

　その最も皮相な形では，その難問は単にソクラテスとプラトンの縺れを解くことである．ソクラテスはほとんどすべての対話篇において，哲学的には勝者の側の代弁者であるので，最も容易な解決策はソクラテスとプラトンを同等視しソクラテスをプラトンの立場の擁護者として扱うか[30]，それとも別の方法として，完全に両者を分離しソクラテス的諸対話篇を文字通りソクラテスのものと数えることである[31]．これらの2つの解釈は，しかしながら，あまり満足できるものではない．最初の解釈は晩年の諸対話篇における劇の登場人物としてのソクラテスの退場を説明していないままであるし，そして両方の解釈ともプラトン自らが『第7書簡』において彼の哲学を含む書物は執筆されなかったと強調している陳述を説明していないままである[32]．とりわけ，諸対話篇それら自身の多くの未決定的な性格は，ひとをしていかなる立場が，もしあるとして，このプラトン-ソクラテスによって維持されているのかと疑問を抱かせたままである．

115

3

　「形だけでなく他のすべての点においても」とメノンはソクラテスに言った，「あなたはまさにあの平らな海魚，シビレエイです．それも近くに来て触る者には誰にでもショックを与え痺れさせるのです；そしてまさしくそれをあなたは今私にしたと私は思う」[33]．「私は彼の言葉を聴いていると」とアルキビアデスは言った，「私の心臓はコリュバスたちのそれよりも激しく鼓動する；私の涙は彼の言葉を聴いて流れ出し，私は他の多くの人びともまた私と同様に感動しているのを見る．……そしてこのひとに対してだけ私は，誰もが私には可能だとは信じないだろう感情を経験するのである——それは羞恥の感覚である．彼だけがこの感覚を惹き起こすのである．というのも私は彼が命ずるように行動しなければならないということに反論できないことを自覚しているし，しかも，彼のもとを去ると多数者の好意に屈してしまう悪徳が私にはあるということを自覚しているからである．……もし私が彼をこの世で2度と見かけなくなったらさぞ喜ばしいだろうと思うことはしばしばあったが，これが万一現実になったら私は非常に惨めになるだろうことも私は良く知っている；実のところ，彼にどのように対処したらよいのか私にはわからないのである」[34]．このような言葉で，いくつかの対話篇の数名の対話者は，ソクラテスに会い彼を愛したすべての者たちに彼が与えた個人的な衝撃の途方も無さを証言している．彼の会話のこの不思議な効果は，もちろん部分的には，この男の身体的な異様さに起因する．容貌は醜悪で，眼球が突出し，猿のような顔つきで，千鳥足で歩き，しかも暑さや寒さには頓着せず，そして食事や飲み物にも無関心であるソクラテスは，一種の化け物であった[35]．実際，ソクラテスが言ったように，彼自身は何も知らないということを意識していたけれども，デルフォイの神託が，ある理由から，またわれわれにはわからない文脈で，ソクラテスを人類の最高の智恵者であると宣言したのは，ソクラテスを化け物として区別したように思われた[36]．『饗宴』においてアルキビアデスは寓話の中でソクラテスを描写するときに，彼は肉欲の悪魔であるサテュロスのマルシュアスのイメージを語る．彼の言葉によると，この像の醜悪な外貌はまさにソクラテスの似姿であ

第IX章　言葉と行為

るが，この影像がある仕組みにより開かれると，その中には黄金の像が多く詰まっている；そしてソクラテスも同様であり，醜悪さと肉欲の背後で純潔さに信じ難いほど満ちている：「彼は全生涯を彼の同胞たちに皮肉な冗談を言いながら過ごしていた，そして彼が真剣になり，その像が開いているとき，彼の内部にある諸像に関しては——私はそれらの諸像を見た者がいるのかどうか知らない．しかし私はかつてそれらを見たことがあり，それらは私には非常に神々しく，黄金のごとく，また非常に美しく，非常に驚嘆すべきものと思えたので，ソクラテスが私に命じたことを私はただ為さなければならなかった」[37]．

　プラトンはその言葉の普通の意味でのフィクションの芸術家ではないし，そして彼のソクラテスはフィクションの芸術家が創造したようなものでもない．なるほど，後者のやり方は，多くの男についての記憶されている諸断片から，ある男のいくつかの言葉の喋り方から，あるいはある男の顔の表情から，あるいは別の男の歩き方から，ある男を合成するかもしれない．その合成された画像は，完成されると，その創造者との共生関係をもちながらも同時に，その創造者と，その構成要素である実在の生命の諸断片との両方から独立したものとして現れる．しかし，プラトンにとっては，その人物全体を模倣することが出発点である，というのも彼を著述へと駆り立てたのはまさに無二のソクラテスの存在であったからである．ソクラテスが存在したという歴史的で物理的な確証なしには，諸対話篇の始まりはなかった．プラトンにとっては，肉欲的で醜悪で無知ではあるが，精神的で美しくしかも智恵に富んだ非物質的な魂をはるかに指し示し，さらにある1人の分解不可能な人格の中で正反対のものたちを融合させている，生身のソクラテスのような男が存在していなければならなかった[38]．この歴史上の人物は，プラトンにとって，彼が熟知した都市と時代の中で活動した人物であった，あるいはそれについての知識を彼が取り戻すことができたであろう人物であった．そして復活したアテナイの民主政治の政府によって，「不敬虔とわれわれの若者たちを腐敗させたとの咎で」[39]処刑が執行されたソクラテスの死は，プラトンに多くの点で意味深長であった．それは，プラトンが何年もの後に『第7書簡』を執筆した際にわれわれに語っているように，ギリシアにおいて組織されたような政治的な生活には価値がまったくないという究極的な証明を意

117

味し,そして,政治権力が,偶然にではなく,それに意味を見出す真の共同体の意識をもって,掌握され行使されるべきであるような徹底的変革が必要であるということを意味した[40]. それはまた,プラトンが失意のうちにほとんど12年間もアテナイを離れ,そして彼が戻ったときに彼の最初の行動が,アカデメイアを創設し,それを政治的生活を決定的に変革できるような哲学者たちを養成するための<u>彼の</u>場所であるとし<u>彼の</u>手段であるとしたことを意味した. このことすべてをソクラテスの死がプラトンに意味した,そしてこのことすべてがプラトンの友人の死に対する彼の応答の一部であった.

しかし哲学者と著述家としての彼の内部ではソクラテスの死は〔上述の事柄とは〕異なった何かを意味し,またわれわれがそれを正確に見て伝えるには困難な何かをも意味した. ソクラテスは身体的にまた人格的にプラトンにとって世界についてのヴィジョンを覚醒させるものであった. このヴィジョンの意義は,ソクラテスが他界したとき,理論的にはプラトンによっておそらくなおも理解されていなかったであろう. 彼はまだ若年であったし,そして彼がその死を劇的に表現することを選択した初期の諸対話篇においては,その男の外見と内的生活の混淆の中でほとんど怪物のような人間としてのソクラテスの感覚(センス)だけがある;他の男たちの身体と言葉とが表現しなかったような,その男の全存在が唯一で同一形の single and uniform 真理を表現した人物の感覚(センス);この男が露にできなかった内なる真理に必然的に付随する,世人を嘲笑しながら翻弄する精神の感覚(センス). プラトンがわれわれにソクラテスの死と最期の数時間とのイメージとして贈り届けたものは,ソクラテスの個人的,政治的な人生の知的な含意すべてを劇的に際立たせている. このイメージは『弁明』と『クリトン』と『パイドン』の中にある——だがわれわれはこの劇の背後に回り込んで,そのイメージを鼓舞した諸事実には到達することはできないのである. しかしこれらの対話篇のこの感情が歴史上のことであると言うのは真実である——すなわち,諸対話篇の効果はすべてソクラテスの人生の最期が他人にどのような衝撃を与えたのかをなるべく正確に呼び起こすことにある. 私は,これらの対話篇に著述されているように,あらゆる具体的な詳細が起きたと言うつもりはないが,しかしその後10年のうちに著述された他の諸対話篇とは一線を画しているこれらの対話篇においては,それらの力はソクラテスを主要な論争者としての知的な論戦にあるわけ

第Ⅸ章　言葉と行為

ではないと言うつもりである．これらの対話篇において 1 人の男の人生の 2, 3 時間はその人生の意味を劇的に要約している．かくしてその哲学者の擁護としての『弁明』，市民の諸義務についての彼の議論としての『クリトン』，および来世の影のもとでの現世についての彼の理解としての『パイドン』は，哲学的立場の諸実例ではない．それらは劇的にその立場である．

けれどもプラトンがソクラテスの裁判と有罪判決の出来事を演出した劇的形式は一定の仕方でそれらとともに死すべき運命であった．ソクラテスの生涯の最期はプラトンによって単に偶発的な最期としてだけでなく完成された最期として認識されかつ表現された．それは実際に起きた事物の秩序と同様に起きなければならない事物の秩序に属している．そしてかくして，歳月を経て，ソクラテスのイメージは，遠く隔たっていったと同時に，ソクラテスにおける最も深遠で最も深く隠されたものに真である，究極的に真のソクラテスであるとプラトンが感じた，あの態度の中に固定されるようになった．ソクラテスについての諸対話篇と同時存在するような生けるソクラテスは考えられない，というのも彼の自然な衰えと衰退はプラトンの絵を破壊したであろうからである．『第 2 書簡』の中でプラトン自らがあるいは彼の生徒の 1 人が書いている：「どの対話篇も私の作ではない；すべてソクラテスのものであるが，しかし若くなり端正になったソクラテスである」[41]．これが意味するのは，私が思うに，諸対話篇がひとを，前 399 年に告発人たちと直面した時の年齢と容姿の醜悪さと勝利感に包まれた老齢の人物から，サテュロスのマルシュアスの像の中で黄金のイメージが次つぎに起きる場面で不断に啓示されたことへと連れ戻すということである．ここには，その『書簡』の著者が見たように，真の若さと美とが存在し，そして年齢やこの世の諸変化はそれらに触れることはできない．

このソクラテスは，歳をとることができず，諸対話篇の中では探究する静的な人物であり，絶えず諸問題を人間的知的好奇心をもって精査するが，けれども人間性を帯びるのを許されるのは単に彼の身体と習慣の些細な個人的な特質 touches ——彼が何か間違ったことをしようとしたときに彼を制止したダイモン，彼の裸足，彼の突出した両眼，彼の奇妙な誓言，そして身近な事例への彼の専心——だけである[42]．これらはそれらを用いて小説家が，生けるそしてそれゆえに必然的に変貌する登場人物を創造したであろう特質

119

である．プラトンは前例のないことを成し遂げたのである．彼は，われわれの前に身体をもった生命として蘇えらせる人間の諸属性を備えた人物を創造した；彼は，彼が交わした会話と彼が会った人びとを，われわれの精神が行動と展開——必ずしも劇的意味での行動〔筋〕action あるいは展開ではなく，むしろソクラテスについてその物語の終わりではその始めとは異なった感情をわれわれに抱かせるかもしれない知的な行動と展開——のために準備できるように形作った，——それでいてわれわれはそのようには感じない．非個人的な中心人物を絶え間なく厳密に探ることから生まれる対話篇の知的派生的諸効果はわれわれに唯一の感覚 sensation を残す，すなわち，ソクラテスの磁力 magnetism である．

　その人物の人間性と非個人性との両者が同時に成就される理由は，われわれが彼の中のいかなる変化も観想することを要請されていないからである；ただ一定の態度をとっている彼を観察し，彼の言葉を他の言葉の文脈において傾聴し，他の人びととの雰囲気と彼のそれとの対照に留意することだけが要請されている．われわれはソクラテスの特殊性とは異なったように他の話者たちの特殊性を把握する．われわれは彼らを通常の人びとと同じように物事をなしそしてその人生を生きるものとして，簡潔かつ不確かに——というのもわれわれが彼らについて考えようとするのは，単についでのことであるから——想像することができる．しかしその対話篇の中で彼らはソクラテスの魅力 magic の範囲，すなわちそこにおいては彼らの言葉と彼らの思想は彼の分析の前で裸にされるであろうし，彼は彼の諸行動において変化する生ける個人としてではなく彼自身変化することのない試金石として行動する，むき出しの非個人的な領域の中へ常に引き込まれているのである．

　この観点から眺められれば，われわれは，その人生の初期段階におけるプラトンにとっては——もっと正しく述べるならば，最後の15年間に至るまでの彼の全生涯にとっては——諸対話篇におけるソクラテスの機能が単一の人物の中でより深遠な真理と表面上の矛盾との合一を究極的に具現化することであるということを理解する．アルキビアデスによれば，サテュロスのマルシュアスのイメージはソクラテスであるが，肉欲的な外貌すべてを呈しながらも，しかしいったんそれが開かれると，われわれはその内側に黄金の神々しく美しい多くのイメージを発見する．「彼の外貌の彫刻はまさにシレ

ノスの覆いであるが,ところが,いったん開かれると,彼がいかに純潔さに充ちているのか諸君は考えられない」[43]. この逆説はソクラテスという人物に存在するが,しかし内的真理は真実でない最初の印象に取って代わることを含むのである.

　さらにわれわれはこの類似性 likeness においてアルキビアデスの意味するところを把握しても,これがその対話篇の頂点であるところの『饗宴』における議論の流れをわれわれは見失ってはならない. アルキビアデスが登場しソクラテスをマルシュアスの比喩として議論を展開する以前に,ソクラテスによってその演説の中で呼び出された架空の女預言者ディオティマは愛の梯子について語ってしまっていた. その語りの中でわれわれは男が生成の世界についての彼の知識から真の存在の世界のそれへ進歩したことを学ぶ. まず男は美しい多くの身体の中から,美しい1つの身体を愛するであろう,そして続いてこのものと他のすべての美しい身体の集まりを発見し,そして彼は1人よりもむしろ彼らすべての中に身体的な美を愛するであろう. そして次に彼は身体の美よりもむしろ魂の美を見出しそして美しい魂を愛するであろう,もっともその魂は美しさにおいて劣りあるいは醜悪でさえあるかもしれない身体に宿っているかもしれないが. そして最後に,彼はすべての美しい魂に共通な魂の美を見出し,そして人間の能力の限りにおいて,真の美を観想するだろう[44].

　ここには,その中で各段階がひとをそれ以前の段階から引き上げ,各前進はわれわれが後にした前の階梯を意味のないものにする1つの進歩がある. そしてこの過程は,彼の外観は醜悪かつ肉欲的であり,そして肉欲の言葉を肉欲的な磁力で語るが,その肉欲性自体からはいまや完全に解放されているソクラテスという人物に凝縮されている. アルキビアデスに対する彼の力は,事実において,彼がこの若者に彼のもつ身体の美と引き替えに光り輝く純金の像の閃きを切望させるのに成功することである. そして,そうするときにおいて,アルキビアデス自身はソクラテスに何も与えるものをもっておらず,そしてかくしてソクラテスは彼に対する彼の力を保持しているのであるということを発見するのである. ソクラテスにとって,肉欲はもはや何の意味ももたないのである；それは,彼のアイロニーのように,その仮面の表情とは異なる真理を隠している一種の興味を掻き立てる仮面でしかない.

第Ⅱ部 砂塵あらしの中の男

　プラトンが非常に老いたとき，このソクラテスのイメージは実在を見る最も真の方法を表現することをやめた．そのとき彼にとって生成の世界から乖離して把握される真理はなくなった．その行程のより早い諸段階が後ろに残るような過程は存在しなかった．始まりも終わりもなかった，最初のステージも最終のステージもなかった．一と多との継続的融合，個別的身体と魂との，世界の身体と世界の魂との溶解できない融合があったのであり，そしてこの融合の瞑想が，それを超越しているものと，人間のヴィジョンの完全な把握を超えているものとを理解する真の方法を構成したのである．人間の身体と魂との合一は内なる真理の表象であった——人間の四肢が行動しその頭脳がそれらを制御する方法であり，人間の身体と人間の世界がもちうる神の創作への何千もの隠れた手がかりであった．

　これはソクラテスの仕方ではない，そしてソクラテスは諸対話篇の中に留まることはできなかった．歴史が2つの意義をもって，すなわち，歴史的にも哲学的にも，彼をそこに置いたので，プラトンは彼を変えることも曲げることもできなかった．原型に対して彼はあまりに多くの崇敬を抱いていた．しかしプラトンは，画家がかつて描いていた様式で描いてきたものに彼の満足を保持し続けることができる一方で，その様式には配慮しなくなるであろうように，彼に配慮しなくなった．『テアイテトス』にはプラトン自身が1つの象徴としてのソクラテスの放棄を目撃した仕方の暗示すらあるかもしれない[45]．自分は助産婦の息子である，とソクラテスはそこでわれわれに述べており，そして彼の知的な仕事は助産婦の肉体的な仕事のようなものである．彼が言うには，助産婦たちは自ら出産したことがあるが今では他人の出産の手助けだけができる人びとから成っている．かくして彼は自ら智恵には到達できない；彼は他の人びとの中にそれを生み出すことができるだけである．これもまたソクラテスの独自性であり，そして歴史的に独自な人物の意味なのである．けれどもおそらくプラトンは老齢になったときむしろ生そのもののなんらかの哲学的表現を探究するようになったかもしれない．それはもはやいかに偉大であろうと，1人の人間の必然的な諸限界の中に限定されなかったが，とりわけこの人物の偉大さが，一定の不妊状態，生の過程からの一定の離脱を伴ったときには特にそうであった．プラトンにとって，彼の最期の日びにおいて，もし生が1つの過程として，一と多との瞬間的統一と

して見られなかったならば，それは真に見られなかったであろう，そしても
しそれが真に見られなかったならば，その合一の彼方にあるもののヴィジョ
ンも成立しなかったであろう．かくしてソクラテスは後ろに残され，そして
彼とともにプラトンがかつて再創造することを愛したところの新鮮さと生も
後ろに残された．彼の最期の日びにおいて彼が必要としていたものはまさに
新しい種類の生と新しい種類の新鮮さとであり，もはや人間的な用語では表
現されえないそれであったのである．

4

しかしプラトンとソクラテスとの関係の問題はプラトンの作品に内在して
いる両義性すべてを決して網羅するものではない．主要な困難は書かれた作
品そのものの解釈にある．というのも諸対話篇は1つの生ける矛盾だからで
ある；それらの形式の完璧さとその著者がそれらに対して表明した軽蔑との
矛盾；一方におけるそれら対話篇の劇としての特徴と他方における劇に対す
るプラトンによって表明された嫌悪および恐怖との矛盾；それらの哲学的な
意味とそれらが哲学であるということに対するプラトンの否定との矛盾があ
るからである．これらはプラトンがその中で著述した緊張であった．この表
明された否定を背景に配置されるのが，その果実が諸対話篇の本文である創
作という行動自体に対する沈黙の対立である：諸対話篇は半ば歴史的で模倣
的で哲学的であり，人びとの生活における思想と思想の結果の中間的なもの
である．

どのような言葉でプラトン自身は彼の諸対話篇が彼の哲学を表現している
ことを否定しているのかを見てみよう．最初の陳述は『第7書簡』から出て
くる．

「しかし，私自身のあるいは他の人の学徒であったとして，あるいは
自分自身で独自の発見者であるとして，私の最も真剣な関心事である主
題の自然本性 nature を<u>知っている</u>と主張して，既に書物を執筆したか
あるいは執筆しようとしている人すべてについて私はこれだけのことは
言うことができる——私の意見では，これらの人びとの誰1人としてそ

の事柄について何も理解することはできない．というのもこれらの事柄について私の論攷 treatise は存在しないし，これからも存在しないであろう，というのもこれは他の学問のようには言葉で伝達できない事柄であり，むしろその主題それ自身との不断の共同の関わりと不断の生活とから生まれてくるものであるからである；それはあたかも理解したひとの魂の中に飛び火から点された光のようであり，それ以後自らを養っていくのである．けれども，さらにまた，私はこれだけは知っている，すなわち，これらの事柄が著述されたりもしくは語られたりするとなれば，それらは私によって語られるのが最善であろう．そして，拙劣に著述されたりしたら，心を最も煩わせられるのは私であったであろう．しかし，もしそのことが大衆一般に十全に伝わるように書き著され話されると私に思われたとしたならば，人類のためにこの偉大な祝福の言葉を著し，その真実の自然本性を万人の理解のために明るみにもたらすということよりも素晴らしい偉業を私は私の生涯においてできたであろうか？ しかし，実際には，そのような方向を目指した試みといわれるものでさえもすべての人間にとって善であるとは私には思えないが，むしろ少数者だけが僅かの助けを頼りに自ら追求するものを発見できるのであろう．他の人びとに関して言えば，何人かの人びとの心に，教示は誤って，最も不当な軽蔑心を植えつけるかもしれないし，別の人びとは不思議で厳粛な事柄を学んだと思い上がり虚しい期待を抱かせかねない」⁽⁴⁶⁾．

この引用に続く1節は重要性において決して劣るものではない：

「存在するあらゆる対象に関して，そのものの知識を獲得するのに依拠しなければならないものが3つある；第4のものは知識それ自身である；第5のものをひとは認識可能で真である対象それ自身があると要請しなければならない．さてこれらはそれぞれ：第1のものは名称で，第2のものは定義で，第3のものは影像 image で，第4のものは知識である．私の意味していることを理解するために，すべての場合にとっての1例を挙げてみよう．円と呼ばれるものがあり，その名称は私がいま

言ったところのもの——『円』である．その定義は名称たちと動詞たちから構成されている文章である：かくして『その末端から中心までの距離がどの点においても同距離なもの』というのが『まるい』，『球形の』，そして『円』などをその名称としてもっているものの定義である．第3のものは影像であり，それは図に描写されたり，消されたり，また旋盤で形成されたり，壊されたりするものである．これらのものすべては円そのものに関連するが，円そのものはこれらの過程の一切を経ることなしにある，というのもこれはそれらのものからまったく異なった何かだからである．われわれが触れた第4のものはこれらのものについての知識，知性そして真の意見であった，そしてこれらについてわれわれは言葉もしくは諸物体の形態にではなくむしろ魂の中にこそある1つの統一体であると想定しなければならない．そしてこれはわれわれが触れた3つのもの（名称，定義，影像）と，さらに円それ自身の自然本性の両方とも明らかに異なるのである．これらのものの中で知性だけが，その近似と同類の点から，第5のものに最も近く，他のものはかなり隔たっている」．

「同様のことは，直線についても，球状のものにも，色についても，また善いもの，麗しいもの，正しいものについても，またさらに人工のものであれ火や水などの自然のものであれすべての物体についても，さらにすべての生きものについても，魂にそなわる情念もしくは道徳的な行動すべてについても，妥当するのである．もしひとがどうにかして先の4つのものを把握しない限りは，けっして第5の知識には完全に到達できないのである．さらにまたこれらの4つのものは，言語の脆弱性のゆえに，おのおのの対象について，その本質に劣らずにその質を表現しようと努めるのである；それゆえに，分別あるひとは誰も自らの思想を言語に託さないであろう：わけてもこのことは，著述の場合のように，変更のできない言語に妥当するのである」[47]．

この文章は，プラトンの生涯の最期の数日に，つまりプラトンが真に劇的対話篇を完全に放棄してしまっていたときに執筆されたことが想起されなけ

ればならない．しかしある主題について何が伝達可能であるのかについて彼の見解はいくぶんそれより以前の時期のとは実質的には異なるものではなかったと私は思う．名称，定義および影像は中期の諸対話篇においては分析的にそれほどには区別されていない．それらは『ゴルギアス』と『プロタゴラス』のような対話篇における主役たちの個性の中で融合している．それらは『国家』の中では，例示と議論とのそれほど分離されてはいないがそれにもかかわらず明確な諸段階において，復活している．しかし劇的に例証されているのは常に関係の問題である——名称，すなわち人びとが認識するがそれに対して名称を作らなければならないものを彼らがいかに呼ぶのかである；定義，人びとが見るものの形相の機能と性質とを記述しようと追求する——ある定義は形相の1つの局面あるいは他の局面が不完全に理解されるにつれて変化するであろう；影像は人びとが生成の世界においてその変化する似姿を特定しようと努力する．

　おそらく『第7書簡』よりも10年から12年前に著述されたと思われるのが，ソクラテスの口を通じて語られる一連の演説を含む『パイドロス』の中の次の1節である．プラトンはほとんど疑いなく自らの諸対話篇について語っているが，それはわれわれが所持する彼の著作の唯一の記録である．彼の奇妙に見縊ったような無関心さは非常に目につく．

　　「**ソクラテス：**　それならば，書き記した論文を残したいと思っているひと，そして書かれたものの中から明瞭で確実なものを採ろうとして，この論文を手に取るひとは，いずれもまさに単純なひとであろうし，そして書かれた言葉が，そこに書かれているものを既に知っているひとに自らの記憶を思い出させる手段以上のものであると思っているひとはアンモンの予言に本当に無知であろう．

　　パイドロス：　まさにその通りです．

　　ソクラテス：　なぜなら，パイドロス，書くことには，それが絵画と共有するこの奇妙な特徴をもっているのだ．絵画の芸術の子供たちもまた，あたかも生きているかのようにそこに立っているけれども，君が何かを訊ねてみても，彼らは非常に厳格に沈黙を守っている．書かれた議論もこれと同じだ．それらはあたかもそれ自体何かを知っているかの

ごとく話すことができると君には思われるかもしれないが，しかしもし君がそこで言われていることについて何か学ぼうと望んで何か質問すると，いつでもただ1つの同じことを語るだけである．あらゆる議論は，ひとたび書かれてしまうと，それを理解する人びとの精神であろうと，それとはまったく関係ない人びとであろうと，おかまいなしにいたるところを転がり回る．そしてそれは誰に話しかけ誰に話しかけてはいけないのかわからないのである．しかし侮辱されたり，また不当に罵られたりすると，助けてくれるその父親を不断に必要とする；というのもそれは自らを擁護することも自らを救うこともできないからである．

　パイドロス：　その点もまさにとおりです．

　ソクラテス：　よろしい．では他の種類の議論，つまりわれわれが今話していたものの本当の兄弟にあたるものを見て，そしてそれがどのように生まれるか，またその成長においてどれだけ優れどれだけ力強いものであるかを見ることにしよう．

　パイドロス：　それは何でしょうか？　あなたの意見では，それはどのように生まれるのでしょうか？

　ソクラテス：　それを学ぶひとの魂の中に知識とともに書き込まれるもので，自らを救うことができ，そして語るべきひとには語り，黙すべきひとには沈黙するすべを知るものである．

　パイドロス：　あなたが意味しているのは，ものを知っているひとの語る，生命をもち魂をもった議論のことですね．それについて書かれたものは影像 image と呼ばれてしかるべきなのでしょう．

　ソクラテス：　まさにその通りだ．私に次のことに答えてくれたまえ：智恵のある農夫は，もし自分が大切にしている何かの種子が実りをもたらすことを願っているとしたら，夏にアドニスの園をまじめに耕しその種子を播いて，それらがものすごく美しく1週間のうちに芽を出すのを楽しく眺めるだろうか？　それとも，そういったことをするとしたら，それは娯楽や一種の休日のためだけにするのであろうか？　彼がまじめにするという場合には，農夫としてのすべての技量を駆使し，適切な時期に種子を播き，そして7ヶ月後に実が結べば満足しないだろうか？

パイドロス:　そうです，ソクラテス，一方の農夫はまじめに行い，そうでない農夫はまったく違う仕方で行うでしょう，あなたがおっしゃるように．

ソクラテス:　正しいもの，美しいもの，善いものについて知識をもつひとは，その自らの種子について，この農夫よりも思慮が足りないと考えるべきであろうか？

パイドロス:　そんなことはありません．

ソクラテス:　そうならば，そのひとは黒い水でペンを使って自らを救うことも十全に真理を教えることもできないような言葉で種子を播きはしないだろう．

パイドロス:　おそらく，そうはしないでしょう．

ソクラテス:　そうはしないのだ．しかしこれらの文字の園にそのひとは種子を播き，そしてもし書くとすれば，娯楽のために，そして老齢とその物忘れの訪れに備えて自らのためと，また同じ足跡を辿ろうとするすべてのひとのために，記憶の宝庫を蓄えるために，書くであろう；かくしてそのひとは，それらが柔らかく生長するのを眺めて喜ぶであろう，そして他の人びとが他の形式の娯楽——夕食会やそれに類した気晴らし——を楽しんでいるときに，そのひとだけは，そんなことの代わりに，私が言及したもろもろの娯楽で時間を過ごすように思われる」[(48)]．

5

もしある意味で諸対話篇が哲学でないとするならば，その場合には，それらはわれわれに伝達すべき何をもっているのであろうか？　われわれは，哲学の表現を信用しない哲学者プラトンのみならず，書き表された言葉を信用しない著述家プラトンのみならず，芸術の力を強く恐れた芸術家としてのプラトンを考慮に入れる場合にのみ，この問いに答えることができる．というのもそれら〔のプラトン〕は事実においては1つだからである：言語で表現できない諸形相を愛するひとは，それでもなお定義や影像の歪曲を通してそれらの形相を生命へともたらさなければならないと感じているひとである；生を熱狂的に愛するひとは，それでもなおその生が，真に実在であるところ

の，不可視で手に触れることのできない諸形相を汚していると感じているひとである．諸対話篇の捉えどころのなさ，曖昧さおよび豊穣さの本質は，それらがこの単一の中心的緊張を表現していることに存している．

　著述家としてのプラトンの経歴の始めにおいて，彼が最初に執筆した2篇の作品，『弁明』と『クリトン』とはそれら自身で1組である．それらはほとんどまったく純粋な史実である，もっとも関心の意識的な中心化があり，史実を踏み越えた劇的なテーマがあるけれども．これらに直ちに続いた作品は魅力的であっても取るに足りない試作に過ぎない——『エウテュプロン』，『ラケス』，『リュシス』および『カルミデス』である．それらは『弁明』と『クリトン』とはプラトンの展開において次の点で異なっている．彼の関心はもはやソクラテスの生涯の偉大な瞬間——彼の裁判と弾劾および獄中での最期の日び——だけではない．プラトンは一連の会話においてソクラテス的世界を構築し始めた．これは最初に明白であったよりも大きな変更である．ソクラテスの死——どのようにそれは道徳的社会的条件で起きたのか，そしてどのように彼は自らの死に直面して振る舞ったのか——は，その単一の瞬間に根ざした偉大な主題である．それは実際に一定の仕方でその最も広い局面におけるプラトンの最大の主題である——ある1人の人間であるもの the thing の構成と分解；理性が死の抽象的展開に対して彼を武装させるのに果たす役割；われわれが魂の運命のために議論を展開することができるような，人間と彼の世界の統一の諸兆候の存在[49]．これらの主題すべてをプラトンは後の諸対話篇の傑作において扱うことになるのであるが，けれどもそれらの主題は彼が『クリトン』と『弁明』に書き込んだソクラテスの裁判とその死の歴史的出来事の中に隠されている．彼がこのテーマからこれらに続く諸対話篇に向かったとき，彼はその道に戻り始めていた．彼はもはや自らを導く偉大な瞬間の魔力 magic はもっていなかったし，劇作家においてならば彼のもろもろの劇のあらすじにあたるであろうものを思案していたのである．プラトンにとってそれらは知的なトピックであるが，それらは，トピックとしては，人間的状況において概念化されると，変形されたりあるいは破滅させられたりしてしまうのである．かくして『エウテュプロン』において敬虔と道徳的義務の明白な諸定義は，エウテュプロンと彼の父親の関係の文脈において眺められたときには，ぼやかされたり不明瞭になるのである；

またラケスの名をとって命名された対話篇でのラケスとのもろもろの会話において，臆病の諸悪と勇気の諸徳は不快になるほど混同されてしまう；そしてその他いろいろある．そして最初からソクラテスはすでに自らの役割──尋問者 inquirer と論破者 destroyer のそれ──を与えられており，それをソクラテスは諸対話篇においていやしくも主要人物であるかぎり演じることになるのである．彼の役割の独得に静的な性格はすでにそこにあった．しかし後の諸対話篇の中にわれわれが見出す登場人物の理解の深さは欠けている．これらの初期の素描は，後期のプラトンにはまったく似つかわしくない，一種の鋭い単純さを呈している．著述家としてのそして人間としてのプラトンの両義性を充分に具現しているのはまさに彼の中期の諸対話篇である．そしてこの両義性の問題は，芸術と思想との実在への関係に中心をもっている．

中期の偉大な諸対話篇においてプラトンは，一方において，経験の多様性すべてを１つのより遠い実在の部分的かつ断片的模倣とみなしている．『国家』において画家を装った政治思想家は挑戦を受けるが，それは彼が人間の形相の彼による移し替えと同じくらい美しい人間がこの世に存在しえたということを証明できないからである[50]．ソクラテスは美しい絵 picture が１人の美しい人間において生を獲得するかどうかは問題ではないと答える．彼の陳述が含意しているように思われるのは，美 the Beautiful のパタンが生成の世界とは異なるところに存在するということは美の多かれ少なかれ真の翻訳そのものである，ということである．こうしてある意味においてプラトンは行動 act と言葉と思想との差異をあらかじめ避けるよう配慮している──行動 action と言葉と思想が同様に１つの完全な原型 original の不完全な複製であったかぎりにおいては．

真の美は彼にとっておそらく直線，パタンおよび色の魅力 magic の中にほとんど直接的に反映されているのであろう．しかしこれらの最も純粋に存在する調和もそれら自体反映にすぎない；それらは本能的に諸属性で自らを物的に覆い，そしてそれゆえに死滅しそしてそれゆえに変化する運命にありまた不完全である──そしてこうしてそれらは木片あるいは絵の具あるいは金属にではなく，人間の精神において現実化したときにもそうなのである．同様に，しかし必然的により複雑な仕方で，正義のパタンも汚される[51]．おそらく正義のパタンは，それが表現されうるかぎりにおいて，われわれが

第IX章　言葉と行為

概念化しうるなにものにもまして数式により似ているであろう[52]．しかし数式でさえも歪曲を避けるに充分なほど抽象的ではない．均衡のとれた社会や階級間の調和や諸利害の経済的な調整の観念はどれほどさらに多くの抽象を必要とするのか．これらすべてはそれらの人間的な衣装なしには概念化されえないし，そしてこのことはそれとともに変化，死，および不完全さを伴うのである．

　思想家の精神における正義の思想，そして言葉における思想の形相，および表現された思想の行動への変容の間に，プラトンにとって，理論的には相対的に僅少の差異しか存在しない．たとえいかなる重要な差異が存在するとしても，完成へのアプローチは，思想家によって公式化されずに精神に依然として留まっている思想の中でより接近している．プラトンはそれらの思想が，部分的に，他の人たちからの言葉から産出されたものであるということに，またそれらは言葉による公式化から自らを究極的には解放できないということに気づいていたに違いない；しかし彼はまた，思想がある人間の精神において形成されながら，それでも，その人間によってそれが表現されないかぎり，そしてとくに著述の中に表現されないかぎり，それは生成の世界の侵害から何らかの仕方でより安全であるということを信じていた[53]．これはなおさら一層強い理由から行動の世界にも妥当するのである．ここから彼は『国家』の中で，概念化された計画と実行された計画との不可避の乖離を，明示的にすることが必要であると見出した[54]．しかし彼の理論の枠組みの中では，これらすべて，思想と言葉と行為actは模倣であり，抽象を理解することへの人間の反応であり，それは人間の中に隠蔽されていながら，個別のものを彼に集合させることを可能とするもろもろの綱classesないしもろもろの属generaの感覚を彼に提供するだけでなく，客観的な真理を彼に唯一保証するものである[55]．

　かくしてプラトンは，理想の絵画が生成の世界においてそれに対応するものをもつのか，あるいはそれが実際にもったかは，あるいは理想国家が存在するようになるか，あるいは存在したかは，問題ではないと言うことができる；ある観点からすれば，その形相がいくら不完全であろうが，それを直観的に理解することが問題となるすべてである．『国家』においてソクラテスは言う：「わかりました．……君の語られるのはわれわれが建設していた都

市,つまりわれわれの議論の中に存在する都市ですね,というのもこの地上にはそれはどこにも存在しないと思いますから.しかし……あるパタンが,天上に,それを見ようと希い,それを見ながらその市民になることを熱望するいかなるひとのためにも捧げられている.それが今存在しようとしまいと,あるいは未来に存在しようとしまいと違いはない,というのもこの天上の都市の政治は彼のものであるであろうが,他のどんな都市の政治もそうではないのだから」[56].

けれども,これらすべてにもかかわらず,プラトン独得の生命の強烈な知覚がある.われわれは,それを諸対話篇のいたるところに観察可能な細部が組み入れられている過程の中に垣間見ることができる——プロタゴラスが中庭で行きつ戻りつする彼の馬鹿げた行為の中に,そしてそのためにいつでも師の前に出てしまう危険に晒される礼儀正しい彼の弟子たちの当惑の中に;暁に若者がソクラテスの門の戸を叩いたときの適切さの感覚の中に,そして彼の最初の言葉の中に不注意にも奴隷の追跡について微かに仄めかされていることの中に;ソクラテスとアリストファネスとアガトンだけが客人たちの中でまだ卓のそばに残っている『饗宴』の最終幕の中に;そして『国家』第Ⅰ巻のトラシュマコスの無骨な振る舞い方の中に.この生命の情熱的な感覚は,もともとはプラトンをしてソクラテスの身体の容貌に,醜悪さと美との逆説に反応せしめたが,それは,彼の中年期になると,彼の理論が断言したであろう事柄を完全に否定したのである:精神における思想と,言葉における思想と,行為における思想の間には有意義な差異は存在しないということ——彫像が生命を帯びるようになるか否か,あるいは想像上の国家がそれを構成すべき国土や男女の物的存在の中にその成就を見出すか否かは問題ではない.これらのことをプラトンは彼の存在の一面において熱烈に追求した.彼はあらゆる人間がかつて欲したくらい多く彼の夢の都市を見ることを欲した,すなわち彼が価値ありとしたものを心から受け入れることにおいて,彼自身と市民たちが類似するような都市を見ることを欲した;そしてそうであるからこそ,再び『国家』において彼は次のように言うことができた.もし理想国家が実現されえないとしても,「われわれは単に虚しい願望や祈りに似ているものにすぎない事柄を無駄に喋っている人びとであるとここで当然嘲笑されるべきだろう」[57].

第IX章　言葉と行為

　しかしこの生命の情熱的な感覚は，感情の流れを掴み止め，そしてそれを美しく不滅な鋳型に固定するであろう形相を発見するためにまだ尽力していたが，ほとんど政治家を駆り立てる力にはなっていなかった．それは，かなり容易に，思想と性質 character の両方において想像と虚構との神秘的な世界へ向かったのであり，その世界の中では素材はより柔軟でなくはないが，無秩序の醜悪さはより効果的に追放されうる．プラトンは彼の精神の諸創造物にとってのある物的外被 garment を深く渇望した——けれども彼はそれを創造する自らの能力を信頼していなかった．究極的にはプラトンは，過ぎ去る生成の世界の裏側に彼が知っていた別の世界が不変かつ不動のままであり続けているという彼の確信に頼ったのである．けれども慣習的現実感覚，あなたが見たり知ったり聞いたりできる男女は，彼が彼の都市を創設できたならば，それを構成する人たちであり，彼らは彼が考慮に入れなければならない存在者たちとして彼を悩ませてきた．後に人生において1度だけ，彼は熱心さも半ばにまた非常に不安な気持ちで，この通常の現実に直面する運命にあった．その間プラトンは，思想の目的は行動にあり倫理の目的は<u>実践 praxis</u> にあるという彼の熱烈なるギリシアの確信にも同等に囚われていた．少なくとも何らかの仕方でプラトンは世間の男女を<u>見</u>なければならず，言葉を聞かなければならず，彼の思弁に直接的な意味を与えた諸含意を把握しなければならない．

　それらを純粋に自らの想像から創作するのでは充分ではなかった．プラトンは自らの劇への愛を信用していなかったので，それらの男女は実在的であり彼は人形たちの完全な操り手であるわけではないという何らかの確証をもたなければならなかった．そしてこの確証を彼に与えたものはまさに諸対話篇の基礎の歴史的真正性である．ソクラテスをその中心にして過去に生きた死者たちの記憶は，いつのまにか衰退しプラトンの生きた思想ともろもろの問いの現在に収斂され，歴史の実在性 actuality の力は彼にとって彼自身のもろもろの想像に対する真理の保証，生ける実験にはなおも晒されていない，ある真理の保証になった．彼の最大の業績のいくつかを包含している中期の諸対話篇はまさにこれである——純粋な思弁としての哲学と，教育と政治の形態における行動との影の世界[58]．

6

　けれどもプラトンはこの影の世界に満足して安らぐことはできなかった．それは彼の人生の2つの駆動力の攻撃の前に徐じょに消散してしまうが，それはそれらの力がそれぞれに分離したときである．一方では，彼をして初期の諸対話篇の基礎としてソクラテスの歴史性 historicity を欲望せしめた傾向は，彼をしてさらにシケリアにおける実験へと導いたが，そこにおいて生ける存在者たちと生ける国家は彼のもろもろの夢の真理を試すことになるであろう．そして最後に，彼が再び文学へ，『ティマイオス』の奇妙な幻想へ戻ったときには，そこにおいて諸形相への参加は，宇宙という人格の中と，デミウルゴスが彼の構想(デザイン)の中に「必然」に混合するようにと説得することによって，この宇宙を創造したという寓話における説明の中とに具現化している．他方では，諸形相への熱烈なる信奉は，人間たちや彼らの生を表現するうえでの自らの想像的な技巧を信頼しないことへ彼を導いていった，というのもそこにはもろもろの危険の中でも最大の危険――彼の精神は「存在しないもの the thing that-is-not」を考案し彼の舌はそれを喋るという危険――が横たわっていたからである．この存在しないものとは，最も一般的には，この世からのもろもろの写像の寄せ集め，もろもろの写像の諸断片の寄せ集めであり，それらの写像はその下には空虚しかないことを欺き隠蔽するための隠れ蓑として利用されているのである；そしてそのような欺きの中で活動するのが，最も一般的には，まさに芸術家なのである．かくしてわれわれはプラトンの芸術の理論の中に次の2つの事柄を，すなわち，彼自身の劇的諸対話篇の自然本性についてのさらなる解明と，なぜそれらの対話篇がプラトンにとっては彼自身のディレンマからの束の間の暫定的な逃避，つまり，『ティマイオス』と『法律』のプラトンへの道の途中駅に過ぎないのかの理由とを見出すのである．

　不可視で可知的な諸形相が人間に伝達可能であるのは，それらが可知的な主題において，そして統一体として合理的に理解できる諸概念を手段として，いやしくも伝達可能であるかぎりにおいてである[59]．こうしてある人間の真なるイメージは，部分的にしかも部分的にのみ，ある著述家によって

第Ⅸ章　言葉と行為

創作された虚構の人間なのである．彼の諸外観と話し方と思考の癖は，たしかに，ある模倣であるが，しかし最も表面的な次元におけるある模倣である．もしその著述家が実際ただ1人の人間の模倣に固執し，そしてその人間が実際に存在していたのであれば，彼は自ら誤った方向に導かれる可能性は少ないであろうし，また他人を誤り導くこともより少ないであろう．というのもこの人間が存在するようになることと彼の実存とは，実際にその形相との真の関係があったに違いなく，さもなければ，その人間は存在しなかったであろうからである．そのような著述家は，職人が作製した椅子の絵画を描く画家のように，実在の3段階遠ざかった模倣者であろう．しかし彼はまだ無害な模倣者であろうが，それは彼が正直であり，その人物の単純な模倣的な描写と，彼の言葉と行動について積極的に知られていることとに固執した限りにおいてである．

　事実において，しかしながら，プラトンが熟知していたように，この水準の著述家たちはほとんど存在しない．より平凡な著述家は，人物全体のイメージを伝えようと尽力してきたが，その大部分にとってその人物が何であったか，あるいは彼が何をしたのかについての実際の知識は手に入らない．これを提供すべく著述家はすべての人びとに関する自らの想像や知識に頼らなければならない．プラトンの確信は，この時点で他人を説得し納得させるために模倣しようとする願望は著述家を形相の全体性の安易な断片化へ導いていくが，その形相は，対象つまり生における実際的な存在を具有する人物の場合と同じように，その創造されたイメージ全体の背後に確実にあるに違いないということである．それがすべての芸術はプラトンによって模倣的芸術として議論されなければならない理由であり，さらに彼が，ある際立った事例を選択するときに，その事例を見つけるために最も頻繁に行くところが劇場である理由でもある[60]．

　他界した友人を哀悼する人間の事例は著述家もしくは劇作家によって扱われるかもしれないので，この事例をとりあげてみよう．その哀悼者は，死後に自らをもしくは他界した友人を何が待ちかまえているのか真に知らないので，迫りくる自らの死あるいは友人の死を激情的に嘆き悲しむかもしれない；その人物に切迫した状況がない別のときには，生存の可能性を理性的に議論するかもしれないし，そして自らの理性もしくは伝統への信仰から，生

存の優れた可能性を断言するであろう．さてプラトンにとって魂の諸資質に関する真のパタンには，円の真のパタンのように，ある瞬時に魂はこれを知り他の瞬間にあれを感ずるというような矛盾を許容する余地はない．しかし絶え間ない疑念と躊躇の交錯は，それに伴う情熱的な顕現 manifestations とともに，この世におけるあらゆるひとの生にとって不可避の特徴なのである．そして模倣者を魅惑するのがまさにこの躊躇の条件なのであり，それを模写するのは自らの読者と聴衆の内的喜びのためである．模倣的芸術家は，彼が自分の友人を哀悼している人物を模倣しているときに，彼が意味のないものを模倣しているかどうかは気にしない，というのも彼にとっては，その人物を捕まえて離さない直接的な情念の背後に意義があるとか意義がないとかは，どうでもよいことであるからである．あるいはまた模倣的芸術家は，彼の聴衆もしくは読者に価値についての真の観念を吹き込んでいるかどうかも気にしない，というのも彼にとって，この場合に今ここで真理であるものを伝達する以外に価値はないのであり，そして彼の内面的芸術的本能が彼に語りかけるものが，彼自身と彼の創造した対象と彼の聴衆とに共通なものであるからである．模倣的芸術家の魅惑の主たる原動力は，まさに彼の世界が変容されたり破壊されるときに，そして喜びと悲しみの両方を許容する生のいかなる統合された概念も明らかに存在しないところで，人間の激しい喜びと悲しみの諸瞬間を芸術的に表現すること representation ——と活用すること exploitation ——である．そして喜びと悲しみを許容する統合されたそのような観念と，この両方を何かより高いものに従属させることのみが，プラトンの見解においてはその形相の適切な表現なのである．

　芸術家が他人に及ぼす悪い結果は，さらにまた，彼が模倣するとされる形相についての真に統合された見解を彼はまったく伝達していないのに，それでも彼がしばしばそうするように見えるほど，諸イメージによる形相の彼の断片化と再構成の技巧が非常に長けていることである．オイディプスの自己発見はソフォクレスのオイディプスという独自な人物 figure を表現〔再現〕representation したものだけではないように思われる．それはまたこの世のあらゆる人間の抱くディレンマの描写 picture でもあるように思われる．しかしそれはそのディレンマだけの提示 presentation である．それは，オイディプスが感じた戦慄が彼の生涯の他の出来事と調和するまでに，そしてそ

第IX章　言葉と行為

の人間についての統合された描写が，すべての人間にとって意味するであろうすべての事柄とともに，その中に見られるまでに，拡大されない．まさに劇作家や画家の芸術こそが，彼らが創作した単一の場面が，その本質的な力において，この場面がある1つの全体的な生の1部分になる文脈である他の諸場面の観念を消し去るのである．魂の真の形相はプラトンによれば独得な仕方での支配的原理，理性，および諸情念の征服のそれであり，そして後者の前者への服従の要素はまさにその本質であるので，それぞれの構成要素の保つ熾烈な生命力によって統治された調和が乱されることは最も危険な虚偽の形式である．模倣 mimesis はまさにこの虚偽に奉仕する[61]．

けれども危険ではあるがまさにこの過程を経由してのみ，思想は生において表現されるようになり，そしてそれが男と女の中で生きるようになるにつれて，それは最も精確な理論的陳述でさえもが考案することのできない語りえない複雑さを獲得するのである．プラトンにとって劇場は彼の哲学的天才の自然な表現であったであろうが，ある人間の性格 character の諸境界を画する意志と行動の複合と思想との関係をいつも観察することになっていたのである．対話篇，それ自体物まね mime [62] の応用作品であり，劇の普及した形の小品は，対話者たちの実際の身体的表現を削除した，そしてこれはプラトンにとってかなり重要な事柄であった，けだし役者〔行為者〕の身体能力は，プラトンが見たような模倣において，限定し姿形を歪める要素であるからである．しかし中期の諸対話篇は知的で感情的なもろもろの状況を真に生き生きと表したものであり，そしてわれわれはそれらを1人の著者のテーゼの教説的諸開陳としてではなく，まさにそのようなものとして，すなわち，関係の劇的陳述として見なければならないのである．

しかしプラトンが恐れなければならなかったのは，諸イメージに表現された形相の断片化だけでなかったし，また著述家に彼を悩ませた「存在しなかったもの what-was-not」を言わせるであろう虚栄心の戦慄でもなかった．プラトンに独得である一定の仕方で，彼の哲学は，著述家たちの大多数が経験するかもしれない著述における満足を彼に否定した．大抵の著述家にとって，そしておそらく哲学的著述家たちにとってさえ，理解する瞬間と表現する瞬間とはほとんど1つである．その洞察の閃きは，言葉がそれを表現する

までは，そこには完全な形では存在しないのである．そしてかくして，完成した作品は啓示の瞬間の永遠の記念碑である．プラトンにとっては啓示と表現とは完全に乖離しており，そして表現はその啓示を間接的に呼び戻す知的で感覚的な実験でしかない．その表現が，著者自らにあるいはその著者を理解する人たちにその啓示を呼び戻すとき，それはそれを創造した思想を同時に呼び戻し表現しない——ましてや思想と表現とが等しく向けられている実在を同時に呼び戻し表現することはなおのこと少ない．むしろその表現がその啓示を呼び戻すのは，われわれの快楽もしくは苦痛の瞬間の記憶が，それが発生した情景と，この情景とわれわれの最初の感覚との混合の遠隔的回復とに再び直面することによって呼び起こされるときである．われわれが見てきたように，プラトンは思想と言葉と行為を統合する努力をしたけれども，その3者すべては彼にとって同等に実在の模倣でしかなく，それらのどれもがその実在に十全ではなかった；そしてその実在を稀に突然に把握することにおいて初めて——言葉の領域を超えて——啓示が来たのであった．

第X章
馭者と馬車

1

プラトンが初期と中期の対話篇のいくつかにおいて政治理論の諸素材を個別に扱うために実際に分離できるということが、われわれの同様な個別化に対する正当化となる．けれどもわれわれはこれらの対話篇における物語の導入部の気楽な性質に注意しなければならない．すなわち，たとえば，完璧な国家の本質が，ケパロスが老齢にあっても幸福であるのに他の男たちはそうではない理由は何であるかをもって始まる討論の一部をなすのであるが[1]，そのような仕方は，偶然的事柄ではないし，またその用語の最も単純な意味における単なる文学的装置でもないことに注意しなければならない．むしろそれは何かより深遠なものの徴しとして理解されなければならない：政治生活は，討論のための主題としては，形而上学あるいは知識の理論あるいは倫理学あるいは，実際われわれが『ティマイオス』からわかるように，宇宙創造論あるいは生理学から分離しては，存在しないのである．プラトンはこれらの初期の対話篇の中で，政治理論において彼の哲学のために分離しうるものを分離するための唯一の手段をおそらく発見したのかもしれないが，直接的な人間的な文脈をもちそして人間の参加者の脱線を伴った対話篇の枠組みが，われわれの精神の中に，この主題と他のすべての主題との終わりのない連続性の感覚を生き続けさせるのである．この対話篇はこうしてそれ自体でその内部において政治が討論されうる知的諸限界を表す人工的事実となるのであり，プラトンの政治的諸教説を教える試論とはならない．

別の言い方をすると，プラトンの政治的教説は，背景全体，前奏，論争や結論の中に，さまざまな人物，議論の仕方や議論の推移の中に含意されているのであり，特定の議論や特定の立場の孤立化の中には含意されていない．コーンフォード教授が「『国家』は……主に哲学の学生たちのためではなく，教養ある一般大衆のために執筆され，そういう大衆は『パルメニデス』を確かに読まないであろうし，『テアイテトス』と『ソピステス』を耐え難いほど難解だと思うだろう」[(2)]と想定することが正しいかどうかは私にはわからないが，しかしこの陳述の中には以下の程度の真理がある：プラトンの政治的諸信条について彼の読者たちを啓発するのは，まさに人間的状況全体を『国家』の中で演劇的（そしてそれゆえに民衆的）用語で把握することであり，そして彼の人生の後において『ソピステス』と『政治家』の中では，理解とはむしろ，プラトン自身が政治について述べていることをわかるために，議論の中の論理と討論におけるその原理とを辿る事柄である．

　しかし，われわれがプラトンの政治理論を繋ぎ合わせようとつとめる仕事に従事し，それを理解しようとするときには，われわれは不可避的に歪曲の要素を持ち込んでいるのであるが，それはわれわれがプラトンの政治的諸信条を議論する過程において，彼の哲学における他の諸要素が絶えず合流していることを共時的に十全に考慮に入れることができないからである．しかしまさにそれらの他の要素こそが，もしわれわれがプラトンの意味するところに敏感であるならば，政治的事実の単純な諸陳述にみえるものを複雑化し，より深め続けているのである．1つの実例を挙げよう：対話篇すべてを知るひとは誰でも——そして，まさに，これが政治的諸対話篇を理解するための唯一の方法である——魂の不滅と魂の神性との諸教説，生成世界から乖離した諸形相の実在，『国家』において「天上に描かれるパタン」となるはずの人為的なすなわち実現不可能な国家の特質と，のちの『法律』に現れる硬直的「諸調和」との連関を見ることができる．けれどもプラトン哲学のこれらすべての局面を混合する『国家』における諸陳述を取り扱うに際して，そのすべてを同時に満足するように討論することはとうていできない．したがって基本的政治的諸問題に関するプラトンの立場を明確にすることは彼の哲学のいくつかの他の局面を歪め，あるいは最善の場合でもそれらを簡略化したり希釈してしまうことになるのは必然的である．回避しなければならず，そ

して回避しうることは，しかしながら，強調点の歪曲である．主題の本性を考慮しつつ，プラトンにおけるこれらの問題を提起しかつ説明しようとすると，それらの哲学的文脈の中にそれらを細部に適切な注意を払いつつ提示することに失敗してしまう；けれども，たとえば，プラトンの全体的な絵の特定の部分が，ある現代の政治的諸教説を呼び起こすからという理由で，われわれはそれらの教説とプラトンとを浅薄にも同一視することへ導かれてしまうような強調点の間違いを回避するように腐心しなければならない(3)．ある政治哲学の信条の個別的な諸項目にして，それら自身において，他の政治哲学のそれとの類似点や比較点を導くことを正当化するものはきわめて稀である．そのように類似させられたり比較されうるものは，知的描写の全体性だけである．われわれはその全体的描写の強調点を歪曲してはならない．

2

プラトン政治理論のその生のあらゆる段階での支配的な特徴は，それが現存のギリシア諸制度に対して提唱した変革の抜本的な性格である．彼が政治生活を観察し始めたほとんどその瞬間から，そしてたしかに彼がそれについて著述し始めて以後は，現存の構造の断片的な改造，あるいは4つもしくは5つからなる一連の中心的な改善さえ望まず，むしろまったく新しい概念の光のもとに国家の変容を望んだのである．この概念は人間の実存の諸目的の新しい哲学的公式化であったし，そのような諸目的の表現としての国家であった．

国家をもっぱら理論的哲学的基礎に基づいて形成すること，あるいはある現在の国家の構成を同様な仕方で作り直すことは，ギリシアの政治的経験において後の西洋文明におけるそれよりも頻繁に実施された．アリストテレスはその『政治学』において，最善の国家の本性を決定するに当たっては，現存しているような善く統治された諸国家のみならず，人間たちがときどき政治的共同体の最善の形式を求めた際に彼らが想像したような理論的構造をも考慮に入れなければならない，と述べている(4)．プラトンの時代よりも前に，明らかにスパルタとクレテの両方は「計画された」国制 constitutions を採用していたが，それは多少なりともそれらの作者たちの最初の計画の主

要な諸特徴を提示し続けた⁽⁵⁾．そしてプラトン自らの生涯においてプラトン自らもシケリアの国家を新しく創ろうと腐心したことをわれわれは見出すだけでなく⁽⁶⁾，アカデメイアはギリシアの諸都市国家が，ときおり立法者もしくは国制制定者を求めて申請した一種の政治家の養成機関として扱われたように思われる⁽⁷⁾．

この傾向はわれわれが容易に理解できることであるが，しかしもっと後のヨーロッパの歴史においてはわれわれはこのような事例を多くは見ることはなかった．アメリカの憲法の起草者たちとフランス共和国の創設者たちの仕事はおそらくそれに最も近いであろう．けれどもこれらの両事例においては国家の自然本性について哲学的思弁を強調することはより少なくなり，あるいは少なくとも派生的となり，所与の歴史的状況へのより近い関係が実際現れているように思われる．フランスとアメリカ両方の当該諸氏の眼は，現存の諸政府の諸欠点と諸利点とに注がれていた；彼らの理論はそのような観察に由来しそして決してそれを完全には放棄しなかった．自由についてのアメリカの概念はこの大陸に新しい国を産み出した；彼らの自由に対する信念は旧世界の諸システムへの反対と拒絶とを含意し，そしてこの国の形成にこれを示している．

前5世紀のギリシア人は，他方で，その政治的な態度において顕著に非歴史的であった．明らかに彼は政治的実験を，固定された人間本性の枠内での論理的可能性の一連の探索として見る傾向があった．もし彼が1つの可能性において失敗しても，彼を過去に縛り付ける伝統的なもろもろの環を意識することなく彼は新しくまったく異なった可能性を試みたであろう．彼は，事実，再び最初から始めたであろう．これはギリシア全土にわたって，あるいはすべての時代には当てはまるわけではない．アテナイにおける民主政治は，前6世紀初頭から前5世紀終わりまで進歩を遂げたが，一定の諸段階が漸進的に踏まれた観察しうるパタンを辿ったのである．そして民主政治内部における諸変容は，われわれにアメリカやイギリスで馴染みのある形で，ゆっくりと，暴力をほとんど伴わずになされた．しかし多くの国家，とくにケルキュラやイオニアの海岸地帯の諸都市のような裕福な商業国家において，そして前5世紀末のアテナイ自体において，ある種類の政府から他の種類の政府への急激な変化の事例が頻繁に現れ，新しい国制と新しい政治的生活の

理論が次つぎに現れた．富者と貧者との国内の闘争が政治統一体における理論的な能力を鋭くしたのかもしれない．民主政治から寡頭政治への，あるいは寡頭政治から民主政治への変化は漸進的にできるものではなかった．それは暴力を伴って出現しなければならなかった，そしてその暴力は，それとともに，政府についての新しい理論の要求をもってきたのであり，単に以前に間違っていたものの修正版ではなく，人間の諸欲望を実現するための道具を意味する国家という新しい見解を要求したのである．

　われわれがプラトンを政治理論家として見なければならないのは，まさにそのような背景においてである．彼もまた，富者と貧者の争いを彼の時代の諸国家の主要な病気であると感じていた[8]．しかし政治の運命が急激に変化することによってプラトン以外の人びとは自らの階層の利益もしくは自らの国の対外的な便益に，より効率的に役立つ諸国制を形成するように駆り立てられたのに対して，同じ諸要因を観察することによって彼は人間自身の欠点が国家に表現されていると見たのである．プラトンの理論的諸国家は，したがって，彼が理解したような人間的なものの最善の意味における真に人間的なもののための新しい成就の投影以外の何ものでもない．それはそれゆえに教えと教育の根本的な再調整を含む；正義が人間の自然本性の意義全体を取り込むまで，それは正義の意味の再考察を含む．このことが，『国家』において，国家の討論が個人における正義についての議論の付属物としてのみ，すなわち，その資質の諸次元が単一の人間においてよりも大きくかつよりはっきりと識別されるであろう実例としてのみ，導入されている理由なのである[9]．

3

　プラトンが『第7書簡』においてどのように政治への彼自身のアプローチの物語を語っているのかを見てみよう．彼が次のような言葉を書いたときに，彼はもちろん老人であったが，しかし私が信じるに，彼が著述している際に彼の前に現れた若き自分について彼はおそらく誤って解釈してはいないであろう：

「「私が青年であったとき」と彼は言った，「私は多くの若者たちと同じように感じていました：成年に達したらすみやかに，私は公的活動に参画しなければならないと考えたのでした．そこへ私があなたにこれから語ろうとする政治情勢における好機が，私のほうへ訪れたのでした．民主政治という国制は，当時多くのひとから大声で非難されていましたが，廃止されました．そしてこの革命の指導者たちは51人から成る政府を樹立し──11人がアテナイの本国を担当し，ペイライエウスを10人が管轄しました．そしてこの統治委員たちはそれぞれアテナイとその周辺の村むらの市場で管理的事柄を処理しました；そして何にもまして最高権限を掌握した30人の政府が設立されました．このうちの何人かは，あなたもご承知のように，私自身の親戚や私にとって知人にあたる者であり，さらにまた，さっそく私に，あたかも政治と私が非常に相性が良いかのように，その活動に参加するように誘ってきました．私もその時には非常に若かったから，そのような気持ちになったのも驚くべきことではないことです：当時この都市は一種不正義な生を生きていたし，彼らこそはそれを正しいものへ向けながら統治してくれるだろうと私は思いました；ですから，彼らが何をするだろうか，とくに注視していました．そして，ご承知のように，私が注視していると，それらの人びとは非常に短期間にむしろ以前の民主的政府が黄金時代であったと思われるようにしてしまったのを私は見たのでした．彼らの犯したその他の犯罪を何も咎めようとは思いませんが，1つだけ述べます：私の老齢な友人ソクラテスは当時最も正しい男であったと躊躇せずに私は呼べますが，彼らは，当時国外に住むある市民のもとへ，これを死刑に処するために故国へ強制連行する役目で，他の人びととともに彼を差し向けようとしたのです．彼らがこうしたのは，単に彼らの行動にソクラテスを，好むと好まざるとにかかわらず，巻き込もうとしたためです．彼は，しかしながら，それを拒絶し，彼らの犯罪の共犯者になるよりは，むしろ最終的な罰，死刑を甘んじて受ける危険を冒しました．この出来事の一部始終，それからほかにも，決して瑣事ではない事件を観察して私の血はそれに対して沸騰しました．そこで私は為されていることとの関係を一切拒絶しました」．

「その後暫くして，この30人の政権は瓦解し，それとともに，彼らの国制全体も転覆しました．公的な政治的活動への意欲と政治的野望が今度はもっとゆっくりではあるが私を惹きつけ，そしてともかく私を惹きつけました．その頃にもまた，そのような混乱した世相でしたので，必然的に多くの不快な事件が発生し，そして革命の中で，反目しあっている敵同士がより悲惨な報復を相手に加えていたとしても驚くにはあたらないことだったのです．けれども復権した民主派たちは実際にはかなりの程度の慈悲深さを示しました．しかし奇遇にも再び事件に巻き込まれたのは私の友人ソクラテスでした；政府の要職にあった1部が，誰よりもソクラテスには似つかわしくない最も非道な罪状で彼を投獄してしまったのです．というのも，彼らは不敬虔として彼を告発し，彼を非難し，そして彼を死刑に処してしまったからです——この男は，彼ら自身の仲間の1人が逃亡中であり，彼らが亡命の辛酸を舐めていた政治的党派であったときに，その仲間を逮捕することに手を貸すことを拒否したのですが，その理由は，その逮捕が不正に行われようとしていたからであります．ご覧のように，私はこのことを，そして統治に従事した人たちを，法律や慣習を観察しました；そしてそれらを吟味すればするほど，また年齢を重ねれば重ねるほど，それだけ私には，政治的事柄を公正に執行するのがいよいよ困難に思われてきました．というのも友人たちや信頼できる同志をもたなければそのような行動は起こせませんし，そのような人びとがいたとしても見つけ出すのは容易ではありませんでした．というのもわれわれの都市がもはやわれわれの父たちの流儀ややり方では生きていなったからであり，そして新しく友人を手に入れることもそう簡単なことではなくなっていましたから，それは法律と伝統的な行動の両方が腐敗の一途を辿っていて，その荒廃ぶりは驚くばかりでした；要約として，私は最初のうちは政治への参加を非常に熱望しておりましたけれども，これらのことなどを観察するに及び，すべての事柄がまったく一定の方向性や統制を欠いたままに迷走しているのを見て，私はとうとう眩暈に陥ってしまいました．それでも私は政治生活を傍観しようという関心を放棄することなく，しかもどうすればその政治的生活が他の点で，とくに立憲的統治のすべての問題において改善されるか

を発見しようとし,そして私は私の機会が訪れるのを絶え間なく待っていたのです.しかし今日現存するすべての国家に関するかぎり,私はすべてが劣悪に統治されているのを見ました.というのはそれらの法律の施行されている状況は,ある奇蹟的な出来事が発生しないかぎりは,まったく治癒できないほど悪かったからであります.かくして,私は真の哲学を賛美しながら,ひとが真実の正義すべてを,つまり公的正義と私的正義を識別できるのは,唯一この哲学からでしかないと言わざるをえませんでした.そしてかくして哲学者たちの真で正真正銘の部類が政治権力を掌握するか,それとも諸国における支配者たちのそれらが神の定めに恵まれて真に哲学への道を歩むまで,諸国民は決して禍いから逃れることはないであろうと,私は述べたのであります」[(10)].

ここでわれわれは,プラトンが自らの政治への関心を彼の人生のまさに最期の観点から彼自らの言葉でどのように見つめていたかを理解する.政治生活に関するプラトンのさらなる思弁すべてを特色づけたのはまさに,30人政権がプラトンの友人を困難に陥れようと企てたことでありかつ復権した民主政治によってその友人が処刑されたことである.ソクラテスが犯罪の共犯者として罠に掛けられようとした企てを目撃し,彼が非難され処刑されたことを目撃するに及んで,プラトンは単に無実の男が不正に非難されたのを目撃しただけではなく,彼が彼の友人の受難にふれて経験した苦痛は普通の心の痛手どころではなかった.

ソクラテスは,私はもう1度言うが,プラトンにとって一種の前兆,すなわち,1人ソクラテスにおいてのみ,そのすべての曖昧さにもかかわらず,生命へもたらされうるであろうある真理の開示であった.彼の外的な醜さと彼の内的な美しさの結合が隠れた意味に溢れているように,彼の生とその生の最期もまたそうである.プラトンがまだ非常に若い男だったこのときには,ソクラテスの醜い美しさの逆説は一種の反発をおぼえる磁力として,後にその完全な意味を明らかにするはずである謎としてのみ感じられた,と私には想像できる.しかしソクラテスの人生の最期の諸事実ならびに,その人間の質とその報酬との逆説は,政治的にも社会的にも,明らかであった.ソクラテスの営為は,外界の政治的世界とは関係ない内的知識と内的正しさと

第X章　馭者と馬車

によって支配されていたがゆえに，現存の諸国家の中で最も柔軟でかつ敏感であり，そしてその結果として変化しやすい国家であるアテナイと，ソクラテスとの間には和解しえない軋轢があった．こうしてソクラテスは最初に寡頭政府とそして後には民主政府と衝突することになった．プラトンの精神に刻み込まれ，そして後の経験から独断的な信念にまで固まったところの結論は，すべての現存する国家は正義のパタンに意識的な関係性をもって秩序づけられてはいないというものである．もしこの結論が性急で根拠のない判断であり，プラトンがアテナイの2つの連続した政府がたった1人の人物に対してとった対応から，至る所のすべての政府の自然本性を普遍化するためのいかなる理性的根拠をもっていなかったと思われるならば，その疑念に対する答えは，ソクラテスという人物の中とその人物へのプラトンの関係の中に存する．もしその出来事が豊かで，その観察者が充分に敏感であるならば，理解の非常に大きな部分は唯一の経験に凝縮されうるのである．一方の政権は世論にまったく配慮しない寡頭派の急進分子から構成されており，他方の政権は民衆が欲したものをまさに民衆に与えることによって生き延びた民主主義者たちによって構成されていたが，両政権ともこの奇妙な人物を彼独自の差異の地位から排除すべきだったことは，プラトンが観察し留意したことであった．後の時代になると，ソクラテスが無実で正義であったという若者の確信は，そのような正義が何であったのかの理解へ深まっていったが，ソクラテスの生涯の最期の年月と，2つの連続した政権による彼の処遇は以前にもましてより意義深くなった．

けれども初期の諸対話篇におけるソクラテスの役割や彼の諸観察の政治的文脈をプラトン自身の政治的立場や政治的諸見解と互換するのはまったくの誤りであろう．もしそうするのであれば，われわれはソクラテスという人物がプラトンにとってその政治的設定においてもっている独得の価値を完全に見失ってしまう．この年老いた哲学者の人生と諸会話を再三表現しているような諸対話篇は，この人生と，それを囲んでいた社会組織との差異を強調する．ソクラテスは，彼の正義と智恵を疎遠なものと痛切に感じそして最終的にそれを抹殺した社会の男たちの中で最も正義の，最も智恵ある男である．プラトンによって劇的に表現されているようなソクラテスは，真の国家が彼のもろもろの徳の光の中で基礎づけられなければならない個人である．逆説

147

的ではあるが，そのような新しい国家は，この世界で実際に生きていたようなソクラテスを必要とすることを，あるいは，彼が現れることを自動的に排除するであろう．というのも彼を彼であったところのものたらしめるうえで少なからざる有力な影響をもつのは，まさに他の人びととの彼の差異についての彼の感覚であるからである．しかしプラトンが書いたようなソクラテスは，なぜ現存の諸国家は，その正義の男を許容することができないのかの理由を，あるいは，なぜそれらの国家は通常の政治的手段によっては正しい諸国家へたやすくは変容されえないのかの<u>理由</u>を迫真の次元で証明した．プラトンは常に，ソクラテスの交友の外から，その交友の中において完全に異なった政治生活の秩序が必要であるとの証拠を看取した男であった，そしてソクラテスと彼の友たちと敵たちとの間の政治的議論は，調和するときにも反目するときにも，その変化の必要性を擁護する論議であった．

　初期の対話篇にはその歴史的人物についてのプラトンの最も鋭い関心をおそらく明らかにするであろうソクラテスの2つの局面がある．第1に，ソクラテスは知的にも道徳的にも生成の世界の複雑さにはまったく無関心であり，そして存在の世界についての彼のヴィジョンと理解とに完全に忠実であった．換言すれば，プラトンその人とは異なって，彼は彼が生きた時代を彼の内なるヴィジョンの光に照らして変革しようと努力しなかった．彼のヴィジョンと現存する政治的必要が衝突した——サラミス人レオンの場合のように (11) ——ときに，ソクラテスは躊躇することなく彼のヴィジョンに従った．こうしてこの政治の世界におけるソクラテスの壊れやすい部分の破壊は，プラトンにとっては，そのような「正義，智恵，および善」が，あるギリシアの国家における通常の社会生活とは究極的には両立し難いことの非常に重要な例証である．ソクラテスはそれらの人びとが彼を自由にさせてくれるかぎりにおいて，政治には容喙せず，「彼自身の魂を救うこと」に努めた．しかし彼の時代のギリシア社会において彼の諸規準と彼らのそれとの軋轢は必然的にはっきりせざるをえなかった．

　けれどもソクラテスは彼のヴィジョンにもかかわらず，彼は，彼の政治的社会的世界を変革しようとせずに，彼を支配している社会の諸権利を暗黙のうちに認めた，この行使がいかに苦痛であろうとも (12)．これが『クリトン』をプラトンの最も重要な初期の諸対話篇の中の1つにしているものである．

第X章　馭者と馬車

ソクラテスは，この世界における彼の裁判官たちの不正義に直面し，彼らとの知的な討論においてまったく何も妥協しようとはしないであろう；しかし彼は市民であり，裁判官たちは彼の国家の諸法律を代表しており，そしてこれがこの世界における人間の自然的な関係であるがゆえに，彼は裁判官たちの評決の帰結から逃げようとはしないのである．いかに腐敗していようと，あるいはいかに価値が損なわれていようと，これが正義の基本的なパタンなのである．ソクラテスが拒否した知的構造の只中で，彼が真に概念化されたと見なした道徳的諸義務を彼がこのように受容したことが，長期間にわたってプラトン思想の基調とならなければならなかった．

4

プラトン政治理論の研究において『国家』はある独自の場所を占めている．それは中期の1対話篇であり，その中で彼は設立されるべき国家，つまり若い男および中年の男としての彼を取り巻いていた国家とは似ても似つかない国家についての説明をわれわれに体系的に与えている，そして彼はさらにこの対話篇の中で，現存の国家をあるべき国家に近づけるような現存の国家における最小限の諸変化とは何であるかも示している．『国家』はそれ自体において，しかも少し詳細に考慮されなければならない．最初にこの時期における他の2つの対話篇『ゴルギアス』と『パイドロス』を見てみよう．これらはレトリック——前5世紀にとっての政治的主題——を取り扱っており，かくして政治に直接的な関係をもっている．

これらの対話篇はそれらの政治的な局面においては分析的である．すなわち，それらはそれらの諸議論自身によって，そしてそれらの議論を提示する登場人物たちとの関連において理解されるそれらの議論によって，プラトンが見たような政治的行動の主要なもろもろの源を開示する．こうしてこれらは，前5世紀における実際の政治生活の素描とともに，政治生活が何であるべきかの理解にとっての実際の政治生活の諸含意を構成している．それらは，プラトンが望むような国家の輪郭を『国家』が示しているようには，実際には詳細に示していない．それらは，政治に関係するかぎりにおいて，プラトンの諸見解について2つの非常に重要な局面をわれわれに提示してい

149

る．これらは，都市における支配者と被支配者との「自然な」関係と，これら両者を合一させるための説得の役割とである．

『ゴルギアス』の中にはソクラテスが偉大な政治家としてのテミストクレスとペリクレスの諸長所を，それをもって退けた印象的なイメージがある．彼は言う，あなた方はこれらの人物を偉大な政治家とはとても呼べない，というのも彼らは民衆を「より善くより穏和に」させることに失敗したから——彼らのそれぞれの職歴の最後において民衆は彼らの名を汚したという事実を見なさい[13]．これを解く鍵は，共同体全体の利益が決定的な要因である統治者と被統治者との自然な関係において[14]，民衆は彼らの統治者たちが彼ら自身の恩恵の享受のためではなく社会の善のための統治者たちであるいうことを理解しなければならないという考え方である[15]．もしこの理解が存在しなければ，政治家と彼が統治している民衆との「自然に善い」関係は何かが間違っているのである．もし民衆が感謝の念をもたないならば，その政府はその目標を成就できなかったというまさに確かな徴しであり，そしてそれゆえにその政治家は善い政治家ではないのである．もし駁者が馬車の馬たちを訓練しようとし，その馬たちが逃げだし，馬車から駁者を投げ飛ばしてしまったならば，彼は善い駁者とは呼ばれないだろう，とソクラテスは言う[16]．この類推は重要である，というのもそれはこの逆説と思われることがプラトンにとっていかに的確に真であるかを，われわれが理解するのを助けるからである．駁者と馬車の自然的機能的関係においては最初の反抗的姿勢は，その強さが単なる力ではない「より強い者」を承認することに基づく規則的な協働に道を譲るのであるが，それはプラトンが統治者と被統治者との真の関係と見なすであろう仕方である．もし統治者－駁者が彼の臣民－馬を制御できないならば，彼は真の統治者あるいは駁者ではない．プラトンにとってその関係の真理と基本的正義とは，後者の場合と同様に前者の場合においても，臣民たちの意識にその流儀を強制<u>しなければならないので</u>，ある失敗はその協調関係における優越的要素の欠陥によってのみ説明されうるのである．

けれども馬たちと駁者との関係でさえも自発的に生まれるものではない．優越的要素の側からのある種の行動が両者の究極的な協働を産み出すために必要である．プラトンは少年期と壮年期のギリシアを眺めたとき，この政治

的結びつきの絆には統治者たちの性格と同様に欠陥があると見た．というのも政府を維持する一般的な2つの手段は暴力あるいは一定の種類の品位の劣る説得であったからである．第1番目の手段は僭主政治において典型的であり，第2番目の手段はアテナイの民主政治において典型的であった．プラトンの自然な性向は徹頭徹尾，恒久的統治形態としては僭主政治には反対していた．彼が実践的にはシケリアにおいて，理論的には『法律』の短い章句の中で，それを出発点として受け入れるときにも，それは常に，それを法律に従う君主政治へと変容させる目的をもってであった[17]．『ゴルギアス』と『国家』がわれわれに示すように，僭主の立場は道徳的に，そして彼の臣民たちの立場は政治的に，プラトンにとって唾棄すべきものであった[18]．というのも，もし臣民たちにある程度の自発性が最終的にないならば，この意味において自由がないならば，その関係はまったく損なわれるからである．しかしアテナイの民衆は選択の自由をもっていたが，あれやこれやの賄賂によって揺れ動き，煽てられ，脅かされ，また甘言で騙されたりして，ほとんど同様に軽蔑に値した．『ゴルギアス』の終わりのほうの文章においてソクラテスは，ペリクレスとテミストクレスは現代の追随者たちよりも偉大であったかとの対話者からの質問に答える．否である，彼は続けて言う，彼らは民衆の望むものを与えるのにより効果的であっただけだ，と．ペリクレスはこの都市を「港湾，造船所，城壁，貢租，そのような愚につかぬもので」満たしたのである[19]．

5

プラトンがその壮年期の政治的諸対話篇において劇的に息を吹き込もうと望んだ最も重要な問題はレトリックの価値あるいは意義，つまり政治家に用いられる説得の力である．無媒介的かつ直接的民主政治が統治形態であったアテナイやイオニアの海岸の諸都市の大部分のようなギリシアの都市国家においては，自分の同胞市民たちを説得する能力は，もし彼が政治の中に入ろうと欲するならば，彼が希みうる最も価値ある資産であり，そしてこれらの都市に住んだあらゆるひとはある意味で政治に関わっていたのである．少なくともアテナイにおいて本当の政治的成功はほとんどもっぱら民会における

民衆をいかにして説得するかを知っているか否かの問題であったということは，前5世紀後半から明らかに窺い知れる．現代の議会制においては，聴衆に向けられたレトリックは，演説者の眼前に座する人びとにある特定の法案を採択するよう説得することをその一義的な目的としてもつことはできない．それは彼らに彼らの選挙民たちに対する責任を想起させなければならない，そして最終的な投票の前の討論に含まれる長引いた遅延の数週間，演説家のレトリックの少なくない部分が，聴衆の頭を超えて，実際に見える聴衆に間接的な圧力をかけるべく，彼らが代表している人びとへと向けられる．こうして常に現代民主政治において政治家の用いるレトリックは，非常に大多数の人びととの一般的な姿勢の創造物である傾向がある．その次に法案が議会もしくは国会において強行可決され，この可決を容易にするための多くの特別な政治的「取引」によって具体的な障害物が乗り越えられる，政治的な雰囲気が産み出されなければならない．

　かのギリシアの政治屋 politician は民衆に直接語りかけ，この民衆は3週間あるいは3ヶ月を経ずして，通常は，敵対する諸演説者の意見を聴いたその日のうちに投票することになっていた．そして彼らは彼らの都市の未来あるいは来るべき多くの年の間，その都市の政策にしばしば途方もなく大きな含意をもつ1つの法案について投票することになっていた．投票行動は議会議員もしくは国会議員へ手紙を書くという労力あるいは困難さえ含まなかった．その行動は，議会議員もしくは国会議員の自己の政党の綱領に反して投票するような行動が悪評に付き纏われるよりもはるかに僅かしか付き纏われなかったが，その理由は，日によって異なるかなりの多くの人びとが〔民会に〕出席し，また政党組織は現代の民主政治におけるほどには良く組織化されていなかったであろうからである．このような状況下においてトゥキュディデスの書物には政治家たちの不満が溢れているのもあまり不思議ではない，そこで彼らは次のように断言している．異なった法案を提案する2人に傾聴する民会の人びとの態度は，2つの競合する演劇を傾聴するほとんど同じ人びとのそれとあまり異ならず，そして，それぞれの上演後の投票は，一方の場合よりも他方の場合のほうが徹底的な内省と反省の果実であるということはほとんどできない，と[20]．そしてまさにこのことが，『国家』の中でソクラテスが彼の時代の政治理論の教師と民主的政治家について語るときに

ソクラテスの諸反省を辛辣に色づけているのである.

> 「金銭をもらって個人的に教える教師たちは,政治家たちからソフィストと呼ばれ,彼らの競争相手と見なされているが,彼らが教えているのは,多数の者たちが民会に集まったときのさまざまな意見以外の何ものでもない.<u>それが</u>彼らが智恵と称するものである.それはあたかも,あるひとが非常に力強い獣を飼いながら,その獣のすべての気質や情念に十二分に精通するようなものである.すなわち,この獣にどのように近寄り,どのように触れるべきなのか,いつ最も獰猛になり,いつ最も穏やかになるのか,そして何が彼を獰猛にし,何が彼を穏やかにするのか,それぞれの場合に彼はどのような声を発するのか,また他の誰かのいかなる種類の言葉で静かになりあるいは怒ったりするのか——これはあたかも,ひとはその獣と長くともに過ごして,これらすべてに精通してしまうと,結局この知識を智恵と呼び,それを１つの体系もしくは１つの技術として構築する」[21].

この虚しい見世物——政治屋は民衆の支援を賄賂で買収し,民衆は気軽に責任を担うが後にはそれを無視する——に対して,プラトンは深遠に機能的な関係の描写と,演説者の理解力と聴衆の理解力との本当の差異に密接に関連した一種のレトリックを対置している.

6

プラトンのレトリックについての見解を,純粋に彼の政治的諸信念の観点から,あるいは,認識論的にレトリックと哲学を対照させたり両者の関係を知識に対照させたりすることによって,議論することは間違いであると私は信ずる.プラトンにあっては,他の多くの部門においてもここにおいても,きわめて重大な閃きの領域がある.ひとたびこのことが,彼がそれを彼自身が理解した仕方と類似した方法において理解されるや,レトリックの他の諸局面も良く理解される.プラトンにとって類推も,生のさまざまの側面を切り離すことも,真に重要ではない.彼が発見した諸真理は,人間関係の局

面においてであれ，物理的な実存の局面においてであれ，一瞬の閃きのうち
に彼に訪れた．ここからその閃きが生の他のすべてへ拡がってゆく前進があ
る．諸対話編が閃きの諸瞬間の——会話や，偶然の出来事や，さらにはいわ
ばさまざまな特別の知的なシルエットにおける——芸術的再 - 創造を構成す
ることこそ，まさに諸対話篇の独得の価値なのである．諸対話篇は，哲学が
従来理解されてきたような哲学ではないが，哲学を作る経験の芸術的相関物
なのである．われわれがなぜレトリックの場合にプラトンにとってその最も
深い意味は愛と関連して表現されているのかの理由を理解できるのは，まさ
にわれわれがこのこと，つまりプラトンにおけるこの閃きの本性を理解する
ときである．

　レトリックについての彼の主要な対話篇は，錯綜する交差のように見える
ものの中に2つのテーマを並置している．パイドロスはソクラテスにリュシ
アスの論説 a discourse を読み聴かせるが，その論説は，愛されているひと
が愛しているひとにではなく，むしろ愛さないひとに身を任せるようにと駆
り立てる訴えを主張し，そして愛さないひとは愛しているひとよりもより満
足させる価値がある多くの点を例示している[22]．ソクラテスはまず最初に
その作品を技術的根拠から賞賛したあと，1つの論拠としてはそれを批判す
る．彼はリュシアスと同じ文脈においてまた同じ側に立って彼自身のスピー
チをする．それを終えてパイドロスとまさに別れようとしたそのときに，ソ
クラテスは彼のダイモンに引き留められた，というのもそのダイモンが，リ
ュシアスのスピーチと彼自身のスピーチはともに瀆神であったと彼に警告し
たからである．罪滅ぼしとしてソクラテスは，馭者と2頭の馬からなる魂の
描写を含んだ愛を賞賛するかの有名なスピーチを披露する[23]．彼が話し終
えると，彼とパイドロスは，スピーチ作りと著述の善悪の規準について，そ
してレトリックの知識への関係について論じながら，残りの対話の時間を過
ごしたのである．

　一見したところこの対話篇は単に2つの主題——愛とレトリック——に関
係しているように思われる．そしてその架け橋は，そのレトリックの批判
がこの対話篇の最初の部分における愛についての3つのスピーチから取られ
た諸事例に基づいているという表層的な事実である[24]．さらに熟考すれば，
諸主題が非常に密接に統合していることを示せるというのが，私の信念であ

る(25).

　プラトンの愛の取り扱い方を理解するには，われわれがそれについて語ってきた対話篇から『饗宴』へ移らなければならない(26). 愛はただ単により高い諸目的の達成のための道具ではなく，そしてそれは単なる情欲の充足でもない．それはその両方でありうるが，最も重要なことには，それは人間の不完全で可死的条件と不死で不変な存在との人間の媒介であり，この不死で不変な存在を人間は彼の人間としての型の完成あるいは変貌として常に想起したり気づかされるのである．愛は，われわれがディオティマから聞くように，神 a God でもなく可死的なものでもなく，むしろそれはダイモンつまり霊であり，「その働きかけにより，神と人間との結びつきと対話のすべてが起こる」(27). 愛の肉体的局面と肉体以外の局面との合一は，アフロディテの誕生祝の日に困窮 Poverty と豊富 Resource とから愛 Love は誕生したという寓話と，『パイドロス』における馬たちと駁者からなる比喩的描写における愛の肉体的局面への執着に示されている(28). 肉体美の感覚，美の魅力的特質は，人間にとって，人間が誕生の際に部分的に喪失したある理解の徴しである．プラトンによれば，真の愛の行程――すなわち，人間が喪失したものを彼がより善く理解し，それを再び取り戻すために彼のより効果的な諸努力に導いていくであろう行程――は，この肉体的な魅力と，1つの肉体に限定されず，そして次に肉体に限定されず，最終的に魂の美のために肉体の美を捨てさる美のヴィジョンとを融合させることである．

　このいわゆる「愛の梯子 ladder of love」において，愛は，ディオティマが言うように，神がみと人間との交流をもたらすダイモンなのである．プラトンによれば，男たちの相互の愛は，男の少年への愛よりもより価値があり，そして後者は男の女への愛よりもより善いのであるが，それは単に男から少年へ，少年から女へと下降する知的関係の相互性という理由のみによる．最初の諸段階での情念の肉体的な充足はある段階の必然的完成なのか，そして後の上昇はそれによって助けられるのかそれとも妨害されるのかは，愛の梯子において，必ずしもきわめて明らかではない．ソクラテスが半分おどけて，アルキビアデスの肉欲を抑制したことから残される印象は，ソクラテスが青年アルキビアデスよりも年老いてより智恵をもっていた――彼は肉体的愛が美の内なる力に比較すれば取るに足りない瑣事であると知っている

155

——ということである.『パイドロス』の神話における悪い馬の比喩もまた,抽象的なものを追求する上での情念の超越を示唆している.このことすべてにおいて,性的情念において通常「自然的」と呼ばれているものへの言及は明白にまったくない.男の男への愛はあらゆる点において同じである——ただし,この愛が,彼の不完全な自己と,この世界においてその自己を越えておりまたその肉体的存在の背後に横たわっているものとのある真のコミュニケーションの内なる忠告者として,男の女への愛よりもより善くかつより高次元のものであるという点を除いて.その強調は,「自然な」愛と「不自然な」愛の差異に,あるいは本当に情念の肉体的な側面と心理的な側面の差異にあるのではなく,むしろ肉体的なものの肉体的なもの以外のものによる超越と代替にあるのである.

　愛は,したがって,人間における神性の徴候であり,あるいはむしろもし真に辿られるならば,美のある理解へ彼を導いていくであろう徴しである.しかし他の人間に対して行使される,ある人間の美の力は,ある自己の他者へのある種の肉体を委ねることもしくは服従と,両者の未来における合一とを要求する.かの肉体を委ねることが肉体的な特徴をもたなければならないのか,あるいはある点において肉体的な結合がいったん成し遂げられると,そのことは次に起こったことに意義深く影響したのか否かは,一瞬,無視されうるのである.『饗宴』において創り上げられ,またアキレウスとパトロクロスの場合[29]におけるアイスキュロスの配役の使い方についての意図的に衒学的な論評によって最初に注目された愛するひとと愛されるひととの区別の驚異的な強調は,一方が他方に身を委ねるもしくは服従するという観念の重要性を示す.説得が機能するのはまさにこの変化のための道具としてである.そしてレトリックは,ギリシア語のペイソー Peitho,つまり説得に対する準技術的な——そしてプラトンにとっては技術的な誤りであるが——名前にすぎない.愛されているひとが身を委ねることが,暴力あるいは貪欲さ[30],あるいは身体的情欲[31]だけによってもたらされたりしたら劣悪なことである.説得には,その使用を促す愛と同じように確かに神的起原の徴候を表す道具がある.この2つがプラトンにとって自然的に一緒に属するのは自然である.そして彼は『パイドロス』の劇的な急変においてそのように述べていた.リュシアスの演説について間違っていることは,説得とは,あ

る事例の内在的な善い点あるいは悪い点がそれによって解明されるかもしれない，性格的に中立的な道具であると彼が想定していることである．愛しているひとにではなく，むしろ愛していないひとに，肉体を任せるほうが愛されるひとにとって有利になるという立場を理性的に擁護するためにある卓越した議論が立てられうる．しかしそのような合理性は，プラトンの見解においては，愛の情念に促されたときにのみ自然的で生命力のある何かを，恥知らずの死せるやり方で使用したものに他ならない，というのも愛の情念は愛されているひとの中にわれわれに固有の神性のイメージをわれわれに示すべくわれわれに与えられた導きであるからである．

愛に命を吹き込んだ身体的な美は，人間の可死性の中で彼によって喪失されたより偉大でより完全な美を想起することができるイメージにすぎないので，愛するひとが彼の諸目的において成功するのは，完全な美とより完全でない美の真の親近性を愛されるひとに確信させることによってである．こうして，『饗宴』においては，愛するひとと愛されるひとの両者は，彼らの両者における，神の徴しであるこの感情を崇敬しながら，かつてよりもより近い真の美のヴィジョンを獲得する．愛するひとと愛されるひとの言葉による思想伝達の名称となるレトリックが哲学から分離されえないのは，この意味においてである．

7

説得 persuasion と身を委ねること〔屈服〕surrender とは，プラトンにとって，人間的関係の基本的な何かの表現であり，それゆえにそれらは政治生活に独得に関係している．これはある性的関係であり，そしてその最も広い局面──政治生活のそれ──において，その表現はもちろん『パイドロス』における愛するひとと愛されるひとのそれとはまったく異なるのであるが，それは単に類推的に概念化されるだけではない [32]．説得，すなわち，動物たちの暴力に対立するものとしての人間的なものを使用するのは，まさに内面からのこの同じ推進力である．そしておのおのの場合において，愛されるひとに対する愛するひとの愛は，愛されるひとのためではなく，むしろ愛されるひとに反映されている美のイメージのためなのである．愛が愛するひと

に，彼によって愛されるひとの中に見るように教える愛は，翻ってその美をもつひと，つまり愛されているひとに，彼が伝えるある意味をもつのである．この人間関係における根本的に性的な本質はこの身を委ねるということに示されている：愛するひとの説得力は，愛されているひとが譲るように誘うことを目的とする，というのもこのことがなければ，愛されるひとには学ぶことがありえないし，愛するひとと愛されるひとの両者にはいかなる達成もありえないからである．この譲ること yielding は，より優れた推理能力に，あるいは，ある選択を他の選択に優先して採るという微妙な均衡に，黙従することではありえない．それは人間にとってその最も単純な形式においては肉体を委ねることに含まれる最終的決定的特徴をもたなければならないのである．

　さて政治家を創造の欲望で悩ませる美のイメージは，1人の他者の肉体にだけ局限されない．統治者と被統治者の両者を実にその意味において包含しているのがまさに都市のイメージである．しかし被統治者が統治者の構想に自然的に黙従するまではいかなる創造もありえない．そしてまさにここにプラトン的政治家の行く手を塞ぐ抜き差しならない障害が横たわっている．というのもこの政治家は，この自発的で自然的な黙従を誘発するであろう説得の手段をもっていないからである．人間の性的関係の世界において，視覚的に経験される肉体的魅力の強さは，愛するひとのレトリックを力強く補強するものである．それは両方にとって神の導きの生きた証拠である．プラトン的政治家は自らの残りの半分，すなわち，民衆（政治家と民衆の双方のみが都市を形成することができるから）に彼を導く愛の生きた証拠を指し示すような方法をほとんどもっていない．彼は「艦船や城壁や船渠」[33]の賄賂で民衆を黙従させるテミストクレスとペリクレスのやり方を軽蔑する．そして彼は「殺害と追放」[34]に断固として反対する．けれども大多数の民衆に哲学の内的神秘を実際に教示することだけが，都市の中の美のイメージを真に理解することを許すであろうが，そのような教示は不可能である．『国家』においてモデル国家が構築されている際に，ソクラテスが示唆できる最善策は「高貴な嘘」の形でのレトリックである：

　　「私はまずわれわれの支配者たち自身と兵士たちに，次には都市の残

第X章 馭者と馬車

りの者たちに，彼らがわれわれの手による養育と訓練を受けたにもかかわらず，彼らに起こったことや彼らが経験したことは一種の夢のようなものであると確信させることに腐心するであろう．現実には彼らはそのときには地下にいて形づくられ育てられていたのであり，彼ら自身やその武器やその他の道具すべてがそこで作られつつあったのである．そして彼らが仕上げられるとすぐに，彼らの母なる大地は彼らを上に送り出したのである；そしてかくしていまも彼らはその土地を母や乳母として見なし，他からの襲撃に対して防御したり，助言を受けたり，そして他の市民たちを大地から同じように誕生した兄弟であると考えなければならない．そしてわれわれは彼らにこのような趣旨の物語を話すべきであろう：つまり諸君はこの都市ではすべて兄弟であるが，しかし神 the God はあなたがたの中で統治する能力のある者には，その誕生の時に金を混ぜ与え，そのかぎりにおいてこの者たちは最も価値をもっている．そして補助する者には銀を混ぜ，農夫やその他の職人には鉄と銅を混ぜ与えた」[35]．

　われわれは，対話篇の参加者たちによって人工的に建設されたモデル国家において，支配者である傀儡たちが真-偽の神話も確信していた<u>かもしれない</u>ということに留意すべきである，というのもその場合には彼らが他の人たちを確信させなければならない彼らの任務はより容易となったであろうからである．このことはプラトンが彼の生涯で直面した現実についての間接的な論評である．やさしい物理的歴史的用語で民衆を真の信念に導いていくであろう高貴な嘘はなかった；まして彼自身にとってそのような価値のあるいかなるイメージもなかった．完成された都市の表現不可能な構想だけがあり，それは『国家』において一方ではある文学的でなおざりな形を与えられ，他方では民衆の扇動や賄賂や暴力は排除されていた．彼は彼の思想からそれが行動へ結実する道を模索しているのである，というのは愛は，彼の洞察であるが，身を委ねることなしには，そして自分の自己の他の半分なしには，空虚でありそして失意のままであるからである：

「『哲学者は静かにしていて自らの事柄だけに専念し……もし彼自身

159

はこの世の人生を純潔に，また不正と不敬虔な行為から汚されないで送り，この世を去るにあたり素晴らしい希望を抱きながら，優雅さと優しさの精神で去っていけるならば……それで安心する』．『その場合は』と彼は言った，『そのひとは決して瑣事ではないことを成就してこの世を去ることになるのでしょう』．『しかしそのひとは最大のことを成し遂げたとも言うことはできない』と私は言った，『もしそのひとが自らにふさわしい国家を見出せないのならば：というのもそのひとにふさわしい国家においてこそ，そのひと自身は，威風堂どうと振舞い，そして自分の私的救済とともに共同体をもまた救済することになるだろう』」[36].

愛と身を委ねることおよび愛するひとと愛されるひととの生活はプラトンにとって完成を理解するための真の道の可視的諸徴候であったので，理想国家のイメージ（これは1人の男の中でよりもより大きく書かれた完成の理解にすぎない）と，この世においてそれに接近するための手段とは鋭く区別される．逆説的ではあるが，レトリックは理想国家に属し，それを存在へ至らしめるためにはそれを用いることができない，というのもレトリックはすでに知るひとと知らざるひととの自然で善い関係を想定しているからである．こうして，プラトンはしばしば誤解されてきたのであるけれども，われわれは『国家』において彼が強調した不合理とも見える立場をもつ．その書物の最初の部分は，高貴な嘘という形のレトリックを包含したモデル国家を含んでいる．しかしその国家を出現させる可能性に関心をもつ第Ⅴ巻と第Ⅵ巻とは，哲学者を君主にするか，あるいは現実の君主を哲学者にすることだけで望まれた変革が生じると宣言する．事実，プラトンは彼の国家を存在させるための真の意見を比較的簡単に鼓吹することを意識的に無視し，ほとんど不可能であると彼が認識していることに頼ることを余儀なくされる．その不可能なこととは，自然の力と訓練によって哲学者になることができ，そして同時に現役の政治家の気質と好機を意のままにできるような私的な個人を探し出すこと，あるいは才能と性質が優れており自らの立場の抽象的な本性をほとんど科学的に理解することができるので，権力のすべての属性を放棄するであろう君主を探し出すことである．

真のレトリックは，したがって，真の信念を誘発するための説得の道具で

ある．そしてこの真の信念は，政治的には，共同体全体が保持しなければならないものである．彼が後に執筆した『法律』への序文 prefaces は[37]，彼が真のレトリックによって意味したものの諸実例である．それらは特定の法令への一般的な序言の形式では信ずるための哲学的な根拠を，事実，教示しないし，教示することもできない．それらは，ある事柄は真であり，ある慣行は敬虔であると断言し，具体的な法律をこれらの原則に関連づける．真のレトリックはわれわれの世界で（『国家』の最初の数巻の傀儡政権では，必ずしもそうではないが）統治者たちは知るべきであると要求する．彼らが伝える真の諸信念の真理は，彼らの精神を絶対的に支配しなければならず，そしてこの世においてプラトンはこの支配を合理的な理解に大部分依存していると見ていた．こうして政治的再構築にとっては考慮しなければならない要素が2つある——変革をなすことができる少数あるいは唯一の個人と新しい提携における提携者としての民衆である．この新しく創造された2つの提携者たちの間で，レトリックは創造のための道具である．哲学，すなわち問答法は，しかしながら，変革をなすであろう男あるいは男たちを産み出すための唯一の手段である．これが初期と中期の諸対話篇においてプラトンが彼の国家を現実のものにしようとする彼の望みに対してなお実践的解決を模索していたときに，虚偽のレトリック（これは前5世紀の人びとが唯一のレトリックとして知りえたもの）を批判し，そしてそれと問答法すなわち哲学との差異を強調する理由である；それはまたアカデメイアがそうしたようにその方向に敢然と立ち向かっていた理由でもある．プラトンが老齢になり，シケリアでの実験の後に実践的な冒険的事業をすべて放棄したときに，『法律』がその諸序文とともに誕生した．旧世界の諸難題が解決されてしまうときに，『法律』は新世界にだけ属するのである．

第 XI 章
構築物

1

『国家』はプラトン自身のディレンマを劇的に描出している点で,彼の作品群の中でそれ自体で独立している.すなわち,いろいろな部分を組み合わせたり合成したりして,彼はそのディレンマそのものを顕わにしている[1].

人生の極限に迫る老人は,最終的に何が人びとを幸福にさせるのかについて思索する.それに続く議論では,幸福は人生のいろいろな一般的条件よりもむしろ特定の人間の性質により多く依存するように見える.正義は,それを具えた者の魂をこの世とあの世の両方で,より幸福にするのに必要な人間の徳についての最も完全な陳述のように思われる.

ひとは正義の諸次元と輪郭を個人においてよりもむしろ国家においてより明らかに見るだろうと示唆されている[2].そして国家における正義のモデル model の輪郭と,その帰結として正義の国家の輪郭が描かれる.対話者たちは本質的問いを訊ねる:それはこの世において存在することが<u>できるか?</u>[3] その答えはそれは可能である——もし哲学者が王になるかあるいは王が哲学者になるならば,というものである[4].それに続いて,王になるであろう哲学者をつくるのに必須である知識に向かっての進歩についての討論がなされる[5].最後に,正義の国家は,もしそれが現れるのであれば,その国家において時が経つにつれて,そしてある程度の人数とある種の人物が成就したその際に,その国でさえも没落してしまうとプラトンは論証する[6].それから,ある想像上の高度に図式的な過程が記述されているが,

第XI章　構築物

その過程において本来の正義の国家は，住民たちの個人的性格と国家の立憲的構造が相互作用するにつれて，プラトンの世界が知っていた国家の4つの変種——名誉政治，寡頭政治，民主政治および僭主政治——へ変容していく．ここで徳と悪徳における大と小との，国家と個人との同一性が非常に苦労して表出されている．その書物は，理想国家における芸術と統治の主題に関する以前の取り扱いを敷衍しているエピローグと，死後に人間の魂が辿る旅路に似ている神話とで終っている[7]．

『国家』を理知的に読むひとは誰でも，その輪郭が政治におけるプラトンの苦境をいかに明確に開示しているかがわかるだろう．その著作はその厳密に政治的部分において3つの段階がある．第1段階ではモデル国家はプラトンの当為のヴィジョンに属する明晰さと確実さをもって記述されている．第2段階は第1段階とは決定的な問いによって分離されている：それを機能させることは可能であるか？[8]　そしてプラトンの答えは可能であるというものである．彼は，たとえそのモデルが人間たちの間では決して生まれることがないとしても，モデルの真理性と意義とを熱烈に断言する．しかしそのような実現化の<u>可能性</u>がなければならないということは，たとえ彼が断言したことの真理にとっては本質的ではないにしても，<u>彼にとっては本質的である</u>[9]．もしその可能性がなければ，彼の1つの機能，すなわち，男たちと女たちの生活における芸術家としての機能は否定されてしまう．どのように変革が起きうるかについては，彼はその詳細な答えを示していない．すなわち，彼は哲人王が変革の行為主体であるべきであるということを確信し，そしてどのように哲人王が訓練されうるかも示しているが，しかしどのようにこの訓練された哲人王と彼の未来の民衆との連結が成し遂げられるのかを彼は知らない（そして後にシケリアでも知らなかった）．このことを，つまり，もろもろの夢が現実の生になる瞬間を彼は見ることができない[10]．第3の運動は，言葉と行動の差異を考慮しながら，可能な限り人間たちの間で現実化しようとしたモデル国家さえも，すべての人工物のように，消滅しそしてその人間性に内在する不完全性の周期に組み込まれていくという認識である．プラトンの全政治的物語はここにある：モデル国家の描写，訓練された支配者の描写，1つでなく2つの夢を結合させる方法に関する動揺と躊躇，失敗は成功の可能性の排除として解釈されるかもしれないという考えに対す

る絶望，そして彼が老いるにつれて常に深まっていく確信，すなわち，死と変化に向かって進む要素がすべての人工物に内在し，静的な完成の夢は夢でしかないという確信．

2

　もしわれわれがプラトンに「国家とは何であるか？」と問い質せば，ある意味でその答えはアリストテレスのそれと大きく異ならないであろう．国家とは，生きるために集結し，善く生きるために結集し続ける人びとの集合体であるという後者の公式は，その質問に答えるために『国家』を要約するうえでわれわれが発しうるであろう最善の陳述に極めて近いものである[11]．しかし『国家』をさらに詳しく検証してみると，その共通の陳述を拡張するならばプラトンにとってその意味を変えてしまうであろう重要な諸点をも示すであろう．次のことはいくら強調しても強調しすぎることはない，すなわち，この対話篇においてなぜ国家が議論されているのかといえば，個人と国家とはなおも同一の比例的諸次元を提示しているけれども，個人よりも国家のほうが大きいので，個人の魂の中において機能している正義よりも国家の中において機能している正義のほうが見つけやすいかもしれないと感じられるという理由だけからである．それゆえに，対話者たちが想像において，最初は必要最小限の国家を，そして次により顕著に複雑になる国家を創造し，それが動き始めるようにする一種の機械的ゲームにわれわれは参加するように誘われている．それが動きだし，われわれが最も簡単にかつ曖昧さなしに確定できて名前をつけられる諸徳を脇に置くとき，残りの徳が正義であろうと想定されている．正義の探究者たちによって創造されたこの玩具モデル toy model がある意味で２重の人格をもっていることに注目するのは非常に重要である，というのもそれは同時に<u>ある</u>国家でありかつ正義の国家であるからである．これら２つの局面がこの対話篇で結合されているのは，われわれが後に見るようにいくつかのもっともな理由からである．しかし分析的にはわれわれは，プラトンが何をなしているのかを明確にするために，それらが区別されていると見る必要がある．最初にソクラテスとその友人たちはその国家を「創造」し始めるとき，それはいかなる「モデル」の性格ももたな

いように思われるだろう．それはどのように人びとは共同体に住むようになるのか，またどのようにその共同体自体の規模が成長するにつれて共同体の規則は複雑さを増していくのかの問いだけのように見える．しかしこれがまさにその中にわれわれが正義を発見する共同体である——当時のギリシア諸国家の中にそれを発見することは可能ではないのだから．それゆえに，完成されたときには，ソクラテスによって創造された国家は正義の国家となるであろう．そしてそのようなものとして，哲人王がその対話篇の後半部分において彼がこの世界において真の国家を実現しようと努めるときにそれに向かって仰ぎ見るであろう理論的企図を政治的に表象するであろう．

　もちろん，もろもろの想定はここで非常に大きいので，『国家』の議論を論理学の用語で扱うのは非常に馬鹿げたことである．たとえば，われわれは，始めに，人間の魂の組織と国のそれの両方にある限られた数の徳，この場合は4つの徳があると想定しなければならない．われわれが3つの徳を分離したとき，残りの4番目は正義である(12)．さらにまた，この4番目の徳の本性を発見するために，われわれは魂（と国家）の中の3つの部分，つまり理性的なもの，情熱的なもの，および欲望的なものの定義に，むしろ実体を欠く議論に基づき，同意するように要請される(13)．しかしこのすべてはまさにそれがあるべきことである．このことは再度述べなければならない：諸対話篇は論理の厳密さによって読者に教えることを目論んだ諸論攷 treatises ではない；それらはアリストテレスが特定の諸主題の取り扱いを試みたようには網羅的ではない．それらはむしろ読者に想像力をもってある観点を理解させ他の観点を無視させるように目論まれている．彼は対話篇の諸断片からプラトンの教説を学ぶことはできない；彼はプラトンの哲学的教授の諸方法を学ぶことはできない．しかし彼はある政治の見方は他の見方よりもより真であると説得されるかもしれないのである(14)．

　ここにおいて，したがって，われわれはわれわれの機械的モデル国家が組み立てられ動き始めるのを見るのである．農夫，職人たちなどの仮説的集合，そしてある共同体の形成がある．換言すれば，もろもろの経済的な必要が国家の形成を命令する．いくにんかの人間は1人の人間では飢え死にするところで協調するならば生きながらえるだろう．プラトンによれば，これまでをわれわれは国家の起原と呼ぶことができ，そして創造されたものを「自

然的」と呼ぶことができる．

　このことが諸国家の「歴史的」起原についてのプラトンの理論である，と彼についてひとが言う権利があるか否かの論議がなされてきた．われわれはこれを想定すべきではないと考えたひともあれば，これは単に1つ理論的な素描であり，議論の筋が要求している政治的諸要素をわれわれに紹介するために目論まれた1つの作業モデルであると考えたひとたちもいた[15]．これは概ね正しいけれども，われわれは『政治家』におけるプラトンの原始的段階の歴史的周期の記述を忘却しないようにするのが賢明であろう[16]．そこにおいてわれわれは，大洪水やさまざまな形の自然破壊の結果として文明の諸黎明は何度も繰り返しなされてきた，と告げられる．『国家』における最初の組織化の個別的で詳細な事柄は明らかに後の議論を例証するために選択されているのである．プラトンはたしかに必要な職人たちを全部揃えれば文明が勃興するとは考えなかった．事実，『政治家』におけるその過程の彼の議論は，遊牧生活から農耕生活へ，さらにそれを超える一連の段階を辿っており，これよりもより遙かに洗練された分析である．しかし最低限の経済的な諸必要から始まり，そこから社会的道徳的秩序を産み出していく国家という観念は，私が信じるに，純粋に哲学的説明の装置というだけでなく歴史的過程と彼が考えるものにおおよそ近似している．

　その共同体の中の人間たちの組織化が専門化の原理と専門家たちの平和な結合に一致するときに，正義の種は播かれる．正義は，プラトンにとって，共同体における1つの階層の所有の中にだけでなく，すべてのひとの統合の中に存在する，結合させる徳である．それは，彼が言うように，一種の調和である；そして国家の本質的な生命は，正義の中に——換言すると，調和があるべきであるという必要の中にある[17]．そしてこの国家の高次元の組織は，ある目的を視野に入れながら，平和に生きるためのいくつかの原則に従った人びととの合意によるので，われわれはその国家を「人工的」であると呼ぶこともできる．けれども「自然的」と「人工的」はいずれも国家のプラトン的構想に当てはめる場合には有用な用語ではない．人間の経済的交際の最初の段階と彼のその後のより発展した共同体との真の断絶はないということを，この対話篇で伝えることが，まさにプラトンの目的である．最も単純な経済的協働の必要性はすでに調和のイメージを示唆している．後に行われる

ことのすべては，調和における諸要素に名称をつけ，それらの最も効率的な混合を描写し，そして，もちろん，その構造の複雑化によって，作業モデル全体を通常の人間的用語でより有意義にすることである[18]．

この解釈はおそらく，最初の都市，すなわち簡単な経済的必要と簡単な経済的協働の都市は——あの対話者がそれに与えた「豚の都市」の名称にもかかわらず——健康な都市であると強く主張しようとするためにプラトンが払った苦痛を観察することによって，さらに正当化されるであろう[19]．より発展し贅沢な「熱っぽい」都市は，その中においてわれわれの正義の発見がその討論にとってより重要性をもつであろう都市である，というのもそれはより通常の都市のようになるであろうからである．しかし最初の都市はもうすでに調和的構造を提示し，そしてそのようなものとして真実の都市であり，「健康な」のである．こうしてわれわれはプラトンがその国家を記述する仕方とアリストテレスの陳述との著しい差異を見ることができる．後者は，そこにおいて完全に第2番目の成長の明確な段階，より「文明化された」段階が正義の原理と「善く生きること」とを発見する，経済的必要が満たされた国家を構想する．プラトンにとっては，国家の本質的な特質は，人びとが1つの経済的単位の中で結合するときに，ある調和がいかに粗雑なものであろうとも生まれるときに，発見されるのである．

3

プラトンによれば，世界の中のすべての対象と，そして思うにある性質あるいは諸対象の諸関係は，感覚世界の外部に永遠に存在しかつ不変であるところのそれら同一の対象のイデアないし完璧な形相のイメージないし反映でしかない[20]．対話篇のすべてを読んでさえもわれわれが手にするこの理論の証拠は乏しいが，その中にさえも，たとえば，自然的対象と人工的対象の両者の形相があるのか否かの曖昧さのような，さまざまな曖昧さがある．『パルメニデス』ではあたかも「自然的」諸対象のみがそれらに対応する形相をもっているかのように見えるが，『国家』では，しかしながら，大工によって制作されたベッドのような人工的対象の形相も挙げられている[21]．われわれはこれらの論争可能な事柄をここでは無視し，プラトンが国家の形

相を信じていたという疑う余地のない事実に集中しよう．かくしてこの世界における真の国家は，永遠で不変でありしかも純粋理性によって把握されうる国家の形相に最も近似するであろうそれである．

　諸形相と感覚の世界とに関する大きな問題は，もちろん，どのようにして知覚できる諸対象がその永遠の抽象的な形相に「与り」もしくは「分有し」もしくはそれを「想起する」のかを確定することであり，また常にそうであった[22]．この難題は政治の世界でとくに鋭くなるが，そこでは政治的共同体の中の諸個人全員がもつ異なる目的や分散した利益が継続的に混乱していることと，その秩序の原理によって統治されている抽象的な調和との関係を十全に確定することは至難のことである[23]．強調点にいくつかの変化はあるものの，プラトン政治哲学の様式は比較的初期の『国家』から『政治家』と『ソピステス』の時期を経て晩期の『法律』まで非常に首尾一貫している．この一貫性は，個人の魂と国家およびそれら両方のパタンである完成した形相との間には真実で重要な関係が存在するという確信に内在している．『国家』においてプラトンは個人の魂と国家の両方を，自然的位階秩序と自然的従属と権威を含む諸要素の結合として考えている．この図柄は『法律』においてもまったく同じである．両対話篇においては，ちょうど知性が情念と欲求を統一体の善のために専制的権威 despotic authority を行使するように，国家において知性を表現する守護者階級は共同体の他の諸階級を都市全体の利益のために制御するのである．

　プラトンの政治理論における変動する要素は，たとえば『国家』によって確定されているが，それはその現実化とプラトンの関係に内在している．プラトンにとって興味を掻き立てられしかも苦しめられる事柄は，内的刺激とそれが人間を強制する創造との間の隔たりである．預言者，詩人および愛するひとはすべて霊感をうけた人びとである；すなわち，彼らに取り憑く情念は，彼らを，人間の内部にある，その人間より偉大でより完璧なものの媒介者とするのである．しかしこれらの情念は，想起能力のように，人間の不完全さの真っ只中に隠蔽されているものの徴しでしかない．詩人が言葉によって再‐創造しようとしあるいは政治家が男や女や建築物や領土の中に，彼に付き纏ってきた美と人間的真理とのイメージを移し変えようとするとき，自然的であり道徳とは独立したものから，人工的であり人為的であり，そして

第XI章　構築物

不完全性と死とを免れないものへ彼は移っていくのである．

　プラトンの眼には，まさにそのような創造の瞬間のためにこそ，理性的理解がきわめて重要なのである．詩人あるいは政治家が，自分自身について説明できるであろうということは，その人間としての可謬性という条件の下で，そのひとがその霊感を使い切らずに，かつ虚栄心に駆られて「存在しないもの」を模倣する領域に侵入していないという唯一の確かな証拠である．かくして『国家』の最初の数巻のモデルに生命を吹き込むであろう政治家は哲学者，つまり抽象的な諸分野における訓練を積んだ批判的で理性的な自制力を獲得した哲学者でなければならない．『国家』を著述したときに，すなわちプラトンがなおも彼の国家を存在させようと少なくとも真剣に腐心していたときに，哲人王を養成する訓練はきわめて重要であった．『国家』におけるモデル国家の初歩的な素描は単なる素描でしかありえない——というのも哲学者である支配者が一般的な原理の光の下に具体的な偶発事態に対処できるのは，まさに彼の哲学的な智恵の自然本性によっているからである．彼の任務はこの国家を存在へ至らしめ，そしてそれが国事を処理すべきやり方を公式化することであろう．

　しかしプラトンが興味をもっていたもう１つ別の政治的領域がある——それは哲学者による真の国家の形成を超越したところにあるものである．プラトンはその国家を創設する最初の哲学者が保有する一種の独創的創造的天賦を備えた支配者が連続して出現するとは信じていない．したがって次の２つの政治的要素を含んだ未来に対する備えがなければならない——哲学的創設者の政治的智恵の諸原理として策定されうるものを永遠に具現している諸法律と，これらの法律を献身と志操堅固の精神で執行し続ける１人あるいはそれ以上の統治者たちとである．こうして『国家』の最初の数巻におけるモデル国家と『法律』におけるいわゆる「実践的 practical」国家との間には不可避的な符合がある．それらは理論的には１組であり，プラトンの人生における政治的な悲劇——彼の国家を存在へもたらす能力が彼にはまったくないということ——によってのみ分離されている．『法律』の「実践的」論攷は行政についての些細な点すべてに深く関わりうる——なぜならばそれはシケリアにおける失敗の他の側面にあった理想郷に属していたからである．それが『国家』のモデル国家よりも実践的であったのは，初期の試論は，当時の

169

プラトンの関心においては，哲学的支配者とその教育に依存している実現化の希望に実際に従属していたという1点においてのみである．実現化への衝動が消え去ったとき，プラトンは現実には起こりえないものの細かな事柄について考えをめぐらせ配慮することができたのである．

しかし最初から最後まで，完全な形相を地上において模倣することの重要な点は，完全な形相の真の調和についてのたとえ機械的ではあっても客観的なイメージであるところの調和である．この調和は，政治的単位の下層構成員たちによる真理の実際の理解とは独立しており，そして不思議であるかもしれないが，支配者たち自身のそのような理解とも部分的には独立している．『国家』において豚の都市から発展する機械的玩具 mechanical toy モデルを議論する際に，ソクラテスはその共同体の基盤として有名な「高貴な嘘」を推奨する．これはわれわれが既に引用した伝説であるが，それによると，人びとは生まれながらに金，銀もしくは銅であり，共同体にとっての彼らの価値とそこでの彼らの地位は彼らの「自然的」諸性質に一致して確定されなければならない[24]．さてソクラテスとその友人たちはそのモデルを取り扱う技師たちのように行動していると明らかに理解されなければならない．彼らはその紐を操り，傀儡たちが動くのを見つつ，これを基に，それらの真実で自然な動きが何であるかを発見しつつ，いつでも共同体全体の利益に関連するものを「真実で」「自然的」なものと解釈し，この全体を一種の生物的な生き物と見なし，その滅亡と生存とが善と悪，真と偽および自然と不自然との差異を構成するとしたのであった．このような技師としてソクラテスは述べる：これ（高貴な嘘）が真実であることを，最初にかつ最善な場合には，できれば支配者たちに，そうでなければ少なくとも他の残りの民衆たちに納得させよう[25]．「真実の」国家を傀儡で再現することにとって明らかに重要なことは，一定の動きがほとんど儀礼的に完遂されるべきであるということであり，そして動作を行っている民衆はそれらの教説が真理であるという信念の理解からそうしているというのは少なくとも最も重要なことではない．換言すると，機械的玩具における調和は，政治的単位への参加者の主観的な理解ではなく，それと永遠の形相との類似という重要な要素である．ソクラテスがその時点で最初にかつ最善な場合には支配者たちに「虚偽を納得させる」ことを言うことができるのは，考慮されているのはそのモデ

第XI章　構築物

ルだけだからである．後に哲人王が実現化の道具として現れるとき，この後者の自然本性はいかなる形式の虚偽をも許さないだろうと言われている．しかし支配者たちが虚偽を信じることは，プラトンの観点から見れば，国家の永遠な形相の示唆的な表象として玩具モデルの妥当性に干渉するものではない．

『国家』や他の作品の中に上記の印象を補強するさらなるヒントが多くある．たとえば，玩具モデルにおける教育の企画から，詩人たちのある章句を削り取る際に，ソクラテスは述べている：詩人たちにそのようなことを語ってもらってはならないであろう，なぜならば，まず，それらは真ではないからであり，そして<u>たとえそれらが真であったとしても</u>，われわれの若い人びとにそのようなことを教えてもらっては，われわれの国家の利益にはそぐわないからである[26]．もちろん，この仮定的な陳述を，プラトンが「真理とは何であるのか？」という問いを，対話編の中で知識の線分についての部分を著述するまで予期できなかったと主張することで説明することは可能であるが，しかし彼はアリストテレスが論理的に段階を踏んで進むような流儀で論攷を著述しているわけではない．この引用から明らかになることは，信じている諸個人が何を信じているかをほんとうに理解しているか否かにかかわりなく，あるいは彼らが信じている事柄が客観的にそうなのか否かにさえかかわりなく，プラトンは一定の信念と一定の行動およびこれらから帰結する生き方の価値を確信しているということである．調和と儀式とは地上において永遠の形相に接近するための重要な要素である．

哲人王 philosopher-king についての討論は『国家』の後半部分を占め，逆説の最後の波として導入されている[27]．機械的玩具国家を素描した後に，対話者たちはソクラテスにその国についてさらに詳説するように頼み，そして最後に次のように訊ねる：この国は完全に実現できるのか？　この問いに対する答えは，理想国家のモデルが生命をもつことを許すような，現存諸国家における最小限の変革を探求することである．この変革は哲人王の導入であり，そして真の国家は，支配者が哲学者に，あるいは哲学者が支配者になる所にしかもその時にのみ存在するという陳述は，ソクラテスの第3番目の大きな「パラドックスの波」である．それゆえに，哲人王——そしてそれは少なくとも自ら理解において虚偽をまったく許さない支配者を意味する——

171

は，この政治的世界に永遠の形相を実現しようとする仕事の1部分に属するということに留意することは本質的である．

独裁的な autocratic 哲人支配者 philosopher-ruler の理論の諸弱点はすでに『国家』において明らかに見てとれる．1つはその人物を最高権威の地位に就かせるという困難であり，他は彼をそこに留めておくことである．最初の困難は，哲学的諸才能を具えた人物が権力の追求においていかに容易に腐敗しうるのかの見事な研究によって明らかになっており，その歴史的事例としてプラトンの脳裏にはおそらくアルキビアデスが浮かんでいただろう[28]．第2番目の困難は，ソクラテスがその聴き手たちになした訴えに現れており，そこにプラトン自身のほとんど絶望的といえるほどの不安が見てとれる：彼が語るには，多数の者たちは，哲人支配者が自らには何も求めず，彼らから盗んだり略奪したりせず，むしろ彼らの善だけのために支配することを理解するならば，彼の統率力に服従し，それを喜んで受け入れると諸君は思わないのか？[29]

哲学的支配者の誕生とその継続に支障をきたすようなプラトンの諸計画における，これらの弱点は，シケリアにおける彼の実験で痛切に証明されることになる．プラトンの範型 pattern に接近する何かを押しつけるためには暴力を振るわなければならない必要に直面して，彼がそうできなかったのは，彼の一般的な像 picture に一致する．「たった1人でも刑死者や追放者なしには成就しない政権 authority は善くないのである」[30]とプラトンはまさにその生涯の晩年に述べた；しかし『法律』においては，企図された国家がいったん確立されると，異端者あるいは反逆者は腐敗した手足のように切断されるべきである[31]．現存の支配者から哲学者を作る実例にディオニュシオスをしようと彼が試みたのに失敗したことと，自らの友人で学徒でもあったディオンが支配者になった哲学者として統治したが失敗したこともまたプラトンの心に大きな痛手を残した．『法律』によって力強く示唆されていることは，彼自身が言っているように「最初で最善の方法」[32]としての哲人王によって理想国家を実現する可能性を彼は放棄したので，彼は『国家』の機械的玩具国家に戻り，そしてこの国家に小さな修正を施しつつ，これを他のより「生身に近い」モデル（これは厳格には依然として実現不可能なものに属しているけれども）に移し変えることに努力することである．そしてこれ

第XI章　構築物

は国家生活を静止したものに凍結する不変の法律のシステムによってできるのである.

この印象が強められるのは，われわれが，『国家』においてもそうであったが，『法律』においても政治構造の考案者たちがその構造の枠組みそのものの外側に位置しているということに留意する場合である．『国家』においてソクラテスとその友人たちはその玩具モデルを操作する技師たちである．彼らは「われわれはまず最初にそして最も善く守護者たちを説得しよう」などと述べる．『法律』においてスパルタ人，クレテ人およびアテナイ人は新規の国家のための法律体系を樹立する課題に直面している．このように，両方の場合に，政治的諸問題はいわばドラマの内側から——たとえば，『ゴルギアス』あるいは『プロタゴラス』の場合のように——提起されているのではなく，むしろその外側から提起されているのである．国家の調和的構造，階級システムの厳格さ，いくつかの部分の不変性は，永遠の形相に酷似するであろう国家にとって，機械的にもその他の点でも，本質的である．国家を建設するひとの無謬性は想定されなければならず，そしてこのことは，その玩具モデルに生命をもたらすかもしれない哲人王と，そのモデルそのものを組み立てるソクラテスとその友人たちとの両方にとって同様に該当するのである．翻って『法律』においても対話者3名は自ら真理を知っていると考えられており，そしてこれはいまや，おのおのの場合に関わる一般的諸原理を説明している諸序文を伴っている．法典の中に永遠に立法化される[33].

しかし永遠のモデルを模倣するうえで本質的であるのは国家の構造とその不変性である；瞬間瞬間にあるいは世代から世代へ，支配者さえもが，ましてやなおさら人口の大部分が，この組織の基礎にある真理を理解していなければならないということは本質的ではない．まず最初に適切に設計された範型を彼らが踏襲すれば上手く行くだろう．『国家』において，完成された国家でさえ究極的には没落することが予見されているのは，おそらくこのことによるのだろう．適当な数の人口に到達するや，退廃が支配階級に発生し，そして名誉政治，寡頭政治，民主政治そして僭主政治への退化が始まる．『国家』におけるこの部分を完全に考え抜かれた歴史の周期理論と受け取る必要はない．プラトンが社会組織におけるおのおのの変化が必然的に引き続いて起こるのは確実であると考えたと想定する理由はない．明らかに彼自身

173

の時代においてスパルタのような一定の国家は部分的にすべての変化を受け入れてしまっており，そして混合政体のままであった．テッサリアのような他の諸国は初期の段階の1つの段階で凍結していた．しかし完成された国家あるいは現世において最も偉大な完成に接近する国家は，必然的にいつか変貌し，そして異質の，これによって悪種のひとが統治階級に出現し，その結果，変貌してしまうだろうことに留意することはおそらく重要であろう．そしてそのことを私が示唆する理由は，国家の決定的な価値はその支配階級あるいはその他の住民たちの理解に存するのではなく，むしろ全体として国家の実践的に儀礼的な組織とその機能とに存するからである[34]．

4

もしプラトンが『国家』と『法律』においてその理想国家を議論するうえでこのことを意味している——私は彼がそうしていると確信するが——ならば，彼の作品の中の『プロタゴラス』や『ゴルギアス』のような部分に見られる，倫理の領域における理解の強調とそれは赤裸々に食い違うことに疑う余地はない．けれでも私はそこに真の齟齬があるとは思わない．プラトンの諸信念において，彼が見たような現存する社会組織における一連の望ましい行為と，彼が実現させようと切望した改革された別の社会組織との間には連続的な裂け目がある．

前5世紀と前4世紀の腐敗した民主的国家，寡頭的国家あるいは君主的国家において——そして『第7書簡』においてプラトンはそれらはすべて腐敗していたとまで記録に留めている[35]——個人にとって本質的なことはそのひと自らの魂の救済となり，そしてこのことはプラトンにとっては優れて理解に関することである．そのような人びとの中で最も偉大な人物，「最も智恵があり最も正しくそして最善な」[36]人物はソクラテスであり，彼は諸事物の真理と当時の知識の妥当性を発見すべく，社会からの拒絶，迫害および刑死を忍耐したのである．ソクラテスを背景において観察してみると，アテナイの市民は普通の慣例に則り，「世間において徳と考えられたものに従って」日常生活を過ごしていたが，そういう市民は道徳のヒエラルキーにおいて低い位置に値し，そして次の転生の時には「ある穏和で社会的な蜜蜂のよ

うな種族」⁽³⁷⁾に向いている．社会と個人の観点から見て，腐敗した現在からの決別が，理解によって，すなわち，人間の魂のあるいは国家組織の永遠の模範についてのヴィジョンによって，遂行されることは本質的である．

　しかしひとたび新しい社会が形成されてしまうと――あるいはもしそれが形成されうるならば――個人の生活あるいは国家の生活にとっての真の範型は作られたことになる．これからはもろもろの行動を繰り返し，習慣を身につけ，信念を擦り込んでいけば，腐敗した社会の形式の欠如や無秩序に抗する防御となる．適切に組織づけられた生活の儀式は，この世にあらゆるものが可能なかぎりそうであるように，美しく真であるものになる．ソクラテスのような人物はこのような社会には誕生しえないだろう，なぜならばソクラテスをソクラテスたらしめた諸条件が存在しないであろうからである．

　このようにプラトンにとっていつでも倫理に関して2つの規準があり，社会正義に関しても2つの理論がある．1つはいまここにおける生活と社会に属し，他はプラトンが尽力し創造しようとした改革された生活と社会に属する．前者においてプラトンが敬愛し賞賛する対象は，ソクラテス，つまり反逆者にして逆説の普及者，すなわち，その信念は「吟味にかけて彼には最善であると判明した議論」⁽³⁸⁾だけに従った人物である；後者においては，それは支配者である，すなわち，現存する善い社会を保存しようと全身全霊を傾注し，彼の主人たちである諸法律に服従し，論駁も詮索も許さない，ある智恵の媒体として諸法律を受け入れ，定義からして「善い」政府であるものを維持するために全人生を捧げる支配者である．

　ソクラテスが，プラトンの作品における演劇的登場人物として，両方の観点を擁護するように造形されているというのはかなり信憑性がある：一方の観点は『弁明』に見られ，これは裁判についてのかなり忠実な説明であることは少なくとも蓋然性が高く，そして『ゴルギアス』のような諸対話篇にも散見されるいる；他方の観点は『国家』に見られる．プラトンと同じように歴史上のソクラテスが政治的に現在と将来に対して同様の意見の差異を抱いていたかどうかわれわれには判断できない．ソクラテスについてわれわれがほんとうに知りうることはすべてプラトンからその知識をえているのであるから，ある意味では，そのことを推測するのはあまり有益ではない．それについての解決を年代学に求め，プラトンの知的成長における諸段階を区分し

175

てもほとんど説得力に欠けるであろう．そうした区分に立つならば，『ゴルギアス』における「不正をはたらくよりもむしろ危害を受けるほう」[39] を選択するであろうというソクラテスの見解と，その対話篇で表明されている，個人主義的でリベラルであると記述されうる諸見解とを，ソクラテスの影響下にあった若年期のプラトンにわれわれは帰することになろう．そうした区分に立つならば，厳格な階層社会，被統治者たちへの強制，統治者たちの詐欺的な宣伝活動などを賞賛するもろもろの叙述は，諸対話篇からのソクラテスという人物の欠落からもわかるようにプラトンがソクラテスからかなり距離を置いていた後期のプラトンに属することになろう[40]．しかしプラトンが後に抱いた異論の余地のある諸見解を擁護する最も偉大な議論である『国家』においてはソクラテスは依然として中心的な人物である．そして『第7書簡』を執筆した彼自身の晩年期にプラトンは，社会の抜本的な改革を行い，『国家』と『法律』におけるもろもろの素描を特徴づけている新しい「全体的」秩序を求める情熱をまさしく若年期の自分自身に帰している[41]．もちろん，この後者の論点は，諸事実が確証しないであろう首尾一貫性をプラトンが無意識のうちに自分自身に帰していると主張する人びとによって無視されかねない．しかしプラトンをその言葉どおりに取り，そして，晩年期にプラトンは少なくとも青年期がどのようであったかの充分な感覚を維持して，完成についての同じヴィジョンがいつでも彼の脳裏を去らなかったことを分かっていたと想定することが可能であり，別様に想定することよりも選好される，と私は言いたい．

5

　プラトンの中に，政治的諸意見についてのこの分裂，すなわち，通常のソクラテス的諸対話篇における個人に対する強烈な興味と関心と，個人としての個人を無に縮減してしまうであろう不変な法律と身分社会への賛美との間での分裂を見ることは，プラトン自身についてのわれわれの理解を拡げるだけではなく，おそらくプラトンの政治理論を議論するうえで含まれている問題の意義をも拡げるであろう．というのも政治的局面はプラトンにとってその哲学の1つの局面でしかなく，そしてその重要性が大きいのは，それがそ

第Ⅺ章　構築物

れ以外の多くのものへの鍵となっていることが大きな理由であるからである．プラトンはその言葉の通常の意味における国家の崇拝者ではない．国家は，それが真の国家であるとき，諸個人よりも偉大でより美しいものであるというプラトンの感情は，無秩序に対して強要されるモデルへの彼の情熱的な渇望に起因する；そしてその「調和」についてプラトンがあれほど力説した，かのモデルの強要は，特定の人物における諸情念の知性による支配よりも，規模の大きな社会組織においてのほうが，より明瞭でより確実である．さらにまた，まさにプラトンの人間の自然本性の理解のゆえに，彼は情念の力，意志の弱さ，および個人の知性の誤謬性について真に理解していた．彼は個人における情念，意志あるいは知性を最大限に搾取しようとは希まなかったが，それらのすべての真の調和を希んだ，そしてこのためには，外から強要されるモデルが必要条件であると彼は考えた．個人が究極的に階層社会において彼に固有の場所を見つければ彼の心身の構想に適合した役割を完全に遂行しているとプラトンは信じているので，そこには「幸福」の問題は起こりえないのである．あるいはむしろ『国家』における対話者がソクラテスに「守護者たちは幸福であるだろうか」[42]と訊ねる際に，プラトンは，この「幸福な」という言葉が，幸福とは拘束がないという誤った考えをほのめかす，それに慣習的に帰せられる特別な意味で引き合いに出されていることを確信している．これはプラトンにとって，人間の生活を個人的あるいは社会的局面において考慮する人びとが陥る典型的な誤りである．彼にとって幸福とは，それが何かを意味するなら，ある秩序の中の1部であるという自覚であり，大海原であてもなく渦巻く孤立した断片などではない：この真の幸福は真のプラトン的国家の住民たちのほとんどによって半－意識的に実現されるのであろう；支配者たちによってそれは，必ずしも必然的にではないけれども，おそらくより深い意義のレヴェルで実現されるであろう[43]．

けれども，強要された交響的秩序の1部ではない個人の生活の複雑さは，秩序への熱望によって苦悩する政治哲学者のほとんど誰1人としてかつてなしえなかったものとしてプラトンが理解していたものにすぎない．われわれが既に見たように，プラトンは，どのようにソクラテスのような人物の独自性が，その容貌，風変わりな習慣，話し方，アテナイとその自由な雰囲気への愛，彼の友人たちへの愛と彼の独得な逆さまの利己主義によって作り上げ

られていたか承知していた．そしてプラトンの全神経は，この独自に存在し歴史上現れた人物こそ，まさに彼がその創造的才能によって記述し自分自身のいろいろな夢と融合させたいと望んだものであるという確信をもって，この独自性に対して感応した．彼は，また，友人としてまた芸術家としての彼を非常に熱烈に感動させるこの人物は，彼の半身が創造しようと希った国家においては心理学的に受け入れられないことも承知していた．このディレンマにおいてソクラテスという人物は非常に重要な役割を演じている．それは厳密には，生を愛する芸術家と秩序を愛する哲学者との軋轢というわけではない．それはむしろ2種類の芸術的モデルの軋轢であり，その第1のモデルとは芸術家たち，特に演劇家たちや画家たちが個人とその個人よりも一般的な何かとの融合を常に求めてきたものであり，もう1つは建築家のモデルのようなものであり，無秩序なものに強要されるモデルである．この第2のものは男たちや女たちをレンガや材木として構造物を建設するために扱うことを含み，その構造物は暗黙のうちに彼ら諸個人の生活を表現するがしかしそれぞれの個人から個性を排除してしまう．プラトンが晩年この最後のモデルだけが自らに適していると感じるようになったとき，ソクラテスという人物は消滅する運命にあった．というのもソクラテスは彼自身よりも偉大な家のレンガや材木にはなりえないからである．

第XII章
シケリアにおける実験

1

シケリアと南イタリアのギリシア諸都市は，政治的にまた社会的に，前5世紀および前4世紀における本土のギリシア人の心の中で特別な位置を占めていた．この地域はマケドニアのようではなかった，後者はその大部分が「野蛮」であり世襲的君主政治によって統治されていた——安定した未開の国であり，その1人の国王が文学者たちの集団をその地に創生しようとの思いからギリシアよりエウリピデスやアガトンなどの著述家たちを招いた一時期を除けば，啓蒙されていなかった．それはまた，全住民がドーリス人の襲撃以前の前9世紀にギリシアから移住してきた小アジア沿岸地域の諸都市のようでもなかった．これらの諸都市は，ギリシア人にとって，その物質的なものや知性的なものにおいて，ある種贅沢で少し腐敗した洗練さを表現していた．そしてそれは，ギリシア本土の諸国家における主要な区分のようでもなかった——封建的な土地所有者たちが支配していたテッサリアやボイオティアのようでもなく，あるいは商人たちの寡頭政治が行われていた地峡地帯の諸都市のようでもなく，あるいはその独得な古来の国制をもつスパルタのようでもなく，あるいはアルカディア，エリス，アカイア，アイトリアなどのより原始的な農業諸国家のようでもなかった．

　シケリアは豊かな国であり，南イタリアのギリシアの諸都市とともにかなり遅くなってから植民が行われた．入植の発端から政治的意識は成熟していた．そこには封建的あるいは家父長的国家は存在しなかったが，あまりの短

期間のうちに寡頭政治，民主政治と独裁政治が入れ替わった．この後者の政治諸制度はあまりにも一般的であり，前5世紀と前4世紀を通して広く行われていた．ギリシア本土をペルシア軍が侵攻していた前480年代に，シケリアがカルタゴ人の襲撃を退けたのはまさに僭主ゲロンの治下であり，そしてオリュンピアでの数かずの賞を獲得した競走選手たちに祝意を表す詩を書いたピンダロスのパトロンたちであったのはまさにシケリヤやマグナ・グラエキアの僭主たちであった。その地方は豊かで絶えず動いており機会が豊富であった．シケリアやマグナ・グラエキアの地方に寄寓し，そこで演奏し，「大金を貯め込んで，帰国を決定した」[1]レスボスの演奏家アリオンについてヘロドトスが叙述した言葉の中に，われわれが前5世紀に流布していた世論を読みとってもおそらく間違いではないだろう．

そこは政治的実験の国であった．アテナイ人が前442年に提案し，最初の国際ギリシア植民――すなわち，大ギリシア諸民族の1民族――イオニア人，アイオリス人，あるいはドーリア人――によってではなく，――その諸民族から志願し混成した人びとによって入植された植民を派遣したのは，マグナ・グラエキアのトゥリオイへであった．さらにまた，新植民地の設計はヒッポダモス，「諸都市の体系的な区分を考え出したその男」[2]によって指揮された．そして町村合併つまりもろもろの住民を混成させるという最も偉大な冒険的事業が実施されたのは，まさに前4世紀前半のシケリアであった．ディオニュシオス1世は，プラトンが教育しようとした若年の皇子の父親であるが，大きな主要首都を創造すべく他の諸都市を引き払い，そこの住民たちを強制的にその政権の新しい中心地シュラクサイに移住させた[3]．

プラトンは前387年に初めてシケリアに赴き，そのときにディオニュシオス1世の王室を短期間訪問した．この機会に彼が観察したことを次のように記述している：

> 「赴いてみると，そこでのいわゆる幸せな生活はまったく私の趣向に合わないものでした．それは南部イタリアやシケリアの料理を日に2度ほど盛り沢山に食し，一晩でさえ決して1人では就眠せず，このような暮らしぶりに付随するあらゆる通常の営みをも含んでいました．ひとが幼少の頃からこのような習慣に馴染みながら成長したならば，誰でも

自制心を涵養できるはずもなく,ましてやなおさら知性的で思慮深く(*prhronimos*) なるはずもない.というのもそれほどまでに完璧に混ぜ合わせられた資質はありえないからである.他の善さに関しても,もちろん,同等のことが当てはまるであろうが,しかしその住民たちが,あらゆることを度が過ぎるまでにしなければ気が済まなく,暴食と暴飲と性欲には熱心であり,それ以外のあらゆることに怠慢になっているようでは,そのような都市は,安定した状態で,その法律がどのようなものであれ,それに従って,治まるものではないのは,特に明白である.むしろこのような諸都市は絶えることなく独裁政治,寡頭政治,民主政治と変貌していくしかなく,それらの諸政府は,すべてのひとが法の下で平等であることが基本である正しい国制の名前を耳にすることすら拒絶するにちがいない」[4].

彼がさらに続けて述べることは,シケリアに後ほど彼を赴かせた一連の状況との彼の個人的な関係を記述している:「シュラクサイを来訪した際,私の心には,おそらくそこに連れてこられたのは運によってであったかもしれないという思いでした,もっともわれわれ人間を超えた何かの計らいによってディオンやシュラクサイをいま襲っている一連の事件の契機をもたらしたようにそのときは思われました.……そもそも私のシケリア訪問がすべての契機であったと述べることによって私は何を意味しているのか? 私は当時青年だったディオンと親交を結び,人類にとって最善と考えたことを教え,それを実践するように奨励したので,私は無意識のうちにある意味で君主政治の崩壊を目論んだのかもしれないというのはほんとうであったかもしれない」[5].

前387年のプラトンの訪問期間中に,その訪問が短期であったこと以外は,何が起きたのか正確にはわれわれは知らない.彼はディオニュシオス1世と不和になり,後者は彼を奴隷として売ったが,彼は結局逃れ去ったとの報告がある.これは本当かもしれないが,しかしそうであったのなら,プラトンがその非常に長くて詳細にわたるシケリアと自らに関する説明の中でその件について触れていないのは不可思議である.いずれにしても,プラトンのシケリアでの滞在で最も重要なことはディオンとの親交をもてたことであ

るという点では彼は確かに正しい．ディオンは，プラトン自らの言葉によれば，「私がかつて出会った中で最も物分かりがよく熱心な生徒であり」[6]，そしてディオンが後に政治的に冒険し自らシケリアの支配を試みるが，彼はディオンについて確信をもって——人間的事柄について確信がもてるかぎりにおいて——ディオンがその試みに成功していたならば，自らの生誕都市シュラクサイにおいて専断政治に代えて真の法の支配を確立し，そして次にはカルタゴの支配下で生活していたシケリア人たちを解放していたであろう，と述べている．

　まさに前367年に，プラトンはシケリアの政府を変革する彼の好機——そのようにプラトンには思われたが——と彼の政治諸理論に生命をもたらす最初の好機を得た．ディオンは新しい皇子ディオニュシオス2世に絶大なる影響を及ぼし，プラトンにシケリア訪問を促し，それによって主権者からの招聘を支持した．『第7書簡』においてプラトンはディオンからの要請とその主題についての彼自身の気持ちを並外れた率直さで記述している．

　　「それに加えて，彼〔ディオン〕は私がなるべく早急にシュラクサイに赴くようにと考えたが，それは，彼と私は親交を結び，それを深めたことで，彼自身が最善で最もすばらしい生活を送りたいと，その意欲を駆り立てられたのかを思い出したからです．今度の場合も，ディオンは自ら目論んだように，ディオニュシオスにも善い結果が得られるならば，ディオニュシオスの支配地すべてにわたって，人殺しや殺戮をはじめとして，それ以来発生してきた他の惨事は一切伴わないで，真に幸せな生き方を人びとにもたらせるだろうと，大きな希望を抱いていた．ディオンはこれらのことすべてを巧妙に企画し，ディオニュシオスを説得して私を招聘しようと使者をよこし，ディオンも自ら使者を遣わして，他の顧問が，ディオニュシオスの相談役になり最善とは言えぬ生活に向かわせるようなことが起きる前に，必ず早急に来訪するように懇願してきたのでした．彼の懇願の細かな要旨は次のようなものでした『天の賜物のような運が与えてくれたこの好機よりも偉大な好機をわれわれは待とうとするのでしょうか？　イタリアとシケリアにもわたるディオニュシオスの支配権は偉大であり，そして私のディオニュシオスへの影響も

第XII章　シケリアにおける実験

偉大であります．彼は年若く，それゆえに哲学と教育を渇望しております；彼には親類や友人たちがおり，彼らは容易に私の標榜する主義や生き方に影響されやすく，そしてディオニュシオスを誘い込むのに有効なのである．であるから，同一の人間たちが哲学者になると同時に諸大国の支配者になるという切に願っていたことが完全にかなえられるときがいつかあるとしたら，今しかないのである．』ディオンはこのように懇願してきたし，またさらにこれと似た沢山の懇願をしてきていたが，しかしこのような若い人たちについて自ら思いめぐらしてみると，私はその顛末に若干懸念を抱いた．というのも若者たちの熱望は常なることがなく，自己撞着してしまうことは稀ではないからである．けれどもディオンの人柄については私は，その気質は生来重厚なところがあるうえに年齢的にも充分に成熟していたことを承知していた．かくして彼の申し出に応じて赴こうか，それともそうすべきではないのかと思案もし躊躇もしたが，最終的に訪ねるべきであると決断したのですが，それは，法律や立憲的統治についての私の構想をいつか誰かが成就させようとするならば，いまこそそのときであると考えたからである．というのもただ1人だけを説得することができれば，それで万事は上手く治まるでしょうから．私がシケリアに旅立ったのは，そのような思いとそうした自信をもってでしたが，なにも世間一般が想像するような気持ちではありませんでした．<u>そして主として，私は実際に行動しなければならないことには自ら手を出さずに，純粋で単純な議論だけしか取り扱わないのではないかと思えて，私自身の目の中で羞恥心に駆り立てられたのです……</u>」[7]．

われわれはディオンとディオニュシオスに関してはこの書簡以外からはほとんど何も知らないので，この両者について判断するには注意が必要である[8]．しかし最初からディオンの立場には一定の曖昧さがあるように思われる．（このことは，ディオンに哲学を教えることで彼はおそらく無意識のうちにシケリアの君主政治の没落を考案してしまったというプラトンの言葉に反映されているように思われる．）明らかにプラトンとディオンは若い主権者の哲学的助言者になるはずであり，そして，プラトンはやがてアテナイに帰国しディ

オニュシオスに彼自身の統治を任せ，ディオンがその援助をするであろうと考えられていたはずである．後の『法律』にこのことのいくつかの影のような反映があるが，そこには王が哲学者の助言者をもつ幸福な王国の状態が記述されている(9)．しかし『法律』におけるこのような計画は，王が彼の哲学者である友人の助言によって統治され，しかも王は彼自身においては哲学的な影響に隷属しながら案出される諸計画の執行者にすぎない，と想定している．『法律』のこの章句は，シケリアでの問題に対するすばらしい解答であったであろうとプラトンが考えたものを後から反映したものであったかもしれない．

しかしおそらくシケリアの状況に最も関係が深い章句は次の有名なそれであろう：「われわれの諸都市において哲学者たちが王たちになるか，あるいは，王や王朝の支配者 dynast と称されている人びとの中の誰かが純粋にかつ十全に哲学を修めるかのどちらかが起これば，これら２つのもの，政治権力と哲学知性が結合するのである」(10)．というのもプラトンがシケリアで試みたことは，潜在的な哲学者－支配者であるディオニュシオスと，すでに哲学者としての修練を積んでいた，支配者であるべきディオンという２つの選択肢を不幸にも結合させようとしたように思われるからである．明らかにプラトンはディオニュシオス２世に哲学を教えようと考えたし，少なくとも当初はディオンもそう考えた．しかしその間ずっと，ディオンはすでに修練を積んだ哲学者としてそこに居たのである．『第７書簡』には，プラトンがシケリアでの実験すべてはディオニュシオスよりもむしろディオンのほうに可能性があると見ていたと思われるヒントが数箇所散見できる．たとえば，プラトンが言うには，ディオンが成功を収めたならば，シケリアを法律に従い自由に生きる幸福な政治共同体に作り上げ，そしてシケリアの残りの地域をカルタゴから解放していただろう(11)．そしてプラトンがその書簡において最も多く語っているのは，ディオンの立憲的改革の諸計画とディオンの性格についてである．

この計画全体は最初の２，３ヶ月のうちに次の問題で頓挫してしまった．２，３ヶ月のうちにディオニュシオスは，自分を王位から引きずり降ろしディオンと入れ替えようという陰謀がある，と疑うようになっていた．ディオニュシオスは，ディオンがこれを目論んでいたと確信し，そしてプラトン

第XII章　シケリアにおける実験

もこれに関与しているのではないかと懸念した．そこで彼はディオンを追放し，その資産を没収してしまった．ディオニュシオスは次にプラトンの機嫌を取ろうとし，彼の逗留を懇願し，ディオンをその計画から排除しさえすれば，万事プラトン自身が熱望したように上手くいくと確約した．プラトンはディオン追放後の立場を次のように記述している：

「真実を述べると，われわれのお互いに対する振る舞い方に関しては，時間が経過するにつれて徐じょに彼は私に対して愛着をもって接してきましたが，しかし彼は私がディオンよりもむしろ彼を賞賛し，またディオンよりもむしろ彼を特別な友人として振る舞うようにと望んでおり，しかもこの目的に関しては驚くほど熱望していました．しかし，もしそれが実現されなければならないのであれば，それを実現するための唯一の手段があるのですが，それを避けていました——つまり，哲学の議論に耳を傾けたり，哲学について学んだりして私とそのような点で親密になることを避けていました．彼がこれを避けていた理由は，中傷する人びとが何と言うかを恐れていたからです——彼は罠に嵌まってしまったとか，ディオンはやろうとしたことすべてを成し遂げてしまったとか言われることです．私はこのことすべてを，私の来訪のときの初志を忘れずに，堪え忍ぼうとし，彼がともかく哲学の生活に入らないものかと常に望んでいました．しかし彼は頑迷にも私の望みを打ち砕いたのです」[12]．

ここには看過できない決定的に重要な点がある．プラトンの模範国家実現のための諸計画は修正を許容するだろうということである．事実，われわれがすでに見たように，『国家』においてソクラテスはそれらの計画は修正されなければならないと強調している[13]．しかしいかなる修正も哲人王の訓練の場合には不可能である．哲人王は『国家』の初めの数巻で記述される模範国家の「守護者たち」とは入れ替えできない；彼らは想像上の国家において適切な活動をする傀儡である．哲人王は模範国家を誕生させるための便宜的方策である．すべては『国家』に示唆されている構想の変更についての彼の判断に依存している．かくして哲学者を君主の人格に近づけたり，その

185

訓練の本質をみだりに変更したりしてはならないのである．そのゆえにわれわれには次のことがわかる．つまり前367年にプラトンがシケリアに赴いた際，彼は自らにとって非常に誘惑的な状況をすでに受け入れたのであり，その状況においては，もし彼がその誘惑に抵抗していたら，その結末が善いものになる可能性はほとんどなかったであろう．

　ディオンはプラトンが潜在的な味方としてほんとうに信頼していた人物であるが，それはディオンの自然的能力と修練にプラトンが充分に満足していたからである．しかしディオニュシオスはうわべはプラトンとディオンの両者がシケリア改革の任務を成し遂げるために修練しようとしていた人物であったが，ディオニュシオスはわずかばかりの哲学の訓練も積んでいなかったし，その自然的傾向と能力において，控えめに言っても，最も有望というわけではなかった．プラトンとディオンが結託してディオニュシオスを退位させ，彼ら自らその事業を試みようと決心していたと考える理由はまったくないが，ディオニュシオスにそのような疑心暗鬼が生じたとしてもきわめて自然であったし，そしてもしディオニュシオスが神意によって他界しディオンが王位に就いたとすれば，プラトンは彼らの成功にとっての主要な障害が排除されたと確かに感じたかもしれない．人間的に言えば，その冒険的事業は実質的には失敗する運命にあったのである．

　時を同じくしてシケリアでは戦争が勃発し，ディオニュシオスはその対応に追われていた．最終的には——どれくらいの期間がかかったのか明らかではないが，しかしどうも数ヶ月らしかった——ディオニュシオスとプラトンの間の蟠（わだかま）りは解け，そしてディオニュシオスはプラトンを帰国の途につかせようとした．そうする前にディオニュシオスは何らかの謝罪と弁明をし，そしてプラトンに懇願して，ディオンは自らの追放を罰としてではなく海外で休暇を過ごしたのだと考えるべきだとディオンに伝えるように頼んだ．彼は喜んでディオンをすぐに呼び戻そうと言い，プラトンに頼んでプラトンとディオンの両者に使者を遣わし来訪を要請したときには，両者とも彼を修練しまたシケリアを改革する彼らの諸計画を再開するように誓わせたのだった．その戦争の後で自らの政府を樹立する間にディオニュシオスはプラトンを再び招聘した——がディオンにはしなかった．プラトンが『第7書簡』で語るように，その大胆な叙述においてプラトンが再び喜んで試みようと思っ

たとすれば，気まぐれのように思われる．

　この招聘の要請に対する彼自身の態度についてプラトンが語らなければならないことは，自らの優柔不断さを振り返って辛いものであった．「ディオンは私にすぐに渡航するように迫ってきていたが，ディオニュシオスが驚くほど哲学を再び渇望していたという多くの噂がシケリアから伝わってきていた．そんなわけでディオンが彼の召喚を断らないように強く迫ってきたのである．私は哲学の探究においてそのようなことは若い人びとには<u>実際に起こる</u>ことであることを充分に承知していましたが，しかし全体的に見てディオニュシオスとディオンの両者とも諦めたほうが私にはより安全だろうと思われた．つまるところ私は老齢でもあるし，また両名が私に約束したことは何もまだ成し遂げられていない，と私が伝えたとき，両者とも気を損ねた．そのときにアルキュテスはディオニュシオスを訪問したらしく──私が辞去する前に，私はディオニュシオスにアルキュテスとそのタラントの何人かの知人を紹介し親交を結ばせておいた──そしてほかにもシュラクサイにはディオンから聞きかじった者たちや，またこの者たちから耳学問した者たちがいて，哲学について多くの講義で溢れておりました．私はこれら人びとがそのような事柄についてディオニュシオスに伺いを立てようと努めたと思うが，それはディオニュシオスがその話題について私が言わなければならないことのすべてを聞きとったのだと想定していたからである．彼は一般的に言えばものを学ぶ才能にかけては素養のないほうではなく，そして虚栄心が途轍もなく旺盛であった．そこでおそらく彼はむしろ世間のうわさ話に満足していたが，私が彼の王宮に逗留していた間に私から何の講義も聴いていなかったことが公にされてはと恥じていたのでしょう．……そこで私が再び帰国すると，ディオニュシオスは私の再訪を要請したが，前述したように，私はそれを断ったわけですが，ディオニュシオスは世間の眼には，私が彼の素質や能力や毎日の生き方を熟知して，それらを軽蔑したので，もはや再びそこには訪問したくないのだというような印象を与えでもしたら，と非常に心配したのだろう，と私は信じる．私は真実を語らねばならず，もし誰かがいままでの顛末を一部始終聞き及び，私の哲学を軽蔑しながら，君主のほうを賢明なひとなどと思うようなことになっても，私はそれを堪え忍ばなければならない．……ディオニュシオスは私のために戦艦を派遣し，私の航海を容易にし

ようとした．……そして非常に長い書簡には……次のように書かれていた．
『もし貴殿が私の依願を応諾し，いまシケリアを来訪されれば，まず第1に，ディオンについては万事，貴殿の御意にそって善処しましょう．……貴殿はこの件について道理を弁えた対応をするだろうことを私は承知しているので，貴殿の願いを叶える用意もしている．もし貴殿が赴かないようならば，ディオンの財産も身の上のことも何1つ貴殿の本意には添いかねる』」[14]．

シケリアやイタリアの彼のすべての友人たちから，赴くようにとプラトンを急き立てる同様の書簡が届き，そしてアテナイのさまざまな人びとも「ほとんど彼に乗船を強いるような」ほどであり，そして「いつも同じような言い方でありました：私はディオンとタラントの友人たちや知人たちの信義に反すべきではない．私自身も個人的には，重要な問題についての講義を耳にし，そのうえ天賦の才のある若いひとが，最善の生き方に憧れるようになることがあるとしても，驚くようなことではない，と思った．そこで私としては，このことがそうなっているのかいないのかを，はっきりさせなければならなく，もしそれらの報告の一部でもほんとうであれば，私の信念に対して私が誠実ではなく，ひどい非難をとうぜん受けてもしかたがないということであってはならない」[15]．

ディオニュシオスはその言葉のプラトンの意味における哲学の学徒には決してならなかった．彼はその主題についてプラトンとただ1度の会議をもっただけである．プラトンは，シュラクサイにほとんど1年間ほど逗留し，王とは不仲の関係に陥ったあとに，帰国の途についた．彼への悪意は根強いものがあり，しかもディオニュシオスを彼から引き離そうと画策した多くの人びとが非常に強かったので，プラトンは無傷で退去できたことをいつでもディオニュシオスに感謝していた．ディオンは，もちろん，自らの財産を取り戻すことなく，また国外追放から帰国することも許されなかった．

プラトンはシケリアから最後に帰国したのちディオンと再会した．そのおりディオンは自分は今や武力によってディオニュシオスを追放し革命後に新国家を樹立することを提案すると宣言した．彼はプラトンに彼を援助するよう詰め寄った．しかしプラトンはきっぱりと拒絶した．「私は，彼がほかの友人たちに呼びかけるべきであり，彼らが賛同するかどうか見定めるべきと

も言った．『私としては，あなたやほかの人たちが，実際私を強要して，ディオニュシオスと食事や炉や種々の祭儀を共にするようにしたのでした．彼はおそらくあなたと私が彼自身と彼の君主政治を倒そうと画策していたと中傷した多くの者たちを信じたかもしれない．しかし彼は良心が咎めて私を殺しはしなかった．私は老齢でもあるので誰に対する戦争でも参加することできない．でも友情を求めあって自ら何か善き成果をもたらそうとするのであれば，私も援助するに躊躇はしない．でも悪事をはたらこうとしているのであれば，私ではなくほかの人に声をかけたほうがよい』．このように私はシケリアでの旅路すべてと彼らの不運を苦にがしく噛みしめながら言いました」[16]．

2

　これがプラトン自らがわれわれにそれらについて語ったもろもろの出来事の物語であった；これは事実において人間的に言えば挫折の全顛末である．前述したように，ディオニュシオスとプラトンの両者とのディオンの曖昧な関係がその挫折を確実なものにしてしまった．しかしより善い環境のもとであったならば成功していたかもしれないと推測するのはおそらく許されるであろう．事実，期待されえたであろう最善な状況があったとしよう．たとえば，ディオニュシオスは実際にはずる賢く虚栄心が強いために，知識人であるという名声を博したいと望んでいたが，そうではなくて彼が教えに敏感に従ったと想定してみよう．ディオニュシオス王に疑念を抱かさせ，プラトンの諸計画を妨害するとみなされるディオンのような人物が存在しなかったと想定してみよう．プラトンが善い国家を実現しようとしそれを強く表現した希望をなるべく客観的に検討し，いかなる環境においてそれは可能であろうかを吟味してみよう．これは単に興味深い仮説的な場合以上のものである，というのもこれは政治思想家としてのプラトンの資格にある何か根本的なものを開示するからである．プラトンは，現存の悪い国家を善い国家に変容させうる最も容易な変革は「いま王あるいは王朝の支配者 dynast と称されている人びとのひとり」に哲学の価値を納得させるか，あるいは哲学者を至高の支配あるいは王位に昇格させることである，と『国家』において述べ，そ

して『法律』において繰り返している⁽¹⁷⁾.これを選択した理由は,『法律』によれば,こうすればこのような納得しなければならない対象は1人もしくはせいぜい2,3人だけであり,しかも哲学は多数者には伝授できないことに鑑みれば,その実践的な利点は,その国家において支配の権威の唯一の源泉である1人の支配者しかいない国家からそれを開始する側に明らかにある⁽¹⁸⁾.そしてそこにこそプラトンが決して克服できなかった困難の本質がある.

彼が望んだものは,彼自身が『第7書簡』で言っているように,法律に従って生きている自由な国家であり,この法律は主権者が支配する民衆と同じように主権者自身をも拘束するのである.そして彼は,この主権者が哲学者になり,かくして主権者,法律,および民衆が,彼が哲学的に観念した調和の取れた人間の魂と身体のイメージにより大規模な形で近似するであろう,調和的な全体を形成することを望んだのである.しかしその言葉の歴史的意味における現実的に王である主権者と,プラトンが知るような哲学者との間には必然的な対立がある.というのも前者は,その地位が必ず疑問視されてはならない環境に生きているのであり,そこでは王のその民衆とその伝統との関係は,ちょうど民衆の個々人が手足をもち飲食を必要とすることが客観的にそれ以外にはありえないように,その王を戴くことが唯一の選択肢であるのである.後者,つまりプラトンの哲学者は,その全実存が未発見の真実の探求,部分的失敗の不断の実現,および説得の魅力的事実と深く結びついている被造物である.

これらの2人の政治的人物は歴史における異なった領域に属しており,そしてプラトンがその2人を結合しようとする努力は,どれだけ多く彼が,極度に成熟した民主政治の所産であるかを,しかもどれだけ遠く彼が古代エジプトあるいは後のビザンティン帝国,そしてこれから成長した諸君主政治などに歴史上代表されているような,主権についての異なった観念とは乖離しているかを隠蔽してはいない.プラトンは政治において洗練された理性主義者ではあるが,その周りに共同体全体が集合できる,統治における非理性的なシンボルを熱心に探すのである.そしてこれでほとんどすべてが揃ったわけではない.プラトンはこの非理性的なシンボルである王に,吟味を欠く内的確実性からではなく,理性的思弁と訓練の成熟した結果から,王たちが行

う事柄を行い，王たちであるような人格であるように願う．

　そのような心理的結合においてプラトンは権力の問題を直面して完全に当惑してしまったが，この問題は彼にとってもまた彼の時代のアテナイ人にとっても政治的に根本的であった——それはエジプト人やビザンティウムの市民にとっては決してそうではなかったであろう．哲学的あるいは非哲学的王に民衆を服従させる方法，王に彼らを継続して服従させる方法，および王を僭主にならせないための方法は前5世紀から前4世紀のギリシア政治における死活的問題であった．何年間もプラトンはこの問題を避けることに決めていた；『国家』においてプラトンは現実から彼を分離している大きな隔たりの彼方の側に国家全体を構築した．しかしプラトンにとって，政治的生活とは関係ない領域は初めから重要ではなくまた取るに足らなかった，また彼が後にどれほど否定しても彼のこの感覚を隠蔽することはできない．哲学者が政治的に無力であることは彼にとって絶望的な不幸であり——それほど絶望的なので彼は政治の諸計画を成就させるためにはほとんどいかなる手段も試すだろう．そしてここからシケリアでの実験が試みられるのである．

　そのことから生じえたであろう最善なことは啓蒙的専制政治であったかもしれない：すなわち，ディオニュシオスは，プラトンの意味における哲学者であったならば，独力でまた彼の存命中にシケリアを『国家』の最初の数巻における模範国家のように変えていたかもしれない．しかしそれは法律に従いつつ自由に生きるシケリアではなかったであろう[19]，というのもそれはディオニュシオスがその民衆によって伝統的に受け入れられること，君主自らにおける一種の自己意識の欠如，および歳月の経過と畏敬の念によって執行される法律体系を意味していたであろうが，これらのすべてが全体として欠けていたからである．その替わりにわれわれは，暴力と流血によって独裁政権を樹立した父親が惹起した憎悪を受け継いだ，若年で落ち着きがない独裁者をもつのである：彼は自らの人生や仕事のための知的な枠組みに関心を示しまたそれを切望もしたが，しかし究極的には最も困難な立場——自らを政権の地位に留め置くこと——に没頭し，そして彼に関わるあらゆる人とあらゆるものをこの見地から見たのである．

　哲学の道は，プラトンにとって，必然的に説得の道である，というのもそれは愛にその礎があるからである．暴力の触手は致死的な悪い影響であり，

そしてプラトンはそれをそういうものとして認識している．けれどもプラトンが哲学と哲学者が機能するように望める政治状況は暴力によって作られ，さらに暴力と恐怖とによって継続されるそれである．これら2つのものが真に合流することはないだろう．他の解決法，真の王政には哲学は存在しないし暴力も存在しないが，それはプラトンの知的な把握をほとんど超越しそしてシケリアでは歴史的可能性の領域を超越していた．しかしプラトンの最後の著作『法律』において非常に顕著であるが，彼の国家を実現しようとする希望のすべてが打ち砕かれ，その結果としてわれわれのために彼がそれをより完全に素描することができたときに，知的な分析とは無縁な君主政治の種類と君主の種類を彼は知的用語で可能なかぎり概説する．

第XIII章
ディクテへの道

1

われわれは，プラトンがシケリアから最後に帰国した前362年から他界する前347年までの彼の人生最後の15年間から，諸対話篇の大きな塊をもつ．そのリストは，『テアイテトス』,『パルメニデス』,『ピレボス』；『ソピステス』および『政治家』；『ティマイオス』,『クリティアス』（断片）および『法律』に及ぶ．これらの中から，もしわれわれが政治に関するプラトンの見解の発展だけに関心を限定すれば，『テアイテトス』と『ピレボス』はわれわれにはほとんど関係しない．厳密に言えば，『パルメニデス』も関係しない．しかしわれわれの限定された主題の中においてさえ，2つの点でそれは考察されなければならない．それはプラトンがその晩年においてどのように諸形相について考えるようになったのかの暗示において重要であり，そしてソクラテスの扱い方においても重要である．『パルメニデス』において彼は独特な形で提示されている，というのもここでは彼はかなり若い姿で現れているからである．その対話篇は若いソクラテスと老齢なパルメニデスとの会話であるが，少なくとも初期と中期におけるソクラテス的諸対話篇におけるプラトン（もしくはソクラテス）によって説明されているような様式における，諸形相の批判に集中している．もろもろの問いは非常に綿密であり破壊的である．初期と中期の諸対話篇において劇的共感の対象となり，論争における勝利者であるのは，形相理論の提唱者としてのソクラテスであるのに対して，ここにおいて彼はそれを失いそうになっている[1]．老齢のパルメニ

193

デスの主な異論は、抽象的諸形相は生成世界から完全に分離しておりそれらの中へ諸対象は「参加」すると主張するうえでのさまざまな複雑さや困難さのすべてをソクラテスがほんとうに把握していなかったことである[2]。

この対話篇はプラトンの諸形相の明示的放棄を構成しているとたびたび主張されてきた[3]。これは対話篇の議論からほとんど立証されえない。それは最初の部分とパルメニデスのいくつかの鍵となる諸発言をも無視することになり、これら両方をつき合わせて考慮すると、形相理論を放棄しているというよりはむしろそれへの新規の態度を暗示している。諸対話篇の中でパルメニデスが言っていることは、そのまま非常に真剣に受け止められなければならない；プラトンの後期の諸作品における他の部分では劇的表現の綾はあまりにわずかなので曖昧な解釈ができないのであるが、プラトンはそこにおいて彼に対する彼の賞賛を示している[4]。そしてここにおいてパルメニデスは非常に老年であるが、プラトンが晩年の諸対話篇で老人の智恵を不断に強調しているのは留意すべきである。ティマイオスに対して語られるクリティアスの物語の典拠はソロンまで辿り着ける一連の長老たちである[5]。そして『法律』において論者たちになっているのが長老たちであり、国家とその法律を計画するのに特に彼らを適任にしているのはその年齢である[6]。『第7書簡』においてシュラクサイ人がその憲法を起草するうえで招待すべきと忠告されるのは長老たちである[7]。年齢への敬意は人物たちに限定されてはいない。ある伝統を創造したもともとの歴史的刺激から分離しているので、その智恵はその伝統の時代の中にある。ギリシア人たちは単なる子どもたちである、と『ティマイオス』のエジプトの僧侶は語る；彼らは古のことを何も知らないし、しかも昔から蓄積されてきた智恵について何も知らない[8]。このような小さな証拠の断片すべてを眼の前にすると、老齢であるパルメニデスは若年のソクラテスを智恵において超えていると見なされている、と想定するのは理に適っている。

さてパルメニデスは形相理論を論駁してはいない。この議論全体はそれ自体難解で当惑させるが、そのすべてに入っていく必要はなく、冒頭でパルメニデスによってなされている要約的な諸発言は彼の立場を明確に示すものである。パルメニデスは次のように述べる。「もし存在するものの形相が実際にあり、おのおのの形相が分離した何かとして定義されるのであれば、ソク

ラテスよ，これら難題と他の多くの難題は形相と関連しているのである；その結果，そのように言うあなたに耳を傾けるひとは誰でも必然的に当惑してしまい，形相は存在せず，もし存在するとしても，人間の能力には理解不可能なことと主張するであろう．このように議論するひとはむしろ分別があるように思われなければならず，私が以前述べたように納得させるのは非常に困難である．各々のものと絶対的な本質には種があるということを把握できるためには大きな自然な能力をもつ人間が必要であり，自らこれらのことを発見でき，それらを適切に分析できる他のひとに教えることができるためには，さらにより並外れた人間が必要である」[9]．これはたしかに諸形相の否定ではない．それはある老人の判断であり，その老人は，プラトンの精神にとって，彼自身到達した道のある場所に来ていたが，彼はその場所で以前十分には気づかなかったもろもろの難問を見てしまっていたのである．このことはこの対話篇の少し前の箇所できわめて明らかである：

「『それではソクラテス』とパルメニデスは言った，『議論するにはあまりにも不合理と思われるかもしれないものは，どうですか——たとえば髪や泥や汚物やその他およそ値打ちのないつまらないものは？ これで当惑してしまいましたか，それとも，われわれが取り扱うものとは異なった別個のものの形相が存在すると断言しましょうか？』『いいえ』とソクラテスは言った，『この場合われわれがこのように見るものはそれで存在するものすべてだと思います．それらの別個の形相があるとはあまりに不合理であるので想像できないでしょう．けれどもたびたび私は悩んで，恐らくこのような場合すべて同様ではないかと考え，そしてこの主眼点に到達すると無意味の奈落に落ち込みそこで滅びてしまうのではないかという恐れに襲われて，そこから急いで引き返してしまうのです．かくして私がわれわれがちょうど今しがた諸形相を実在的にもつと合意したところのものに来たときに，私はそれらのものについての考えを深め続けているのです．』『そうですか』とパルメニデスは言った，『しかしそれはあなたがまだ非常に若いからですよ．私の意見では，哲学があなたをこれから捕らえるだろうが，今はまだ深く捕らえていないことでもある．そのときが来たら，このようなものを軽んずるようなこ

195

とはしないだろう．今は若いので，世間の人びとの意見により配慮している』」[10]．

プラトンがわれわれに与えたこのソクラテスの最後の像は，彼が若いという理由によって，そして智恵においてパルメニデスに対して彼が従属的な地位にあるという理由によって，異なっているだけではない．プラトンはここで，独自なソクラテス，つまり一種の驚異的な人であったソクラテスという人物の呪縛から自らを解き放そうと試みたのである．その代わりに，彼は，哲学的探究の原型として，パルメニデスが若者の一般的な道として特徴づけた段階を通り過ぎていると見なされており，そしてそれをプラトンは振り返りながら若年から老齢までの彼自身の道として考えているのである．ソクラテスがこのように発展していたという示唆は他の諸対話篇のどこにもない．ここにおいてのみプラトンは彼自身の老齢において顧みているように，ソクラテスを変化し発展するものとしての生の観念に組み込もうと実際試みている．そして彼は自らが変貌し発展したように，ソクラテスも変貌し発展していると考えようと試みる．それはプラトンにとって彼の芸術的作品における歴史的要素の究極的な犠牲なのである．おそらく『パルメニデス』に多くの年月は先んじてはいないだろう『饗宴』の刊行の頃には，ソクラテスの神秘性と独自性はなおも彼の書かれた作品の中心的な生にきわめて接近していたので，彼はそれをめぐって対話篇を作り上げることができた．『パルメニデス』に時間的にはおそらくさらにより近接しているであろう『テアイテトス』において[11]，ソクラテスは依然として彼自身が歴史的な何かであり，彼自身における知識の成長はなく，他の人たちにおける知識の原因である知的助産婦であった．『パルメニデス』においてのみソクラテスは満潮に屈服させられ，その潮はプラトンから独自のあらゆることとあらゆる個人とを，行動の世界にではなく質の世界に，事実にではなくリズムに，唯一の美よりもむしろ終わりのないパタンに一掃しているのである．

さらにまた，ソクラテス自身が変貌していると描かれるのはまさに『パルメニデス』においてだけであるが，これらの後期の諸対話篇の中の他のいくつかにおいてプラトンはこの人物の不変であるという彼自身の初期の概念に修正を加えようとしていたように見える．『テアイテトス』には若いテアイ

テトスとソクラテスとの精緻な比較があり[12],また『政治家』には若いソクラテスとして精彩を欠いた登場人物が紹介されたりしている.一見したところ,このような僅かな推論を基礎に何かを打ち立てようとするのは危険なように思われるだろうが,この2つの現象を反省すればするほど,それらはますます風変わりに見えてくる.『テアイテトス』にはなぜこの両名の比較がその相似性を強調しつつなされなければならないのかの明確な理由が見うけられない;またなぜ『政治家』において諸対話篇そのものとほとんど同義になった名前をもつもう1人の人物が導入されなければならないのかの明確な理由が見うけられない.もっともわれわれは,それは本来のソクラテスではないことを淡たんと告知されるが[13].これらの場合の両者とも何らかの真面目な説明が必要である.私自身が信じていること——もちろんこれを確証する方法はない——はプラトンがほとんど意固地になるほど自らの芸術的な過去を否認しようとしたということである.すなわちプラトンは初期の作品の痕跡を抹殺しようと希み,ほとんど無鉄砲の精神で,それとこれら後の対話篇との断絶を確かなものにしようと希んだからである.これらは単に風向きを示すものにすぎない.それらは,しかしながら,後期の諸対話篇,とくに『ソピステス』と『政治家』とおそらく『ピレボス』におけるもろもろの哲学的立場とのなんらかの関係があるように実際思われる.

というのもこれらの対話篇——私はこれらの真の哲学的評価を下そうと思わないし,そうする資格もないが——においてプラトンは一種の絶望的な勇気を抱いて,いまでは初期の作品が不備であったと感じていることから解放されるような新しい方法で,諸形相について彼の信念にその表現を与えようとしていたのは疑念の余地がない.この運動は私が指摘するような方向で『パルメニデス』から始まる.ある意味でその対話篇は『ソピステス』と『政治家』よりも成功している.というのも彼はそこにおいて,ソクラテス的諸対話篇の中の初期のプラトン的陳述——かりにプラトン的陳述があるとして——に対する多くの異論があるとしても,パルメニデスの是認によって支持された形相理論のための真理の可能性を伝達しようと努めているからである.『ソピステス』と『政治家』において,私が考えるに,自らの理性と論理への情熱的な信念を充足させるような仕方で諸形相を表現しようとするプラトンの最後の努力をわれわれは見る.それらは,プラトンの作品の中

にあって，退屈であるという点で独得である．さらにそれらは全体的な構造と文体の観点から不揃いであり，これは，このような非常に確実な筆致の芸術家の場合においては何かが間違っているということの明確な徴候である．『政治家』において彼は鮮明で美しい神話と何頁にもわたる衒学的で重箱の隅をつつくような議論とを混合している．プラトン自身が何を行っているのかを，そしてそれが恐らく失敗するであろうことを理解していることは『ピレボス』においてふとしたはずみで言った言葉によって恐らく示されている．そこにおいてプラトンは知識をもろもろの種類に区分し，もしこの分類を大胆不敵に行わないならば，「われわれの議論は語られた物語のようにわれわれから遊離し失われてしまうだろうが，われわれ自身もある理不尽な観念の筏で助けられるのであろう」[14]とソクラテスに言わしめている．この「理不尽な観念」は後に『ティマイオス』において姿と形をなすことになっていた．前350年代の中葉におけるこれらの対話篇の中にわれわれが眺めるものは，論理によって形相理論を救済しようとする最後のもろもろの試みである．

おそらく晩年のプラトンにおける支配的な論理的空想 fancy ——分割のプロセス——の同様な強調を目撃してもあまりに突飛ではないであろう．『政治家』と『ソピステス』において，2つの対話篇が，非本質的諸要素から本質的要素であると思われるものを不断に分離することによって探究されている諸主題の真の自然本性を発見することに費やされている．かくして王は交雑しない角のない二足動物の保護者として出現する[15]．この方法はわれわれには滑稽に見える．これがそうであるのは，単にわれわれが論理学的方法の黎明期に自らを遡らせることが困難であるからだ，と言えるかもしれない，そしてその主張には一理ある．たしかに科学的発見やいわゆる「科学的方法」の世界全体によってわれわれから隔てられているこの思索の価値について誤りに導かれても無理もないかもしれない．しかし天秤は依然として，プラトンにおいて真剣に論理的あるいは科学的手続きと考えられまた額面通りに受け止められているあの分割は馬鹿げているというわれわれの第一印象に有利な方向に非常に深く傾いている．しかし『ティマイオス』で彼がわれわれに語るには，同一性と差異性による真の分割の過程は，製作者 Maker が形成したような世界の魂の運動 motion に合致している[16]．そして上に

『パルメニデス』から引用された章句の中でパルメニデスは，諸観念の中にはさまざまに異なる種類が存在し，それらの種類とわれわれが視覚的にまた感覚的に区別できる対象の種類との関係も存在することを理解するためには，特別に才能のある人物が必要である，と言っている．最も蓋然性の高い推論は，主題に応用された分割の<u>過程</u>が，不可視的世界における他のそのような分割を理解するうえでの活気を覚醒させる模倣となるような示唆的儀式を，プラトンが論理から作ろうと腐心していたということであろう．非常に重要であるのは，主題の実際の諸分割それら自身ではおそらくなく——というのもたしかにこれらの対話篇の参加者たちがそれらをむしろ軽く捌いているからである——，むしろ過程それ自身であろう．きわめて重要なのは，個別性 individuality ではなく質への専心であり，また事実ではなくリズムへの専心である．

2

唯一性 the singular の無視，質とリズムの強調が，この世界と政治共同体における人間の過去の生活についてプラトンが表現した諸見解においてほど際立った形では，後期の諸対話篇のどこにも見当たらない．もちろん，このことがプラトンにおいて本当に何か新しいことであると主張することはできない．彼はその著作の中で政治史の実際の出来事に関心を示したという多くの形跡をまったく残さなかった．しかし初期と中期の諸対話篇は，唯一の時期——前5世紀の最後の25年間——と，唯一の男——ソクラテス——の個性との色彩と生とで充溢している．これは，事実において，それらを1つの時代の雰囲気や知的環境にまさに縛りつけている．議論の単位としてのソクラテスとソクラテスの仲間たちを放棄して，プラトンは，彼の関心事が歴史あるいは政治生活そのものよりも，むしろリズミカルな文明の展開とでも呼ばれるかもしれないものにだけあるということがさらにより鮮明となる領域の中へ進んでいく．彼がいま取り扱っているのは，まさに可能な限り最も広い意味での政治生活だけである．『法律』を除いて，そしてこれさえもまた奇妙に修正された形でしかないが，政治的力としてのレトリック，政治的野心の対象としての権力，あるいは政治的観点における正義の意味についての

199

議論はもはやない．その代わりに政治共同体の意味を宇宙的観点おいて考察し，そして一種の哲学的ファンタジーにおいてそのような政治共同体の「理想的な」歴史は何でありうるであろうかについての説明を与える試みがある．後期の諸対話篇における3つの章句はこの傾向を例証している．

　a）最初は『政治家』の神話である．この対話篇の大部分は，分割の原則を継続的に適応して王あるいは政治家の正確な定義を与えることに関心をもっている——かくして王は角なし二足動物の世話人 the caretaker として最終的に区別され，そして他の種類の動物の保護者 sheperds から図式的に峻別される——が，プラトンがこの議論におけるある誤りの諸根拠を説明する幕間がある．われわれは「王」の意味を十全には把握していなかった，と彼は言う，なぜならば，われわれは人類とこの世界に降りかかった諸変化に気づいていないからである(17)．そしてこれが彼が語る物語である．大地から生まれた人間たち，クロノス時代の地上の平和と自然に湧きおこる肥沃さ，アトレウスを好む神がみによって逆戻りする太陽と星辰の軌道についてのより古い昔話のすべては，偉大で〔すべてを〕粉砕する物理的現象の中にそれらの根源がある．この世界は継続的に1つの方向に回っており，そしてまず最初にそれは，「最も偉大な精神 the Greatest Sprit」によってそのように回転させられていたが，その最も偉大な精神は（後に『ティマイオス』でそう呼ばれていたように）デミウルゴスあるいは「父なる神」とも呼称され，そしてオリュンポスの神がみとは鋭く峻別されることになる．この期間のあいだ，「ひとりの神的保護者 a Divine Shepherd」として行動した神自らの導きのもとにあった被創造物たちは彼ら自身からではなく，異なった諸要素 elements から生まれることができたので，生成は大地からであった．そしてこの神話によると，諸国家もなく婦女子の所有もなかった．われわれがすぐに見るように，世界の回転の運動はいまそれを保持するそれとは反対だったので，生成の過程もわれわれの時代のものとは正反対であった．これらの人びとは老齢で大きな姿形で誕生し，だんだん若くなりそして小さくなり最終的に消滅した．彼らが再び大地から誕生したとき，彼らは彼らの以前の存在の記憶はなかったのである．

　しかし「おのおのの魂は種として規定の回数だけ大地に陥落していき，その生成のすべてを満了したので，ある変化が起きなければならないその時

第XIII章　ディクテへの道

間の満期のときに，万物のパイロット the Pilot of All はいわば舵を放棄し，見張りの任に退きそしてその運命づけられ本来の欲望が宇宙を逆方向に回転させた」[18]．同時に「最も偉大な精神」の指導のもとに彼の支配を分有していた他の神がみは，この世界の彼らの分担部分から手を放した[19]．

　この世界の逆回転の結末は一種の地震の形における人間たちと生けるものすべてとの大破壊であった．再び生命を許容する状況が蘇るとき，この世界はもっぱら自らの導きのもとにこの逆過程を追求する．それは「その中にありそしてそれ自体のものであるすべてに対して力と配慮を」もつ[20]．しかしそれが保持する唯一の推進力は，もともと「最も偉大な精神」によって創始された回転の運動の逆転により生まれたものである．それはそれゆえに必然的に最終的に停止しなければならない．「最も偉大な精神」はそれを創造した最初のときに，彼は偉大な無秩序からそうしたのであり，そしてこの無秩序はその物質的構成のある永遠の構成要素である．それゆえに，この逆回転運動が長い間経過したとき，もともとの企画者の秩序とリズムは徐じょに幽かなものになり，そして世界の物質的要素が，制御されずに，支配的になる．世界の逆方向の回転の時代に，われわれが知っているような人間たちの生成はそのもの自身の種類において，他の動物の生成はそれらの種類に従って始まる．というのも「いかなる生き物にとっても大地の中で他の諸要素との結合から誕生することはもうすでに可能ではなくなったからである；しかしこの宇宙はそれ自身の進路の主人であれと命令されたので，かくして同じように，同等の原理に従って諸部分もできうる限り同じ導きのもとに成長し自らを生成し滋養するように指示されていたのである」[21]．

　この神話はさらに続けて次のように述べる．すなわち，この段階の終わりに「最も偉大な精神」は世界が徐じょに弱体化するのを知覚し，そのすべてが消滅するかもしれないと恐れて，再び舵を握った，そしてすべてはそれが以前あったようになった[22]．

　b）2番目の章句は『ティマイオス』への序文である．この対話篇は『国家』の最初の数巻の若干の論点の短い要約から始まっているが，とりわけ模範国家の住民たちの機能の分立と婦女子の共同体とを取り扱っている[23]．それらは明らかに模範国家の骨格を手短にわれわれの精神の前に呼ぶために引用されているにすぎない．ソクラテスはいまや実際に行動する彼の模範国

201

家を見たいのだが，しかし無経験から，行動の究極的危機——戦争もしくはそれに類する何か——におけるそれを想像することができないと公言する[24]．

クリティアスは，歴史がとくに適合する事例を実際に提供したと答える．彼は，祖父からいまでは忘却の彼方にあるこの国家について聴いていた，そしてその祖父は，子供の時にソロンからそのことを聴き，ソロンは翻ってそれをエジプトのある神官から聴いたのであった．前5世紀のアテナイのどこかに存在したこの国家は，そのエジプト人によると，すべての詳細な点でソクラテスの模範国家の素描に近似し，そしてそれがアトランティス島帝国の住民らの侵略からヨーロッパ大陸を救った．この偉業についてのより十全な説明は3部作（『ティマイオス』，『クリティアス』，『ヘルモクラテス』）として企画されたうちの第2番目の対話篇におけるクリティアスの説明のために保留されるはずであった[25]．『クリティアス』は部分的にだけ脱稿されたが，『ヘルモクラテス』はまったく着手されもしなかった．

しかし最も興味深いことは，大破局によって分離された歴史的周期への言及が更新されていることであるが，しかしながら，今度は『政治家』において与えられている変化についての形而上学的説明は付いていない．

> 「『ソロンよ』とエジプト人の神官は言った，『あなた方ギリシア人はみんな子供である．老齢なギリシア人といえば，そういう者はいない．』『それはどういう意味ですか？』とソロンは言った．『あなた方はみんな魂が非常に若い』とその神官は言った，『というのも，あなた方は古い伝統に根づいた古代の説も，時とともに蒼古たる学知も何1つとして魂に慰留させていないからである．その理由はこうである．人類には何度もその滅亡が多くの形で降りかかったし，これからもあるだろう．それらの最大のものは火と水によるものであったが，何千もの他の手段によるさほど甚大なものではないものもあった．かくしてこの物語はあなた方のところでも語り伝えられているものだが，太陽の子供のパエトンが，父の車に馬を繋いだものの，父の道に沿ってこれを駆ることができなかったので，衝突して自ら焼死し，地上のある部分を焼き尽くしもした．このことは寓話の形を取ってあなた方の間で語られているが，その

真理は，大地をめぐって運行している諸物体の軌道の逸脱と，このように長い期間の周期で地上のすべてのものに襲いかかる大火とによってもたらされる滅亡に関係している．この時には山脈や高地や砂漠などに居住する者のほうが，河川や海のほとりに居住する者よりもより完全な破滅に見舞われるものである；われわれエジプト人にとって，他のすべての場合にもこの場合にもナイル川がわれわれの救済者であることを証し，困難からわれわれを解き放ってくれる．しかし神がみが洪水を起こし大地を水で浄めるときには，救われる人びとは高地に住んでいる人びとである牛飼いや羊飼いあり，そしてあなた方のような都市に住んでいる者は河川によって海に押し流されるのである；しかしわれわれの国においては，そのような場合もその他の場合も，上流から平野へ水が流れることはない：反対にいつでも下流から水は溢れてくるのがその自然になっている．そのようなわけで，ここで保存されているものは記録に残っている中では最も古いのである．真実は，尋常でない暑さや寒さがそれを妨げることができないかぎり，人間の種族はいつでも多かれ少なかれ生き残って行くのである．かくしてあなた方の中やこのエジプトやわれわれが伝聞で知っている他の土地で起きたことは何でも，何か偉大な行為，美しい行為あるいは優れて卓越した行為はすべて昔からここの神殿の中に書き留められ保存されてきている．しかしあなた方や他の人びとのところでは，文字や文明化した生活に他の必要なものすべては常に真新しく，そして何度も決まっていつも何年もの周期の後に天上から降りくる流れは，あたかも疫病のようにあなたがたのうちに襲来し，ただ文盲で無教養な人たちだけを生き残らせ，その結果，何度もあなた方はいわば生まれたばかり子供に戻るのであり，あなた方のところや昔のわれわれのところで起こったことをまったく何1つ知らないのである．少なくとも，ソロンよ，あなた方のところで起きた出来事についてあなた方ギリシア人がもっている系譜の話も子供たちの物語と大差がないことは，まず最初に，あなた方は地表の大洪水をただ1つ語っているにすぎないが，そのようなものは以前には何度も起きたのであり，そして第2に，人類の中で最も麗しく最善の種族があなた方のところに存在したことをあなた方が知らないことからわかるのです……』」．

第Ⅱ部　砂塵あらしの中の男

　これに続いて，アトランティスからの侵略者たちを未開民族のアテナイ人が撃退したという説明がなされる[26]．
　c) 最後の章句は『法律』からのものであるが，それは破滅の周期やそこにおいて生き残った文明の残滓の諸種類に再び言及することから始まっている．

>　「**アテナイからの客人**：　それでは，その破壊が発生したとき，人類の状態は次のようなものであった，と言ってよいのではないでしょうか：広大で恐ろしい荒野と無人の土地の大きな塊があり，そして他の動物たちが死滅したとき，若干の牛の群が残り，山羊の群もいくらか残ったが，当初はこれらが牧人たちのわずかな生活の食料となった．
>　**クレイニアス**：　その通りでしょう．
>　**アテナイからの客人**：　そうすると，諸都市，諸政体，および法の執行についてわれわれの議論はいま取り扱っていますが，これらの人びとはいわばこれらのことについての知識をもっていたと思いますか？
>　**クレイニアス**：　いいえ．
>　**アテナイからの客人**：　そうすると，このような状態にいたこれらの人びとから，いまわれわれのもっている諸都市，諸政体，技能，法律，徳と悪徳の両方の多くが生じてきたのではありませんか？
>　**クレイニアス**：　どういう意味でしょうか？
>　**アテナイからの客人**：　私の友よ，諸都市に付随する多くの立派な事柄――と立派な事柄以外の多くの事柄――を当時知らなかった人びとが悪徳あるいは徳のどちらかに完璧であった，とわれわれは考えるべきでしょうか？」

　彼は次にいかにしてそのような人たちの間には争い，市民の論争あるいは戦争などがなく，そして彼らが経済的に困窮していないかを叙述していく．彼は次のように結論する：

>　「さて富も貧困もどちらもないような共同体にあっては，まさにそこ

に最も高貴な人たちが生まれてくる傾向がある；というのもそこには暴力も不正も嫉妬も恨みも発生しないからである．かくして，これらの人びとは，これらの理由からも，さらにいわゆる単純さからも，善良であった；すなわち，何が麗しいか，汚らわしいか言われているのを聴くと，まさに本当のことが語られていると受け止め，納得したのである——なぜなら彼らは単純な心であったから．というのも誰も今日のようにひょっとして嘘ではないかと疑う智恵をもちえなかったからであるが，しかし神がみと人びとについて伝統的に言われていることを信じながら，それに従って生活をしていたのである．そのようなわけで，まさしくわれわれが語ってきたような性格の人たちだったのである」[27]．

　プラトンがいくつかの文明を破壊し，他の文明の誕生のための舞台を設定するような自然の天変地異の繰り返しがあることを文字通りに信じていた，とわれわれが想定すべきか否かは，それほど重要なことではない．たしかに『政治家』の最初の章句と『ティマイオス』の第2番目の章句はこの点において容易には調和していない．というのも『政治家』は，世界の逆方向への回転が世界全体に影響を及ぼし，それゆえに実質的に世界のあらゆる部分を一瞬にして破壊するだろう天変地異を含むと含意しているのに対して，『ティマイオス』は，エジプトのような広大な諸地域は損害を受けることなく生き残る，と直接的に断言している．これらの章句の両方の重要な局面は，プラトンが人間と文明のそのような破壊が発生することを信じていたことをそれらが確証することではない．彼は歴史的な現象の文字通りの意味においてそれを信じていたかもしれないし，あるいは，信じていなかったのかもしれない．

　重要なことは，『政治家』と『ティマイオス』の両方において，そして『法律』においてもまた，彼がその物語を語ることを必要であると感じたその様式である．そこには秩序と構想の世界があったが，この世界は，創造されたものでありそれゆえに不滅ではなかったので，無秩序の混合物をその内部にもっていた．それはかつてその構想がその物質的構成を制御していたときには，その自然が許容するかぎりほとんど完全にされたものであった．その段階は，時間の観点あるいはその他の観点から概念化されようと，もは

や存在しない．それは，内的必然性——割り与てられた誕生の数が満ちたこと——と外的機械的暴力——運動の方向の変化に続いて発生した自然的諸勢力による破壊——との結合によって存在することを止めたのである．後期のプラトンにとって情熱的な意義をもっているのは，まさに分離の事実つまり構想と秩序の最終的な喪失の事実である．彼がその物語を1万年，2万年もしくは3万年の壮大なスケールで語ろうと，人類全体を巻き込もうと，あるいは偉大なギリシア以前の文明の破壊と比較してその物語を矮小化しようとも，重要ではない．これら両者の描写において本質的なことは，かつての構想と秩序の世界あるいは他の構想と秩序の世界が喪失されたことである．それは取り返しができないほど絶対的に失われてしまった．残ったものは，その天変地異後に現れた人びとの心からなかなか離れない反響音であり，そしてこれらの反響音は，自然現象の世界における半分破壊された構想の証拠の中で傾聴されるのである．繰り返しと画一性は構想の最も単純な徴し tokens になり，そして人間，動物，あるいは出来事の唯一性においてこの小宇宙が，それ自体がより大きな単位に内在する秩序のもろもろの徴し signs を産み出しうるまでは否定だけが存在する．このようにして，個人だけでなく人間生活の一生，そして人間生活の重要性も付け加えなけれならないが，これらはプラトンにとって徐じょに興味がもてなくなっていったのである．

　同時に，相互に作用しあう物理的世界と人間の知的プロセスとは，プラトンが注視しなければならないもののすべてであった．そのことを彼はいまや非常に確信した．『国家』と『饗宴』の日びにおいては上昇は可能であった；問答法的思考の過程が，必然的に粗雑であろうとも，なおもそれが感覚可能なものを退け知解可能なものへの転換を含みつつ，数学がより低い水準で提供していた理解に似た理解へと導いていった．しかしながら，いまや物質的対象はそれ自身でその証拠のすべてを提供しなければならない；構想の痕跡と剥き出しの活力が同時に常に想起されなければならない．そしてかくして，プラトンにおいてまさに最晩年の『第7書簡』の言葉で表現されている心の状態がやってくるのである．「一言で言えば，その主題に精通していない学徒は向学心や記憶力によってもそうなるようにはならない；というのもこの種類の知識はそれと疎遠な性格の人物にはまったく育たないだろうか

第XIII章　ディクテへの道

らである……[28]．というのも他の種類の知識のように，それは表現できるものではないからであるが，しかしその主題そのものに不断に触れ，それとともに生活をすることによって，急に飛び火のように，火を点けた光のように，それは魂の中に生まれ，それ自身を養うのである」[29]．真の構想の世界は失われた；それを断片的にせよ再び発見することは，実在的自然における規則化された教示以外の何かの運の産物あるいは神の導き God's guidance の産物である．

　ここしばらくの間はこれらの章句のより一般的な諸局面から，プラトンの政治的思弁におけるそれらの個別的な意味へ向かうことにしよう．これらの章句が『法律』全体と並置されると，これらすべての後期対話篇においては，ギリシアの政治生活の世界に適している議論や主題と，倫理的で政治的な諸形相を行動において可能な限り接近させることに属する議論や主題との間には以前には存在した断絶がもはや存在しないことは明白である[30]．その代わりに，政治生活についての唯一の種類の研究があり，それは『政治家』における世界の逆回転を形而上学的に説明することから，『法律』における未来に企画された国家にまで及んでいる．これは未完の3部作のための計画と『法律』それ自体に書き込まれた序文とにおいて明らかに際立っている．『ティマイオス』の企画は，ティマイオスが世界の起原から人間の誕生までを網羅し；そしてクリティアスが次にソクラテスの理想国家を行動において表現することになる1万年前のアテナイについての物語を詳細にわたって語るはずであり；ヘルモクラテスはおそらく大洪水の時期と，およそ前5世紀的形式における遊牧民たちによる諸都市の建設までの，その後のゆっくりした発達を扱うはずであった．『ヘルモクラテス』は執筆されなかったが，しかしこれはまさに『法律』の序文，つまり第2巻と第3巻の内容である．『法律』はそこから続いており，これらの3つの書かれた対話篇が輪郭を描いているように，老人たちは過去のすべての研究に基づいて，未来の最善の諸制度を設立しようとする議論に参画する．『法律』をこのように『ティマイオス』において開始された構想の完結であるとわれわれが見定めることが正しいことは，たしかに，ほとんど疑う余地はない[31]．

　このことをわれわれの導きとして，『ティマイオス』と『法律』を脇に置き，『法律』をあの3部作の完結とみなしながら，『国家』を見てみよう．こ

207

の比較は共通しているものを非常に多く開示するので,音色や強調における差異が強く目立ってくる.『国家』の最初の数巻における「理想的」国家は,われわれは別の箇所で模範と呼んだものだが,最も原始的な次元における人間の単純な経済的必要に「理想的」起原をもつ.対話者はこれは「豚の都市」[32]であると言うが,しかしソクラテスはこれは健全でかつ健康な都市であり,そこにでも他のところでも真に正義は見つけられると強く主張する.彼は,記述されている政治的諸状況が当時のギリシアにより近似するので正義についての議論がより価値があるようになるという理由だけから,その絵柄を複雑化し,熱っぽい国家を取り上げることに合意する[33].このことはまさに『法律』で述べられていることである;大洪水を生き延びた単純な遊牧民たちが最高の程度の徳を具有していた.彼らがこれを成し遂げた大きな理由は,彼らの訓練も環境も彼らに嘘を疑わせなかったので,彼らは神がみや人間について語られたことを心から信じ,かくして有徳な生活を生きたからである[34].われわれは『国家』における「理想的」国家を想起させられる,けだしそこにおいてわれわれは最初にかつ最も善く支配者たちに一種の高貴な虚偽を確信させるが,しかしその試みに失敗したときには,残りの人びとにそのようにし,もしそれが受け入れられれば,社会のパタンを社会のあらゆる構成員にとって崇拝されるべきでありかつ生きられるべきものとして維持するであろう.

　しかし『国家』の第Ⅴ巻には裂け目がある[35].この巻においてソクラテスは理想的国家の実現可能性についての友人の質問に答えようと努める.次の事柄が理解される.すなわち,すでに素描された理想的国家は技術者のモデルである;支配者になる哲学者は現存の国家をその光に照らし適合させ調整する;そしてその模範そのものは,もちろん,実際に生へと出現したもののもろもろの必要を満たすように調整されなければならない.『ティマイオス』と『法律』の3部作において,理想的国家は歴史的なものになった;過去のあるところに,それは存在していたと考えられる.そしてその過去の諸行動は想像されえ,また未来の「最善の」国家にまではるばる通じるであろう構想に適合するようにされうる.しかし初期のプラトン,『国家』のプラトンにとっては,彼の模範都市がかつて実現されたとか,あるいはそれはちょうど概略されたように未来にとっての「最善の」国家であろうという主張

さえも軽がるしくなされえなかった．それが実際に存在する可能性は彼にはあまりにも大問題でありすぎた．このとき彼は行動する哲学者の無能さによって本当に悩まされており，「私がいつも口先だけの人間でしかなく，いかなる実際の行動にも進んで手出ししなかったとしか見えないようなことになってはと，恥じていたのである」[36]．『国家』において1度だけひとは何が訪れるのかの兆しを垣間見ることができ，実在からの攻撃に対して彼が自らのために備えた安楽の影を見ることができる：誰もわれわれの国家が不可能であるとは断言できない，と彼は宣言する，「もし無限に続く遠い過去の時間に，あるいは今日われわれの知らないある野蛮な土地において」それがかつて起こったことがあるかもしれないならば[37]．『法律』において実際の歴史上の過去は重要ではなくなる；歴史は意味深長な神話になりうるし，神話は歴史にもなりうるのである；そして両者は，いかなる成就の希望ももたないし挫折の苦悩ももたない未来を指し示すことができる．

3

プラトンの天才がそれ自身をこのときに最も明確に表現しているのは，まさに人間的なものと神的なものとの接合点においてである，というのも彼が無秩序と構想とのバランスをなおも維持しようと腐心したのはこの水準においてそしてこの水準においてのみであるからである．これは最も偉大な著述家であってもすべてにわたって理解されるような主題ではないが，しかしここでプラトンは昔ながらの深遠な意味と，それを例え話，寓話，および裸の事実を混合して芸術的形式に翻訳する彼の昔の力とを伝えている．宇宙についての語りの中で彼は次のように言う：

> 「動くものすべてを主導しているもの以外の何ものも永久に自らを回転させることはほとんどできない；宇宙が今この方向へ動き，今ではあの方向に動くというのを信じるのは不敬虔である．かくしてこれらすべてから，宇宙は自らを動かすことをしないし，また神 God によって不断に反対方向へ回転させられているのでもないし，さらに相反する見解をもった2神が交互に回転させているのでもない，とわれわれは断言し

なければならない．残された唯一の選択肢は私が先ほどちょうど述べたことなのである：つまり宇宙がそれ自身ではない何らかの神的原因によって導かれかつ伴われている時があり，そしてそれによって再び生きる力を獲得し，その制作者から回復された不死性を手に入れる．しかしまた宇宙が神から放置され，自らの道を歩む別の時があり，そのような瞬間に解き放たれて，宇宙は逆方向に１万年の多くの周期を回転する，なぜならば宇宙はとてつもなく膨大で，最も微少な回転軸の上できわめてうまく均整をとっているからである」[38]．

世界における構想の統一を否定することは常に，プラトンにとって，不敬虔であった．そしてかくして，もしこの不思議な寓話が神学と呼ばれうるならば，プラトンが神学的に語っているこの瞬間に，異なった２つの神は存在しえないであろうし，獣的生命力と形相をもつものとの差異についてのプラトンの不滅の感覚を説明するための宇宙における２つの異なった回転方向もないであろう．彼の求める道は，それら２つの間にある生命――それに対して正確さ，美しさ，および意味を賦与するところ，それ自身以外の何かの反響を伴った生命力――である．

彼は前５世紀と前４世紀のギリシアの慣習的宗教に関係している諸対話篇の中でほとんど何も決して語らなかったが，しかしわれわれがもっているものの中にこれについての多くの示唆，つまり最終の局面における明示的な陳述がある．ソクラテスが彼自身は神話に対する検閲に賛成であると表現したときに，彼が『国家』[39]における教育の特徴として拒絶するのは神の統治における不一致の印象である．そしてソクラテスがオレイテュイアの強姦を議論する際『パイドロス』[40]の章句において却下するものは，他の不可解な原因の人間化と削除である．

ソクラテスの晩年においてオリュンポスの神がみとそれらについてのもろもろの物語は彼の関心から薄らいでいった．もろもろの神聖な物語は，おそらくソクラテスが真理の萌芽と見なしていただろうものをその中に包含しているが，これらはわずかであり，派閥や論争の政治色，憎悪，親交や分裂にほとんど覆われていた．不死性と首尾一貫性がオリュンポスの神がみに備わっているのは奇妙である．われわれはアレスが最終的に殺されないとす

る『イリアス』をまるっきり信じることはできないし，そしてたしかにその詩人は軍神の負傷の物語でなるべく別の方向へわれわれを導いていこうと明らかに欲している．首尾一貫性は不協和音を奏でる個性たちにおいては考えられもしない．おそらく晩年のプラトンがホメロスの物語や神話について感じたのは，彼が当時の政治生活について感じたのとほとんど同じであったろう．そこには多くの軽薄なものの只中にさえもある真実が発見されるはずであったが，しかしそれはきわめて曖昧であり，もはやプラトンがそれによって生きた想像的な反応に刺激を与えた物語や状況のようなものではなかった．『ティマイオス』においてオリュンポスの神がみはデミウルゴスからかなりかけ離れていた[41]；『政治家』において他の神がみは，創造神 the Fashioner との共同統治者たちであり，彼のもとに宇宙のさまざまな部分を創造したが，彼らもおそらくオリュンポスの神がみではないであろう[42]．オリュンポスの神がみは人間によって形作られた著しく不完全な神 a God のイメージとして考えられた，と私は信じている．彼らは人間よりも力強いが他の点では異ならない．彼らの不死性は決して真の不死性ではなく，彼らの矮小な弟である人間を打ち負かす死に屈する能力がないことである．彼らはその精神が彼らの描写を含んでいる者たちよりも賢明でも幸福でもまた完全でもない．

　『法律』においてプラトンはその軌道にある天界の星辰を人間が礼拝する意義を繰り返し強調する[43]．ここで彼は自らが望むシンボルを見つけ出す：それは首尾一貫した変化のない運動と，他者性の感覚をぼやかす人間の属性を伴わない不死の対象である．星辰それ自身は，もちろん，宗教的想像力が引きおこしたものにすぎない．それらは内なる神秘ではない；それらは真の崇敬の対象でもない．しかしそれらは彼にその対象を喚起する．

　『ティマイオス』はしばしばプラトン的な用語において神話として語られている．そしてこれはある程度までプラトン自身の言葉で正当化される．宇宙の説明は，彼がわれわれに言うには，ありそうな物語，「ミュトス」[44] でしかありえない．しかしそれは他の神話たちとは異なる神話であるということは，ちょうど引用された言葉の次の言葉によってまさに証明される．物質的宇宙は消滅し変化する自然本性をもつので，それについてのいかなる説明もありそうな物語以上のものではありえない，とティマイオスは言う．コー

ンフォード教授は彼の『ティマイオス』の有名な版において，これは，われわれが知るかぎり，純粋にプラトン的観念である，と論評している．ピュタゴラス学派の人びとは，物理的世界を正確に描写するのは不可能である，との理論はもっていなかった[45]．そしてプラトンが言っていることは彼の説明が宇宙についての暫定的な説明，つまり後の探究者たちによってより正確で厳密にされるであろう説明であると想像するのはまったくの誤解である[46]．一見したところ初期の諸対話篇のいくつかにおいて相等しく否認しあう文章があるように見える．『パイドン』においてわれわれはあの世についてある説明を与えられ，そしてソクラテスは初めに，分別あるひとならばそのような話題についてあえて正確に語るふりはしないだろうと言う[47]．『国家』の結論部分で来世での魂の旅路についてのエルの物語は，この男が火葬の薪の上に横たえられながら見た夢として語られている[48]．これら2つの初期の事例においては，しかしながら，不正確さについての弁明はほとんどありきたりである．この主題は人間の推論と経験が完全に誤っているそれである．しかしありそうな物語としての宇宙についての彼の説明を叙述している『ティマイオス』の序文はより複雑な意義をもっている．この物質的宇宙を物質的にしているのがまさにその宇宙における諸要素であり，このことはプラトンにとってこの物語が単にありそうな物語であり，必然的に不正確でなければならないことを意味している．われわれはこの重要性を過大評価しすぎることはできない．われわれが触り見ることができる諸事物と，われわれがそれらを感知するための諸器官とがまさに混乱を助長するのである．

けれどもこのありそうな物語の最も驚くべき特徴は，ひとが「真理」と呼ぶことのできるものの獲得において理性と理性以外の道具の相対的な役割である．『ティマイオス』では，人間にとって外部からの直接的な啓示の夥しい感覚がある；そして人間の身体に関する彼の異常な説明の最も異常な諸部分のひとつにおいて，彼はそれを次のように語る：

> 「魂のあの部分は飲食への欲望をもち，身体の自然本性のためにそれを必要とするので，彼ら[the gods]は横隔膜と臍に面した境界との間に，このところの一面に，身体の滋養物のためのいわば飼葉桶とでも言うようなものを設置したのである．そしてもし人間種族が存在し続

第XIII章　ディクテへの道

けるのであるならば，彼らはこれをそこに繋げ，野獣のように荒あらしいが，それでも他の者と共に生活していかねばならなかった．……彼らは，それが理性的言説を理解しないだろうし，たとえそのようなものをある程度だけ解したとしても，それはその言説に注意を払うような自然をもっていないが，しかし昼夜による形状や幻によって，主に魅せられているだろうことを知っていた．そしてかくして神 the God はまさにこのことに抗して考えを巡らせ，肝臓の型を形成し，そこにそれの住処を置いたのであった」[49]．

この後にいくつかの文章が続くが，その正確な趣旨を定めるのは難しい．明らかに肝臓は精神によってその上に与えられた印象を受け入れ，そしてそれを鏡のように可視的諸像として送り返す．しかし次の章句は理性と霊感の地位について疑念を残さない．

「神託 divination は神が人間の無分別である状態に対して与えた贈り物であることには十分な証拠がある；というのもひとは誰でも正気の状態では真の神託の霊感をもつことはできず，それができるのは眠っていて知力が束縛されていたときや，病気によって頭が混乱したときや，あるいは神 God によって直接的に取り憑かれたときだけである．霊感をもち神的に預言する自然本性をもったひとによって，睡眠中か，起床中に言われたことを思い起こし，そして幻像として見られたかもしれないものについても，それらが何の前兆となるのか，誰に対してなのか，現在，過去，あるいは未来についてなのか，そして吉事なのか，それとも凶事なのかを，理性によって再び吟味するのが正気の人間のなすべきことである．人間がまだ狂気に陥っているときに見たことあるいは語ったことを，その人間が判断するのは得策ではない．自分自身の関心事に配慮し，自らを知ることは，正気の人間の責任であるという趣旨の善い古い諺がある」[50]．

この章句からの道理にあった推論は次のようなものであるように思われる．プラトンが『ティマイオス』を執筆したときには，彼はまだ人間の理性

213

は神的なものに最も近いものであった——すなわち，それは人間における非物質的なものでありその結果として形相とデザインを明確に示すものに最も近かった，という彼の昔の確信を保持していた．他方において，理性から最も離れている人間の身体的諸機能はなおも物質的ではないものの影響を受けその結果としてとくに形相あるいは構想に従属している．この外部の力をプラトンは「神 the God」（この神は常にデミウルゴスであるとはかぎらない）あるいは「神がみ the Gods」あるいは「彼ら They」とさまざまに呼ぶであろう．直接的な伝達の形式は，人間の身体の最小の価値しかない諸道具——たとえば，肝臓——を通して存在することができまた事実存在している．そして，外からの霊感のもとに，知性によって決して把握されえないような真理が把握される．そのような関連における理性の機能は受け取った情報を精査し，その正確な適切さを発見することである．いま記述されたこの感情は人間的な事柄，人間的知性さえもの明晰さと確実さとについての一般的な疑念の一部であり，その疑念は老齢なプラトンにあっては深い．『ティマイオス』においては宇宙は神がみの喜び agalma ——その中に彼らが歓喜を見出すもの——として著述されている[51]．これがそれを観察する好ましいやり方である．他の側面は『法律』における章句によって示されており，そこでプラトンは，宇宙は操り人形であるわれわれが神がみが操る紐によって動かされている操り人形の劇であると述べている．われわれはあらゆる種類の踊りや演技を披露し，おのおのが指定された役を演じるが，誰も自らが行うことの意味をそのすべての外側の次元においては解せない[52]．

　まさにこのことを念頭において，われわれはこの不思議な宇宙のドラマ，『ティマイオス』——ある未知の目的のための，われわれには把握できない神 a God による，時間の中では起こらない創造——を見なければならないのである[53]．そして舞台において俳優たちの動作と声とが，劇のデザインの人工性と劇場外の形式を欠いた人生の実在との不可欠の連環を確立するように，『ティマイオス』において，身体，血液，脳，および他の諸器官についての分析的な描写が未知の宇宙的デザインの精密さと既知の物理的世界の無意味さとの連環をなす．これがわれわれの実在感覚を保持する媒体である：われわれが彼の宇宙的デザインを信じるように誘われるのは，このこと，この身体についての空想的な解釈を通してである．最初に彼がより重要

第XIII章　ディクテへの道

な神秘を与えなければならないのは，もちろん，主題の自然本性による．デミウルゴスと神がみ，混ぜ鉢と世界の魂と世界の身体の割合，基本3角形と調和的間隔は，より大きな単位の小宇宙としての人間の身体と魂を描写することよりも先行しなければならない．しかしそれが最終的に把握されたときに，この後者こそが，われわれを劇作家の意味においてこの宇宙の素描の異様な諸幻想を完全に理解し瞬間的に信じることへ運んでくれるのである．けれどもこの対話篇の少しも驚愕すべきでない側面は，人間の身体と魂がより大きなデザインの証拠を提供するだけで，明らかにプラトンがそれらに興味をもっていることである．たとえば，男女間の区別についての彼の話をとりあげてみよう：

「さてここに，最初われわれが行おうと言ったこと，つまり人間の誕生に至るまでの宇宙の物語を語ることをほとんど完了したように思われる……．そしてこれをその説明としよう．誕生した人びとの中で，臆病で不正な生活を過ごした人びとは，寓話的説明によれば，第2の誕生で女に生まれ変わるのである．そしてそのときに，この理由から，神がみは性交に対する愛欲を考案し，われわれ男たちに生命への本能をもった1つの生きた被造物を，女にもう1つのそのような被造物を造ったのであった．われわれの飲み物の通路から，飲み物が肺を通り腎臓の脇から膀胱の中へ入り，これを通路が空気で圧縮して放出したとき，神がみは穴を突き通した．頭から頸にくだり脊椎に沿って繋がっている髄は，先ほどの議論において種子と呼ばれていたものに他ならないが，その穴に繋がっていたのである．この髄は，捌け口のある場所に埋め込まれ，それは生への本能に満ち，そしてその捌け口を見つけたのであるから，捌け口への生命的欲求を生み，それを子供を出産しようとするエロスEros として完成させたのである．それゆえに，男たちの場合，性的器官は，理性に傾聴しようとしない被造物のように，不従順で頑固であるので，その狂乱した欲望のためにすべてのものを征服しようとするのである．そして，女たちの場合，母型もしくは子宮は，同じ理由から，彼女たちの中にいる子供を生みたいという欲望をもった生き物が……ついに一方の欲望と他方のエロスがそれらを結びつけ，いわば木から果実を

捥ぎ取り，子宮の耕地に生きているがまだ形をなしていなく，小さいということで，眼に見えない生き物を播き，そしてまた，それらの諸部分を区別し，それらがその中で成長するまで滋養し，その後陽の目を見るように育て上げ，そのようにして，生き物たちの誕生を完成させる」[54].

ここには体系的デザインの実在性を単に誇張するための物理的な諸像への専心がある．髄と脳とは性的な交わりと結びつけられなければならない，というのも再生産による人間の身体的不滅性は不滅な魂と結合しなければならないからである．そして彼は性的な器官をいくらか自律的な動物として生き生きと描写するが，そこに何か恐ろしいものがある．人間の身体を取り扱うその他のものと同じように，この描出には身体への親密さと身体への非人格的な嫌悪の残酷な混合があり，これは物質的なものに打ち勝つあるデザインの保証によってのみ緩和されるのである．この巨大な規模のデザインは宇宙の創造と保存に関する物語である．そしてもしわれわれがプラトンの身体論を読むときに恐怖や不安がわれわれのうちにあるならば，宇宙についての彼の薄気味悪い擬人化には非常に偉大でまったく恐ろしいものがある．基本3角形と調和的間隔，および「同」と「異」の混合の説明を経由して，突然ひとは世界を叙述している彼の数少ない偉大な詩的文章たちの結末に到達する．もし雰囲気が正しければ，それらはなんとかしてある像を完全に伝達する：それは狂人の像かもしれない——おそらく狂人だけが宇宙の特質をイメージで要約しようとするであろう——しかしそれによって読者は不可解なものの淵に到達し，それを超えたものを一瞬垣間見る．「宇宙はしたがって魂を賦与された動物である．その外にはなにもないので，支えを必要としないし，だから手も足もなく，ひとりで単一であり，会話を交わす隣人も知人も必要としない」[55]．そのような伝達の水準において個人としての人間，あるいは共同体における人間についてこれ以上言うべきことはない．プラトンが『ティマイオス』3部作を数千年前に歴史的に現存していた「理想的」国家についてのクリティアスの説明の途中で放棄したとき，それはその主題が彼にとって興味が薄れたからである．『ティマイオス』において，彼は最終的に全体的画像を提示するのに成功し，その画像の中に人間は，宇宙における小さな肖像ではあるが，それでもなお1つの場所をもっていた．

第XIII章 ディクテへの道

4

「さてわれわれは目下のところこの主題を吟味調査し,いわば素面の老人が法律との一種の遊びを行いながら,われわれがこの旅を始めるにあたって語ったように,われわれの旅路を苦痛なしに旅しなければならない」[56].『法律』におけるこの架空の場面はクノッソスからディクテまでの旅路であるが,しかしこの想像的場所は効果的に選択されている.プラトンにとってその道のりは長いものであり,その旅人は疲れた.この彼の最後の作品は,それに垂れ込めるように,ある夏の日の終わりに,霞に陽が射しているようなものである.そこには熱と光があるが,しかしそれは終わりに近く,そしてその終わりは暴力的にはやってこない.ついに彼は彼の平穏の時期を獲得したが,それは生の色彩と生の運動への愛が哀れみ深く彼を見棄て,そして彼から離れて彼の思想のデスマスク death mask を穏やかに形成したのである.

この彼の最後の作品が法律と政治共同体に関心をもつべきであるのは決して偶然ではない.彼がいま触れることができたもののすべての中で人生において彼をしてそれに劣らず関与させるものは他に何もなかった；彼によって創出されやすく,成形されやすいものは他に何もなかった.そしてそこに充ちているのは彼の過去についての回顧と反響でもあったので,形態はよく知られており歓迎されていた.シケリアでの失敗は彼をもはやうんざりさせなかった：そのことは何百年もの昔のようであった；そして彼の『国家』において叙述されている国家はクロノス時代の完全な国家と暗黙のうちに同等と見なされ,それはダイモンたちもしくは半神半人たちによって支配されていた[57].『法律』で素描されているようなこの彼の次善の共同体は真にこの旅路の終点にある.彼は『ティマイオス』における宇宙の舞台において最終的に生きた実在を表現していた；彼が『法律』で人間に向かったときに,世界が『ティマイオス』において生き生きしていたように,人間を政治的に生き生きとしたようには見ることができなかった.その道は彼が『ティマイオス』を執筆するために捧げてしまっていたものすべての喪失によって妨げられた.しかし彼はまた『国家』での人間が,政治共同体の中に見られていた

ように，つまり，現実化のはずれにちょうど接触している彼の夢の幻影のように，政治的共同体における人間を見ることができなかった．『法律』の政治的人間は醒めた老人の遊びの対象物でなければならず，その中においては利害関係は存在しない，というのも彼は生命をもちえないが，しかし都市国家の外見を呈し，彼の裁判官，兵士，市場管理者や僧侶などが任にあたり，『国家』における現実化の希望が無益であり，時間の無駄である[58]，と嘲られた生活に付属するものが揃えば，そのような人間は生きることはできない．そして焦点は法律に置かれなければならない，というのもここが彼の職人の消え失せている関心が，説得や具現化した理性の形式において人間の生における形相とパタンを創造するために依然として最も強いところだからである．

「われわれ1人ひとり生きる被創造物を」とアテナイの客人は言い，「神がみの遊び道具として考案されたにせよ，あるいは真面目な目的があるにせよ，神がみの操り人形であると考えよう．というのもこれをわれわれは知らないからである．しかしわれわれは，われわれがもつ情念は，腱や弦のように，われわれを引っ張り回し，それらがお互いに対抗して異なった行為の方へ引っ張り合い，じつにそこにおいて悪徳と美徳の差異がある，ということを実際知っているのである．というのも，われわれの議論の主張によれば，われわれ1人ひとりはいつでもそのような弦の中の1つに従いそれを離すことなく，そして他の腱の引きに抵抗しなくてはならないのである．これこそは理性の黄金の神聖な導きの紐であり，これが国家の公的法律と呼ばれているものである」[59]．

この対話篇の中心となりまた正当にそれを命名しているのが，まさにこの国家の公的法律である，というのもこの法律は哲人王とある意味では哲学そのものの両方の機能を引き継いだからである．『国家』においてモデル国家は，正義が発見されるであろうところの政治的共同体の粗雑なイメージとして最初の数巻に投影されていた．その基盤は，しかしながら，後ほど表現されるように，哲学の中にあり，分割された線の中に，また魂の自然の中にある．哲人王は結びつける環である，というのも彼は真の国家への接近を実現

する1つの希望であり，そしてかくして哲学者自身の自然と訓練は絶対的に
その国家を条件づけているからである．そして仮にも彼が存在するのであれ
ば，そして仮にも彼がその好機を見つけるのであれば，真の国家は存在する
であろうし，別様には存在しないであろう．そして彼が存在するであろうこ
とと彼が要求されている男であることは，ソクラテスが記述する哲学的智恵
の概念とそこにおける訓練に依拠するのである．

　『法律』においてそのイメージは自律的になった．法律は1人の男，立法
者によって書かれるのは確かであるが，しかし彼は支配の職能の行使から乖
離している．書かれ変更できない形式で表現されたもろもろの真実に彼を導
いたものは，プラトンがいまとなっては叙述したいと思わなかった方法にお
いて獲得された智恵である．それは智恵であったし，それだけである；そし
てその原理や応用は人びとの生活の刻一刻に影響を及ぼしている特定の法令
のすべての様式において一緒に混合されうる．政治的共同体の秩序づけに関
わりまたその一部になるその智恵はまさに神的なものである．「それではわ
れわれはすべての手段を尽してクロノスの時代の生活を模倣しなければなら
ず，そしてわれわれの内なる不死の要因に従いながら，われわれの家と国家
の両方の公的また私的な統治を樹立し，理性の命令を法律と名づけるのであ
る」[60]．けれどももはやプラトンの関心を惹くのは法律の応用を具体化し
た実際の模倣的行動，つまり操り人形の運動だけである．そしてその結果と
してわれわれは『国家』の最後の数巻では決してなく最初の数巻をいつも思
い出させられているのである．初期の諸対話篇における黄金の鍵であった説
得も変形させられてきた．それはもはや情熱的な理解の産物ではない；いま
ではそれは理性の穏やかな声であり，それから自己利益あるいは人間の限界
を取ってしまった時代をとおして語りかけており，力と暴力にだけ反抗して
いる過去をもつ声である：「われわれが探求するものは，自然に従った自発
的な被支配者たちを法が支配することである：そこには暴力があってはなら
ない」[61]．

　彼が善い国家の可能性について語る短い文章において初期の諸政治的対話
篇との関係は最も顕著なものである．というのも必要とされるものは次のよ
うな君主であるからである．この君主は立法者を招聘し，彼に従い，次に彼
の創造物である法律に従うであろう[62]．そして君主が去りしあとそれらの

第Ⅱ部　砂塵あらしの中の男

法律を彼の後継者たちに彼と同じように愛し服従するように残すであろう．去ってしまったのは，「書かれた言葉に問い訊しても，……それらは同じことを，そして同じことを常に述べるだけから」[63] 書かれた言葉を信用しなかったプラトンである．そして去ってしまったのは，『国家』において，統治者の生きた知識の前では，哲人王が作成するであろう法律は死んでおり生命がないから，そのような法律を描くのを拒否したプラトンである[64]．もし『法律』におけるプラトンのイメージが実現するならば，それは彼が決して知らなかったであろう他の種類の君主政治のようなものであったであろう．半‐魔術的な王が存在するであろう，というのも彼の臣民たちにとっては彼はかつて彼らを支配していた神がみの位置にあったからである；けれども彼自身の眼には，法律の神聖さの前で謙虚になる．変更不可能でありかつ疑いえない法律があるのであろう，というのもそれの法律はあまりにも太古の創造であるので，自然そのものからの法律ではないとは誰も言えなかったからであろう；そして自らの個性を臣民としての属性から引き離すことができなかった臣民たちが存在するであろう．しかし『法律』におけるプラトンの国家はそのような君主政治を想起させるけれども，それはそれを想起させるにすぎない．というのもその構造は知的でありそれは知的な詳細な分析と創造の世界に属し，そこでは他の君主政治は生存できないからである．それはまさに老人の「白昼夢」である．

　この力が消えつつある著作において——というのも文体と色合いと言葉の栄光とはすべて消え去りつつありまた消え去ってしまった——唯一の刺すような光の閃光——われわれが知っていたいかなるプラトンとも異なる，あるプラトンの閃光がある．私が思うに，人間の世界がそのすべての曖昧さとともに彼から徐じょに溶け出すにつれて，その世界の方向性の統合がその価値を失った瞬間があった；また善と悪との融合は，われわれの粗野な人間的な仕方でわれわれが善と呼ぶことができたもう1つの叙述に常に従属していたが，彼に平和を与えたものでなくなった瞬間があった．その文章は短く，不明瞭で，そして完全に予期されなかったものである．

　　「したがって動かされるものすべてに宿りそれらを制御しているのが魂Soulであるとわれわれが言わなければならず，そうであるからして，

第XIII章　ディクテへの道

それが天 Heaven をも制御していると言わざるをえないのではないか？
　そうです．それならば，1つの魂があるのか，それともいくつかの魂があるのか？　<u>あなた方両者に代わって答えましょう</u>．それは1つ以上なのです．それは少なくとも2つ以下ではないと，つまり1つは恵み深い魂 Beneficent Soul であり，他方はそのちょうど反対の結果を生み出すことのできる魂であるといずれにしても想定しましょう．……魂は天や地や海のものすべてをそれ自身の運動で動かしていて，そしてその諸運動の名前は，意志，省察，予見，勧告，正しい判断と誤った判断，歓び，悲しみ，自信，恐怖，憎しみと愛などであり……このような質のすべてを，魂は活用しながら，理性の助けを伴った真の神 a true God のように，すべてのものを幸せに統治するが，しかし〔非理性を伴にするのであれば〕，それらすべての反対のことをしてしまうのである」[65].

しかしこれは瞬時にすぎない．対話篇全体の雰囲気は別様であり，そして老人たちの間の会話の1つにおいてなんとなく要約されている：

　「……それでは人間たちはほとんどの場合操り人形のように彼らの自然の様式に従って生きるのであろう，けれども時たまほんのわずか真理に与るのである．

　メギロス：　あなたはまったく人類をかなり見限っているのですね！
　アテナイからの客人：　驚かないでください，わが友よ，どうぞおゆるしください．というのも私が語ったようなことを語ったのは，私の考えや気持ちが神 God に集中していたからです．ですから，もしそのほうがよければ，その種類の被創造物を拙劣なものではなく，むしろなにか真摯な配慮にさえ値するようなものだとしましょう」[66].

5

もっと後の諸対話篇において形相とデザインを完成させようとする渇望，つまり自然に組織立っていないものをデザインとパタンの方向へ強制しよう

221

とする欲望は，純粋な形相は生の範囲を超えており，生が追求すべきものをさえ超えているという感覚によって鈍らされている．デザインの諸断片によって浸透している大衆 mass はプラトンがこれ以上考慮しようと配慮するもののすべてであり——というのもこれが実在を帯びたもののすべてだからである．けれども彼を誘導したのはまさにデザインのかすかな徴候である．最後に彼をうんざりさせるのは粗暴な生命力である．純粋な抽象への愛は消え去ってしまったが，彼にとって最後に意味をもっていたもののすべては，彼の初期の時代よりもさらにより微妙に，またより懐疑的に受け入れられたデザインの証拠である．『パルメニデス』から『法律』までの最後の諸作品には，ある方向性があり，それはいつでも一方向に動きながら，薄く照らされた世界へ向かい，そこにおいて眼はその光に馴染むようになると，影のような外観はぼやけてしかも実体がないけれども，その規則性を観察することができる．この最後の動きにおいて『ティマイオス』と『法律』は相反する頂点に位置する．『ティマイオス』においてほんのわずかの瞬間，おそらく彼の最も偉大な瞬間，宇宙論的設定の中で生とデザインの2つの勢力はほんとうに融合することが可能であり，そしてそれらが混合した不思議な夢は力と美と雄弁さを備える．『法律』において生は最後に取り替えられていた：この老人は最後に彼の創造性の緊張を使い尽くした．彼は最後に彼のデザインを発見でき，そして受動的になることができ，恐れなくなることができた．というのももうすでに彼を生の中に引き留めておくものは何もなかったからである．

【原注】

第Ⅰ章　トゥキュディデスの世界
(1) Herodotus vi. 9-10, 48-52, 102-4; viii. 140-44〔ヘロドトス『歴史』松平千秋訳, 岩波文庫, 1971年〕参照.
(2) *Ibid.* viii. 142-43; ix. 45 参照.
(3) Thucydides ii. 41. 1〔トゥキュディデス『歴史1』藤縄謙三訳, 京都大学学術出版会, 2000年,『歴史2』城江良和訳, 京都大学学術出版会, 2003年;『戦史（上）（中）（下）』久保正彰訳, 岩波文庫, 1966年, 1966年, 1967年〕.
(4) H. Frankfort, *Ancient Egyptian Religion* (New York: Columbia University Press, 1948), pp. 30-58 参照.
(5) C. N. Cochrane, *Christianity and Classical Culture* (London, New York, and Toronto: Oxford University Press, 1944), pp. 27-73 参照.
(6) 本書 p. 22〔本邦訳 pp. 32-34〕を見よ.
(7) これはアテナイ人たちの陳述であることを想起しなければならない. しかしながら, 全体としてその正確さを疑う根拠はないように思われる (cf. Herodotus v. 92A; Thucydides i. 18.1, 19; Isocrates iv. 125; Aristotle *Politics* v. 1312 b 7〔アリストテレス『政治学』山本光雄訳, 岩波文庫, 1961年〕). 何人かの学者はそれにもかかわらずアテナイ人の陳述を修正しようと試みてきた, たとえば, G. Busolt, *Die Lakedämonier und ihre Bundesgenosse*, I (Leipzig: Teubner, 1878), 212-15, 304 ff.
(8) Thucydides i. 75-76.
(9) *Ibid.* iii. 82-83.
(10) *Ibid.* v. 89-105.

第Ⅱ章　トゥキュディデスについてのわれわれの知識
(1) これに加えて, われわれはスイダスから, 短編の『生涯』から, そしてマルケリヌスの伝記からの非常に不十分な情報しかもっていない, しかもマルケリヌスの伝記の信憑性は, この歴史家がかの政治家, メレシアスの息子トゥキュディデスとたびたび混同されている事実によって損なわれている. さらにまた, われわれはプルタルコスの『キモン伝』から, またパウサニアスから, ある具体的な点についての情報をもっている.
(2) Thucydides i. I.
(3) *Ibid.* iv. 104.4.
(4) *Ibid.* v. 26. 1. トゥキュディデスの死についての諸事実は伝説によってきわめて不確実で不明瞭になっている. その最ももっともらしい説明はおそらくマルケリヌスがクラティッポスのものだとしている説明であろうが, それによると, ペロポンネソス戦争の少し後で, この歴史家はトラキアでその最期を迎え, アテナイに埋葬された（プルタルコス『キモン伝』ivをも参照せよ）. トゥキュディデスがその最期を迎えたとき, 彼は50歳を超えていたというマルケリヌスの陳述（前掲書 34）は, われわれがもつ他の情報とうまく符合し, 彼の死の時期を前400年頃に置いている. パウサニアスの i. 23. II の中で, またディデュモス（マルケリヌス　前掲書32）によって保存されている伝承によると, 彼は非業の最期を遂げた. トゥキュディデスの生涯についての

223

原注

資料の徹底的な分析とその資料からわれわれが何を推論しうるかについては John H. Finley, Jr. *Thucydides* (Cambridge, Mass.: Harvard University Press, 1942), pp. 5-17 を見よ.

(5) Thucydides v. 26.『歴史』の構成と改訂の諸問題に関する権威のある取り扱いについては Wolfgang Schadewaldt, *Die Geschichtschreibung des Thukydides* (Weidmann, 1929) を見よ.

(6) Thucydides viii. 97.

(7) *Ibid.*, iii. 82-83 *passim*. どの1つの英語の単語もギリシア語の *stasis* の意味を充分に網羅していない,というのも,多くの非政治的な含蓄のほかに,それはトゥキュディデスにおけるその専門的な意味においては,激しい党派闘争の不和および扇動的な諸目的のために組織された党派を指し示すからである.

(8) *Ibid.*, i. 138. 3-6 (テミストクレス); ii. 65. 5-13 (ペリクレス); iv. 21. 3 (クレオン); viii. 73. 3 (ヒュペルボロス); viii. 68. 1 (アンティフォン); vii. 86. 5 (ニキアス).

(9) たとえば, ii. 65. 4; iv. 28. 5; vi. 24. 3-4, 60; viii. 1. 4, 47. 2, 48.3, 89.3. また民主政治については,本書 p. 41〔本邦訳 pp. 51-52〕参照.

(10) Thucydides i. 22. 1, 2.

(11) アテナイ人の国民性をコリントス人が分析しているような演説 (i. 68-71) が,トゥキュディデスによって報告されているまさにその様式でスパルタにおいて行われたと想像するのは困難である. メロス島の対話 (v. 85-111) は実際の会談の議事録を表現しているとは考えられない.

(12) たとえば, iii. 37-48, ミュティレネについてのクレオンの演説とディオドトスの演説; vi. 9-23, シュラクサイ遠征についてのニキアスの演説とアルキビアデスの演説と2度目のニキアスの演説.

(13) 本書 p. 12〔本邦訳 p. 22〕を見よ.

(14) F. M. Cornford, *Thucydies Mythistoricus* (London: E. Arnold, 1907), pp. 174-87 参照.

(15) 過度の不注意な差別化によって引き起こされたかもしれない混乱の良い例は Charles N. Cochrane, *Thucydides and the Science of History* (London: Oxford University Press, 1929), p. 103 に見ることができる:「トゥキュディデスは,民主政治にとっては便宜主義 expediency が国家の規則である,と十分に承知している,そしてこの事実を例証するために引用されうる多くの章句がある.これらの章句の中の1つがとくに留意されるかもしれない.すなわち,彼が罪と罰の問題を分析している章句 (iii. 37, 40).」(強調は私のもの.) この陳述がより一層顕著であるのは,私が非常に曖昧な章句であると認める同書の最初の部分においてココレインは次のように言っているからである:「別の意味においてはこれら〔諸演説〕は,それぞれが読者に対して議論の俎上にあがった事実に関係している代表の諸個人もしくはグループの態度を伝えている分析を構成するかぎりにおいて,正真正銘に客観的である」(p. 26). 前の箇所ではココレインは,諸演説はトゥキュディデスの思想と文体とを表現していると言っていた.さてこれらの陳述はほんとうに和解されうるのか? もしもわれわれがもっているものがトゥキュディデスの思想であり,そしてもしもディオドトスの演説が罪と罰の問題のトゥキュディデスによる分析を表していると語ることができるのであれば,いかなる意味においてこのような演説を報告することが「客観的」現実を構成するのであろうか? たしかに,もしもディオドトスが実際に行った演説が実質的にト

ゥキュディデスによって暗示された線に沿ってなされたものであるならば，後者の語
句だけが正しいことになるだろう．そしてその場合には，演説された内容をそれ自体
において理解してみると，それがトゥキュディデスの見解を構成するとわれわれが想
定するいかなる根拠もないのである．ポール・ショウレイも "On the Implicit Ethics
and Psychology of Thucydides," in the *Transactions of the American Philological
Association*, XXIV (1893), 66-88 の中で，諸演説の彼の取り扱いにおける曖昧さを示す
似たような事例を提示している．たとえば，ココレインの記述においてもそうである
ように，この場合においても，その意味がまったく明確であるとは言い難いが，「ア
テナイ人諸君，スパルタにおける彼らの代表者たちは，公言した……」(Shorey, *op.
cit.*, p. 67) で始まる一連の陳述は，ほとんどすべて諸演説からのものであり，トゥキ
ュディデス自身の哲学の証拠として明らかに取り扱われている．

(16) Thucydides i. 72. I.
(17) *Ibid.* vii. 10.
(18) *Ibid.* iii. 36. 6 and 41.
(19) *Ibid.* i. 22.I.
(20) この証拠は既に議論された重要な部分 i. 22 と A. W. ゴム (A. W. Gomme) の論文
"The Speeches in Thucydides," in *Essays in Greek History and Literature* (Oxford: B.
Blackwell, 1937), pp. 156-89 において，ゴムによって援用されているような補足的な
論拠 arguments に主に含まれている．そしてこの論文は，この前の数頁においてかな
り援用されており，この主題すべての最も信頼の置ける取り扱い方を示している．ゴ
ムの *Commentary on Thucydides*, I (Oxford: Clarendon Press, 1945), 139ff. における
彼の議論を参照せよ．この論文において彼はまた "Das Programm des Thukydides,"
Neue deutsche Forschungen, Abteilung klassische Philologie, III (1936), 24-43 におけ
るアウグスト・グロスキンスキー (August Grosskinsky) の立場を十全に取り扱って
いる．グロスキンスキーは，ある点において，ゴムとは意見を異にしている．しかし
ながら，i. 22 についてエドゥアルド・シュヴァルツ (Eduard Schwartz) が Gnomon,
II (1926), 65ff. と彼の *Das Geschichtswerk des Thukydides* (Bonn: F. Cohen, 1919), p.
25 において提示した解釈は受け入れがたいと拒絶する点で私は両者に賛同する．

第Ⅲ章　トゥキュディデスの政治学の問題

(1) R. C. Jebb, "The Speeches of Thucydides," in *Essays and Addresses* (Cambridge:
Cambridge University Press, 1907), pp. 359-445.
(2) *Ibid.* p. 409.
(3) Paul Shorey, "On the Implicit Ethics and Psychology of Thucydides," *Transactions
of the American Philological Association*, XXIV (1893), 66-88.
(4) *Ibid.* p. 66.
(5) *Ibid.* p. 75.
(6) Thucydides ii. 53. 4.「神への畏敬もひとの法律もいずれも人びとを抑えることはでき
なかった．前者については，ひとは一様に誰でもが滅びるのを見れば，敬虔であって
もそうでなくても同様の成り行きを迎えると考えたからである．後者については，誰
も犯罪行為の刑罰を受ける裁きの日まで生きながらえて，それを受けるだろうとは期
待しなかったからである．むしろはるかに重い刑罰は既に彼らに対して下され，それ

原注

がいまでさえ差し迫っているので，出し抜いて人生の享楽に浴したいと思うのも自然なことである」．
(7) *Ibid.* iii. 37-40.
(8) *Ibid.* v. 85-111
(9) Shorey, *op. cit.*, p. 66.
(10) *Ibid.*(強調は私のものである．)
(11) 第Ⅵ章を見よ．
(12) Thucydides viii. 68. 1(第Ⅶ章を見よ)．
(13) ここで使われているギリシア語は *epitechnesis* である．
(14) Thucydides i. 71. 2-3.
(15) *Ibid.* iii. 82.
(16) *Ibid.* iii. 42-43.
(17) *Ibid.* 44.
(18) *Ibid.* 45-48. C. N. Cochrane, *Thucydides and the Science of History* (Oxford: Oxford University Press, 1929), pp. 115, 124 参照．
(19) 前454年のデロスからアテナイへの金庫の移動はトゥキュディデスによっては記録されていない．この証拠はプルタルコスの『ペリクレス伝』xii. 1, 『アリステイデス伝』xxv. 3, Aristodemus Frag. 7 (Jacoby), およびディオドロスにおけるいくつかの章句, つまり xii. 40. 1, 54. 3 と xiii. 21. 3 に見出される．
(20) Thucydides i. 77. 1 におけるアテナイ人の陳述に加えて，ある題辞的でしかも広く点在している文献的な証拠があり，それを A. W. ゴムは *Commentary on Thucydides* (Oxford: Clarendon Press, 1945), I, 239-43 において，きわめて申し分なく取り扱っている．
(21) この戦争の間に発生した植民だけは，トゥキュディデスによって，たとえば，アエギナ(ii. 27. 1), ポテイダイア(ii. 70. 4), ミュティレネ(iii. 50. 2)などにおいて言及されている．同盟国の領土へのアテナイ市民たちの初期の植民については，以下を見よ．プルタルコス『ペリクレス伝』xi. 5; Diodorus xi. 88. 3; Pausanias i. 27. 5; Andocides iii. 9; および多くの題辞．Gomme, *op. cit.*, pp. 373 ff. 参照．
(22) Plato *Gorgias* 490A〔プラトン『ゴルギアス』加来彰俊訳，岩波文庫，1967年〕．
(23) Cicero *De senectute* xvi. 55 ff.〔キケロ『老年について』〕．Léon Homo, *Roman Political Institutions* (London: Kegan Paul, Trench, Trubner & Co.; New York: Alfred A. Knopf, 1929), pp. 123 ff. 参照．
(24) サルスト(Sallust)の *Jugurthine War* 63-65, 73, 84 における彼の説明と，とくに第85章におけるマリウスの演説を見よ．
(25) 第Ⅰ章 本書 p. 11〔本邦訳 p. 21〕を見よ．
(26) Thucydides vi. 92. 4.
(27) *Ibid.* 85. 1.
(28) *Ibid.* ii. 63. 2; iii. 37. 2.
(29) Plato *Republic* viii. 562A ff.; 564A; 569C〔プラトン『国家』藤沢令夫訳，岩波文庫，1979年〕．
(30) K. J. Hermann and H. Swoboda, *Lehrbuch der griechischen Staatsaltertümer*, Part III (6th ed.; Tübingen: J. C. B. Mohr, 1913), pp. 92 ff. 参照；T. Lenschau の論文，

"Tyrannis"in *R.-E.*, Zweite Reihe, 14. Halbband (1943), pp. 1821 ff. も見よ.
(31) Aristotle *Constitution of Athens* xix. 6〔アリストテレス『アテナイ人の国制』村川堅太郎訳, 岩波文庫〕.

第Ⅳ章　トゥキュディデスとアテナイ民主政治
(1) Thucydides viii. 68. 4.
(2) 偽クセノフォンの『アテナイ人の国制』のような作品においても, もちろん多くの証拠があり, この著作は前5世紀における政治的パンフレットであり, さらにまた, これはアリストファネスの多くの喜劇作品や諸献辞においても, 旧寡頭派の名前で引用されている. しかしわれわれはアリストテレスの『アテナイ人の国制』とプルタルコスの『英雄伝』の中の関連のある部分が提示するより広範囲の政治的な発展について論評することなしに, ある論点に関する解説だけをそこに見つける.
(3) 一族や兄弟の間柄は, もちろんそのものとして解体されずに, 宗教的な構成単位として存続し続けた（アリストテレス『アテナイ人の国制』xxi. 6参照）.
(4) *Cambridge Ancient History*, III (Cambridge: University Press, 1925), 548-69におけるドーリスの僭主についてのH. T. Wade-Geryの説明と比較せよ.
(5) 下記の注11に引用されているように, A. W. Gomme, *Commentary on Thucydides* (Oxford: Clarendon Press, 1945), I, 380 ff. も見よ.
(6) Thucydides ii. 37. 1.
(7) *Ibid.* vi. 89. 6.
(8) *Ibid.* iii. 47. アテナイは帝国の従属諸国における民主的分子に依存していたことについてはプラトン『第7書簡』332B, Cも見よ.
(9) Thucydides iii. 37.
(10) *Ibid.* 37. 2. これをi. 77におけるスパルタでのアテナイ外交使節団の主張と比較せよ.
(11) ペルシア戦争とペロポンネソス戦争の始まりとの間の50年間に同盟国側の領土への恒久的なアテナイの駐屯軍の設置を証明する決定的な証拠はない. エリュトライ (M. N. Tod, *Greek Historical Inscriptions* [2d ed.; Oxford: Clarendon Press, 1946], No. 29), ミレトス (Oliver in *Transactions of the American Philological Association*, LXVI [1935], 177-98), ケルソネスストラキア (プルタルコス『キモン伝』xiv. 1), カルキス (Tod, *op. cit.*, No. 42), とサモス (Thucydides i. 115. 3) に, 設置されたような駐屯軍は, 単に一時的なものであったように思われる. この件の十分な説明はGomme, *op. cit.*, I, 380-84を見よ.
(12) Aristophanes *Acharnians* 17-26〔アリストファネス『アカルナイの人びと』〕; アリストテレス『アテナイ人の国制』xli. 3.
(13) クレオンの性格は, アリストファネスの『騎士たち』において実にみごとにパロディー化されており, そして『蜂』と『平和』の中に彼への仄めかしは頻繁にある. 彼の性格の描写に関してはプルタルコス『ニキアス伝』iii-ix *passim* も見よ.
(14) 実際のところ, 籤は諸部族により事前に選ばれた候補者の名簿から抽かれた. この過程は *Klerosis ek prokriton* と呼ばれ, ソロンにより制定された（アリストテレス『アテナイ人の国制』viii. i）. これは僭主政治時代には採用されなくなったが, 前487年に少しだけ変更されて再度導入された（同書xxii. 5）; 公職への適格性は前457年に駄者階級にまで拡げられた（同書xxvi. 2）; そしてこれは400人革命までこの様式で存

原注

続した（同書 xxx. 5).
(15) アリストテレス『アテナイ人の国制』xliii. 3-4.
(16) これが規則正しく行われたかどうかは，はなはだ不確実である．われわれはこのよ
うないわば「独裁的最高司令官」の任命がどのくらい頻繁に行われたのかもわから
ない．プルタルコスがアリステイデス（『アリステイデス伝』viii）とテミストクレス
（『テミストクレス伝』xii）の官職を描写するやり方からすると，彼らは特別な肩書を
保持していなかったと信じられる．時折1人の将軍が，しかしながら，その同僚たち
を指揮する最高司令官に任命されたのは疑う余地がない．たとえヘロドトスがこの官
職についていくつかの詳細な点を報告する上で信頼できないとしても，われわれは多
くの記述（Herodotus vii. 173; viii. 4, 61, 131; ix. 28, 46, 117〔ヘロドトス『歴史』〕）か
ら，ペルシア戦争の期間そのようなものが慣例であったと推論することができるか
もしれない．われわれはペリクレスがサモスとの戦いの時（Thucydides i. 116. 1）と
ペロポンネソス戦争の初年度（*Ibid.* ii. 13. 1）に，同様の地位に就いたと知っている
が，しかしそのような任命が平和時に1度でも行われたという決定的な証拠はもって
いない．われわれはペリクレスの傑出した時期において彼の公職の地位は最高司令官
strategos のそれであったというプルタルコスの証言（『ペリクレス伝』xv. 3）だけを保
持している．
(17) どの程度まで別の機能がさまざまな司令官に割り当てられていたのかは知られてい
ない．前5世紀における彼らの任務に関する詳細な情報については Walther Schwahn
in *R.-E.*, Supplementband VI (1935), pp. 1076 ff. を見よ．アリストテレス『アテナイ人
の国制』lxi の陳述は前4世紀にだけ該当するように思われる．
(18) プルタルコス『ペリクレス伝』xi；xvi. 3；『ニキアス伝』ii. 2. Wade-Gery の卓越した
論文 "Thucydides, the Son of Melesias," *Journal of Hellenic Studies*, LII (1932), 205-
27 も参照．
(19) アリストテレス『アテナイ人の国制』xxviii. 1.
(20) Thucydides viii. 97. 2.
(21) *Ibid.* ii. 65. 4.
(22) *Ibid.* viii. 1 と ii. 65. 11.
(23) *Ibid.* vii. 14. 2.
(24) *Ibid.* 14. 4.
(25) *Ibid.* 15. 2.
(26) *Ibid.* ii. 65. 8.
(27) *Ibid.* viii. 86. 5.
(28) *Ibid.* ii. 65. 9.
(29) C. N. Cochrane, *Thucydides and the Science of History* (London: Oxford University
Press, 1929), pp. 94-97; John H. finley, Jr., *Thucydides* (Cambridge, Mass.: Harvard
University Press, 1942), pp. 33-35 参照．

第Ⅴ章　トゥキュディデスとアテナイ帝国
(1) Thucydides i. 69, 1ff.; iii. 62-64.
(2) *Ibid.* i. 68-71.
(3) *Ibid.* iv. 61. 5-7.

(4) たとえば，Thucydides i. 82. 1 におけるアルキダモス；i. 86. 2 におけるステネライダスなど．
(5) *Ibid.* iv. 85. 1, 5: 86. 1, 4; 87. 4-5.
(6) アリストテレス『アテナイ人の国制』xxiii. 4-5; xxviii. 2.
(7) *Ibid.* xxvi. 1 と xxviii. 2.
(8) とくに偽クセノフォンの『アテナイ人の国制』などのような著作を参照せよ．
(9) プルタルコス『ペリクレス伝』xi. 1-2; xii. 1-2.
(10) *Ibid.* xii. 2.
(11) Thucydides v. 14-15.
(12) *Ibid.* vi. 9-14.
(13) *Ibid.* i. 144. 1.
(14) *Ibid.* ii. 65. 11.
(15) *Ibid.* vii. 85. 1; 86. 3 参照．
(16) *Ibid.* vii. 86. 1-2.
(17) *Ibid.* viii. 47. 2-48. 3.
(18) *Ibid.* 70. 2-71.
(19) *Ibid.* 91. 3.
(20) 偽クセノフォン『アテナイ人の国制』i. 1-12.
(21) プラトン『法律』第Ⅳ巻 705A.
(22) アリストファネス『騎士たち』214-19；アリストテレス『アテナイ人の国制』xxviii. 3.
(23) アッティカの内側もしくは外側にどの程度所有地が保持されていたのか，われわれにはわからない．アッティカにおける所有地については B. Buchsenschutz, *Besitz und Erwerb in Alterthume* (Halle: Buchhandlung des Waisenhauses, 1869), pp. 57 ff. を見よ．
(24) たとえば，プルタルコス『ニキアス伝』iv によれば，ロリオンにおける鉱業への投資はニキアスの富の源泉であった．鉱業における個人の権益については Xenophon *Poroi* iv. 14-17〔クセノフォン『財源について』松本仁助訳，京都大学学術出版会，2000 年〕も見よ．
(25) Thucydides vii. 19. 1-2, 27. 3, 28. 4 参照．
(26) たとえば，アンティフォンの場合のように（Thucydides viii. 68. 1-2 参照）．
(27) これはトゥキュディデスの初巻の冒頭 22 章に与えられた名前である．同様に，ペルシア戦争の終結とペロポンネソス戦争の勃発との間の出来事についての説明は通常「Pentekontaetia」つまり「50 年期」と呼ばれている．
(28) Thucydides i. 8. 3.
(29) *Ibid.* 23. 6.
(30) ここにおいて *prophasis* あるいは *aitia* は「第 1 次の」もしくは「第 2 次の」原因として，あるいは「見せかけの」原因に対する「本当の」原因として引用されているのかの問題を検討する必要はない．重要なことは，トゥキュディデスが考えるところの，それほどには明らかにはされていないが，重要で根源的な underlying 原因と，広範に公表されたものとの間には対照がある．
(31) たとえば，求婚者たちに対するアガメムノンの権力にとっての諸原因については

原注

Thucydides i. 9-10 を見よ；トロイア攻城の長期間の諸原因については i, 11 を見よ；方法に関する一般的な陳述については i. 21 を見よ.
(32) Thucydides iii. 10. 3, ミュティレネの人びと；iii. 63. 3, プラタイアの人びとに対するテーバイ人；iv. 85. 5, アカンサス人の前のブラシダス.
(33) Herodotus viii. 140A.
(34) *Ibid*. 141-42.
(35) *Ibid*. 143-44.
(36) Thucydides iii. 62. 1-2.
(37) *Ibid*. iv. 59-64.
(38) *Ibid*. i. 19, 76. 1.
(39) *Ibid*. 23. 1-2.
(40) *Ibid*. 82. 1.
(41) *Ibid*. viii. 47.
(42) *Ibid*. ii. 65. 12.
(43) アリストファネス『アカルナイの人びと』180-81；『雲』985-86.
(44) Thucydides iii. 67. 2.
(45) 本書第Ⅰ章注 9 参照.
(46) Thucydides viii. 97. 2.
(47) *Ibid*. 73. 3.
(48) *Ibid*. iv. 28. 5.
(49) *Ibid*. vii. 30. 3.
(50) *Ibid*. 86. 5.
(51) *Ibid*. iii. 82-83.

第Ⅵ章 歴史的必然

(1) Thucydides i. 11.
(2) *Ibid*. 21.
(3) *Ibid*. 9. 1.
(4) *Ibid*. 9. 4, 10. 3.
(5) *Ibid*. 8. 2-3; 11. 1; 13. 1, 5-6.
(6) *Ibid*. 75. 3. このような 3 つのひとを動かす力と, 万人の万人による戦争の諸原因としてホッブズによって列挙されている競争 competition, 不信 diffidence および名誉 glory の 3 つの情念（『リヴァイアサン』第Ⅰ部第 13 章）との間には顕著な平行関係がある.「第 1 のものはひとをして利得を求めて, 第 2 のものは安全を求めて, 第 3 のものは評判を求めて侵害させるのである」. ホッブズ自らがトゥキュディデスを翻訳した事実は, ここにおいて直接的な影響があるだけでなく, 人間の自然〔本性〕についても, とくに政治権力の自然〔本性〕と諸源泉に関して, 2 人の見解に基本的な近似があることを見るのは理にかなっている.
(7) Thucydides i. 8. 3.
(8) *Ibid*. v. 26. 5.
(9) *Ibid*. iii. 42-48.
(10) *Ibid*. 45. 4-7.

（11）*Ibid.* i. 22. 4.
（12）*Ibid.* iii. 82. 2.
（13）*Ibid.* i. 77. 6.
（14）*Ibid.* v. 25, 27 ff.
（15）プラトン『国家』第Ⅰ巻 338C-339A；343B-344C；『ゴルギアス』481D-484C.
（16）Thucydides i. 76. 3.
（17）*Ibid.* v. 85; プラトン『国家』第Ⅰ巻 349A-B.
（18）Thucydides i. 22. 4, 戦争；ii. 48. 3, 疫病；iii. 82. 2, 内乱.
（19）*Ibid.* iii. 82. 2.
（20）*Ibid.* ii. 53. 4.〔54. 4 から 53. 4 へ訂正——訳者〕
（21）*Ibid.* 52.
（22）*Ibid.* i. 22. 4.
（23）*Ibid.* iii. 82. 2 参照.
（24）*Ibid.* ii. 48. 3.
（25）*Ibid.* i. 138. 3.
（26）*Ibid.* ii. 65. 5-13.
（27）*Ibid.* v. 45. 3; vi. 17. 2-6; vi. 91. 4-5, 6-7.
（28）*Ibid.* i. 14. 3, 93. 3.
（29）*Ibid.* 90. 3-92.
（30）*Ibid.* ii. 65. 8.
（31）*Ibid.* i. 140-44.
（32）*Ibid.* ii. 60-64.
（33）*Ibid.* vi. 48; 91. 6-7.
（34）*Ibid.* v. 45. 3-4; vi. 16-19. 1, 89-93. 2.
（35）*Ibid.* vi. 15. 4.
（36）*Ibid.* ii. 60. 6.
（37）*Ibid.* vi. 53. 3-60. 2.

第Ⅶ章　運と憐れみ

（1）第 4 番目の章句，つまりアンティフォンについての評価は第Ⅶ章において別途に取り扱われるであろう．
（2）Thucydides vii. 29.
（3）*Ibid.* 27. 2.
（4）*Ibid.* 29. 4-5.
（5）*Ibid.* 30. 3.
（6）*Ibid.* 85-86.
（7）*Ibid.* 75. 5.
（8）*Ibid.* 86. 5.
（9）*Ibid.* viii. 66. 2.
（10）*Ibid.* 97. 2.
（11）*Ibid.* 68. 1.
（12）*Ibid.* vii. 29. 1-2.

原注

(13) *Ibid.* vi. 8. 4.
(14) *Ibid.* 61. 6-7, 103. 3.
(15) *Ibid.* vii. 15.
(16) *Ibid.* 16-17.
(17) *Ibid.* 50. 3-4.
(18) *Ibid.* v. 16. 1.
(19) *Ibid.* vii. 86. 5.
(20) *Ibid.* iii. 82. 2.
(21) *Ibid.* viii. 97.

第Ⅷ章　必然を超えて

(1) たとえば，J. B. Bury, *The Ancient Greek Historians* (New York: Macmillan Co., 1909), p. 119.
(2) 本書 p. 72〔本邦訳 p. 83〕を見よ．
(3) Thucydides viii. 68. 1.
(4) 本書 p. 71〔本邦訳 p. 82〕を見よ．
(5) Thucydides viii. 70. 2.
(6) *Ibid.* vii. 77. 2.
(7) *Ibid.* ii. 60. 6-7.
(8) *Ibid.* i. 138. 3.
(9) *Ibid.* ii. 63. 2.
(10) *Ibid.* i. 138. 1-2, 4.
(11) *Ibid.* ii. 65. 3-4.
(12) *Ibid.* viii. 68. 2.
(13) *Ibid.* i. 138. 3.
(14) *Ibid.* ii. 65. 8-10.
(15) *Ibid.* viii. 68. 1.
(16) *Ibid.* i. 140-44.
(17) *Ibid.* ii. 35-46.
(18) *Ibid.* 60-64.
(19) *Ibid.* 65. 8.
(20) *Ibid.* i. 140. 1.
(21) *Ibid.* ii. 62. 1. 2.
(22) *Ibid.* 64. 2.
(23) *Ibid.* vii. 69. 2.
(24) *Ibid.* ii. 38. 2.
(25) *Ibid.* 37. 2-3.
(26) *Ibid.* ii. 39.〔139 から ii. 39 へ訂正——訳者〕
(27) *Ibid.* 44. 3.
(28) *Ibid.* 42. 2.
(29) *Ibid.* 64. 3.
(30) *Ibid.* 64. 5.

(31) Herodotus i. 1.
(32) Thucydides ii. 65. 10.

第IX章　言葉と行為
(1) プラトンの生涯については，プラトン自身が『第7書簡』でわれわれに語っている以上には知られていない）（下の注14を見よ）．われわれの他の典拠については，A. E. Taylor, *Plato, the Man and His Work*(New York: Dial Press, 1936), pp. 1-9を見よ．
(2) 諸対話篇を前4世紀の史実についての論評と見なそうとする試み——本著者には納得がいかないが——については，G. C. Field, *Plato and His Contemporaries* (London: Methuen & Co., 1930), chap. ix, pp. 122-31を見よ．
(3) 諸対話篇の執筆年代とは区別されるそれらの真正性に関しては，もうすでに重要な問題は残されていない．19世紀のドイツの学者たちの間では『テアゲス』あるいは『アルキビアデスI』や『アルキビアデスII』などの明らかに偽の対話篇だけでなく，『パルメニデス』(F. Ueberweg, "Der Dialog Parmenides," in *Jahrb. f. klass. Phil.*, 1863, pp. 97-126を見よ）あるいは『法律』(Eduard Zeller, *Platonische Studien* [Tübingen: C. F. Osiander, 1839], pp. 112 ff. を見よ）のような疑いもなく真正のものまでも疑うことが流行していた．そのような偽作の諸問題は，グロートによって，少なくとも一般的には，決着されたと解釈して構わない（G. Grote, *Plato and the Other Companions of Socrates*[London: John Murray, 1888], Vol. I, chaps. vi and vii, pp. 264-341). Taylor, op. cit., pp. 10-15 も見よ．
(4) 「文体計量 stylometric」方法によって諸対話篇の執筆年代を定めることは，ルイス・キャンベル Lewis Campbell によって彼の編著 *The Sophistes and Politicus of Plato* (Oxford: Clarendon Press, 1867) において始められた．彼の著作は，W. ルトスワフスキ Lutoslawski によって *Origin and Growth of Plato's Logic* (London: Longmans, Green & Co., 1897) において拡張され精緻化されるまで，あまり注目されなかった．リッターとその他の人びとによる類似の目的の研究は，キャンベルの諸結論を確証するのに役立った（C. Ritter, *Untersuchungen über Platon* [Stuttgart: W. Kohlhammer, 1888] と *Neue Untersuchungen über Platon* [München: Oskar Beck, 1910], pp. 183-227を見よ）．現在一般的に受け入れられている諸結果の要約については，Taylor, *op. cit.*, pp. 16-22を見よ．
(5) しかしながら，大多数のドイツの学者たちは，私がここで行ったように，『プロタゴラス』を，優れた中期の諸対話篇のグループに位置づけるのではなく，極端なほど初期に，ときには『弁明』の前にさえ位置づけていることが指摘されなければならない．このことは，この対話篇の並はずれた演劇的技巧や精妙さを考慮すると，かなり空想的なものであると，私には思われる（Taylor, *op. cit.*, p. 20 と p. 235 を見よ．この点に関するテイラーの見解に私は完全に同意しなければならない）．
(6) 一流の現代の論評者たちの中でおそらく教説だけを<u>もっぱら</u>基準として諸対話篇の執筆年代を定めているように思われる唯一の人物はナトルプである（Paul Natorp, *Platons Ideenlehre*[2e Auflage; Leipzig: Felix Meiner, 1921] を見よ）．彼の場合には，より頻繁にあることだが，プラトンの後期の諸対話篇におけるイデア論の放棄が問題なのではなく，「イデア論 Ideenlehre」の継続的な精緻化と発展が問題なのである．いくつかの奇妙な執筆年代の特定がなされた；とくに『テアイテトス』(p. 90) は，『ゴ

233

ルギアス』と『パイドロス』の後に置かれているが,『パイドン』,『饗宴』,および『国家』の前に置かれている:「『ゴルギアス』,『パイドロス』,『テアイテトス』の3つの対話篇はこの順番以外では成立しえず,しかもそれらはこの連続的順番で非常に善く成立しうる」(p. 96);そして「……『パイドン』が最初から既に確立されたものとして受け取る諸前提は『テアイテトス』において確立されていたのであり,それ以外のどこにもないということ;『テアイテトス』と『パイドン』の2つの対話篇は密接に合体して観念の最も根源的で最も完全な証拠となるということ;そしてその証拠に立脚しつつ,『饗宴』と『国家』とは立脚しつつ打ち立てられる用意がある」(p. 132). Cf. pp. 164-67. さて,『テアイテトス』はそれ自体において「文体計量方法」的に執筆年代が決められる対話篇ではないが,それを,疑いもなく,より後のものである『ソピステス』や『パルメニデス』に結びつける多くの他の証拠がある. かくして,たとえば,ナトルプは『テアイテトス』183Cにおけるパルメニデスに対する批判の可能性への言及を,『パルメニデス』ではなく,決して執筆されなかったが企画された作品に結びつけなければならない. さらに,たとえテアイテトスが負傷した戦闘についての証拠は決定的でなくとも (*Theaetetus*, ed. H. N. Fowler [Cambridge: Harvard University Press, 1942], Introduction, p. 5を見よ),それでも,『テアイテトス』と,疑いなく後代の作である『ソピステス』(216A) を明示的に結びつけること (Campbell, *op. cit.* を見よ), 決定的に重要な対話篇としての『テアイテトス』と『パルメニデス』との類似――前者は運動もしくは変化の提唱者たちの側から諸形相に近づき,後者は永遠もしくは存在を信じる信者たちの側から近づく――『テアイテトス』,『パルメニデス』および『政治家』に登場する若いソクラテスもしくはその模倣した人物もしくは同名の人物へのプラトンの奇妙なこだわり(下の第XIII章を見よ)――これらの事柄のすべては無視されもしくは曲げられて,ナトルプによる執筆年代推定を擁護しなければならない. そのような歪曲は,諸対話篇における教説の曖昧さのない発展という道筋を辿ろうとする試みから帰結するに違いない.

(7) 『第7書簡』341C.『書簡集』の真正性についての一般的な問題については,下の注14を見よ.

(8) 英国の学者たちの間では,この種類の見解の最も知られた擁護者はジョン・バーネット John Burnetであった(彼の *Greek Philosophy, Part I: From Thales to Plato* [London: Macmillan & Co., 1914], pp. 154-55, 247-48 と *Platonism* [Berkeley: University of California Press, 1928], pp. 35-47を見よ). バーネットは,イデア論がもっぱらソクラテス的であり,そして「イデア」を「カテゴリー」に代える後期の教説をプラトン的であるとみなすところまで進んでいる. ルトスワフスキ (*op. cit.*) は,初期と後期の教説両方を同等にプラトンのものであるとするが,彼の「文体計量法」をある似ていなくはない理論の発展に適用してしまっていた.

(9) 『ティマイオス』51C. バーネット (*Greek Philosophy*, Part I, p. 155 と *Platonism*, p. 34) はこの叙述を退ける,なぜならそれは簡潔でありピタゴラス学派の人物によって語られたからである! それは,しかしながら,その対話篇の表出においてあまりにも重要な位置を占めているので,そう簡単には退けられない. しかも,後期の諸対話篇は,一般的には,諸形相を退けることよりもむしろその言い換えを行っているようにみえる;たとえば『ピレボス』15A-E, 16Dにおける「一」と「多」と「4つの種類」;もしくは『ソピステス』253Dを見よ. 第13章,とくに第1節を見よ.

原注

(10) 各対話篇の執筆年代を正確に特定しようとするルトスワフスキの試みはキャンベルの方法の行き過ぎた議論である (Burnet, *Platonism*, p. 11 参照).
(11) Burnet, *Greek Philosophy*, Part I, p. 303, n. 1 参照. この伝統についての古代の典拠は, Plutarch *Adv. Col.* 1126C とディオゲネス・ラエルティオスの第3巻である.
(12) 第XII章を見よ.
(13) 『第7書簡』328E.
(14) 『第7書簡』は疑いなく本物であると私には思われる. それは, たとえば, バーネット (*Greek Philosophy*, Part I, pp. 206-7) によって, ヴィラモーヴィッツ・メレンドルフ Wilamowitz-Moellendorf (*Platon* [2e Auflage; Berlin: Weidmannsche Buchhandlung, 1920], II, 281-82) によって, そしてロビン (Léon Robin, *Platon* [Paris: F. Alcan, 1935], p. 31) によって, さらに, 原則的には, リッター Ritter (*Neue Untersuchungen*, p. 404) によってさえも受け入れられている. リッターは「哲学的な余談」が文体においてその書簡の残りの部分と完全に調和しまたその文脈に首尾一貫して適合し, そしてその書簡の残りの部分が本物であると認めるけれども, 彼はプラトン哲学についての彼の極端に体系的な解釈を救うために, 「哲学的な余談」を排除しなければならい. プラトン『書簡集』が真正であるかの問題すべてについては, R. Hackforth, *The Authorship of the Platonic Epistles* (Manchester: University Press, 1913) を見よ.
(15) 『テアイテトス』と『パルメニデス』の相対的な執筆年代を決定する試みは大したことができないと私は思う; たとえば, バーネットの *Platonism*, pp. 50-54 の議論を見よ.
(16) Taylor, *op. cit.*, pp. 371 ff. 参照. さらにステンツェル (Julius Stenzel, *Plato's Method of Dialectic*, trans. D. Allan [Oxford; Clarendon Press, 1940]) の著作によって広い信用を得てきた後期プラトンについての分析も参照. これは伝統的な見解の変種であり, そこにおいて若いプラトンの道徳的関心が老齢のプラトンの科学的関心と対比されている.
(17) A. E. Taylor, *A Commentary on Plato's Timaeus* (Oxford: Clarendon Press, 1928), pp. 18-19 と随所を参照.
(18) Wilamowitz-Moellendorf, *op. cit.*, I, 630 参照.
(19) *Ibid.*, p. 658:「彼は実現化可能性の土台に自身を置こうとするということ」; Taylor, *Plato*, p. 463:「その全体の目的は厳格に実践的である」; Burnet, *Greek Philosophy*, Part I, p. 303:「『法律』の目的は著しく実践的なそれである.」
(20) ここでの唯一実際の「証拠」は, プラトンの「善 the Good についての講義」に関するアリストテレスの論評へのアリストクセノス (*Harmonics* 30-31) による有名な言及である. チャーニス教授が下に引用してある著作 (nn. 24 ff.) において十分に明らかにしているように, この唯一の公開講義の事実はプラトンがアカデメイアにおいて定期的な講義を行うのを常としていたという証左にはならない.
(21) 『ティマイオス』をピタゴラス的であり, それゆえにプラトン的ではないとする解釈についてはテイラーの理論, *A Commentary on Plato's Timaeus*, p. 11 参照.
(22) たとえば, Natorp, *op. cit.*, pp. 4 ff. において.
(23) 『第7書簡』341C.
(24) Harold Cherniss, *The Riddle of the Early Academy* (Berkeley and Los Angeles: University of California Press, 1945). チャーニス教授は, プラトンの「書かれざる諸

原注

教説」のための「証拠」を分析しながら,長く慎重な議論を締め括る:「もしあなたの論敵が,あなたが論駁しようとするテーゼを断言するならば,あなたは,彼がそれを断言していると証明することによって開始しない.論敵が彼自身で引き出さない諸推論を論駁することによってあなたが彼を論破したいと欲するときだけ,それをあなたは行うのである.そのようなことがここでのアリストテレスの実践,すなわち,彼が習慣的に用いた1つの方法である.多くの他の場合のように,他ならぬこの場合において,彼が引き出す推論は誤った解釈に依拠している;しかし——そしてわれわれの問題にとってこれはさらにより重要であるのだが——それはプラトンの諸対話篇における教説の誤った解釈なのである.かくしてアリストテレスの批判やスペウシッポスとクセノクラテスの非正統的体系においてさまざまな歪曲とともに反映されているプラトンは,講壇もしくはセミナーに基づく架空のプラトンではなく,依然として現存している対話篇全体のプラトンなのである」(p. 54).
(25) *Ibid.*, p. 70.
(26) *Ibid.*, p. 81.
(27) *Ibid.*, pp. 32 ff.
(28) 私は,チャーニス教授の結論を,プラトンの展開に関する私自身の解釈のための歴史的な基礎の一部として受け入れるけれども,私は,彼が必然的に——もしくは蓋然的にさえ——その解釈そのものに賛同するであろうとは決して示唆していない.1つには,彼は『第7書簡』を認めず(*Ibid.*, p. 13),そしてそれゆえに,もし彼がそのように好み,かつ『パイドロス』が彼に許すのであれば,諸対話篇がプラトンの教説を,私がそのようには解釈できないような意味で,提示していると解釈できるのである.彼は,それゆえに,私が彼の理論の基礎の上に構築したような上部構造に対してはいかなる責任も免除されるべきである.
(29) Cherniss, *op. cit.*, Lecture II (pp. 31-59).
(30) これは本質的には Robin (*op. cit.*), Ritter (*Die Kerngedanken der Platonischen Philosophie* [München: Ernst Reinhardt, 1931]),およびR. Demos (*Philosophy of Plato* [New York: Charles Scribner's Sons, 1939]) などの体系的な論評者たちの立場である.
(31) Burnet, *Greek Philosophy*, Part I, p. 179 参照:「もしプラトンのソクラテスが本物のソクラテスを意味していないならば,彼は何を意味しうるのか私には想像するのが非常に困難である.」
(32) 上の注7参照.
(33) 『メノン』80A.私の現在の目的にとって,アリストファネスのソクラテスあるいはクセノフォンのソクラテスとは対立するものとしての「プラトンの」ソクラテスという盛んに議論された問題を吟味する必要はない(たとえば Burnet, *Greek Philosophy*, Part I, pp. 126-50 を見よ).
(34) 『饗宴』215E-216C.
(35) 『テアイテトス』114A;『饗宴』220A-221C 参照.
(36) 『弁明』21A.
(37) 『饗宴』216E-217A.
(38) Karl Reinhardt, *Platons Mythen* (Bonn: Friedrich Cohen, 1927), p. 27 参照.
(39) 『弁明』24C.
(40) 『第7書簡』326A-B.

(41) 『第7書簡』314C. この書簡が本物でないことについては, Hackforth, *op. cit.*, "General Introduction," pp. 1-35 と "Epistle II," pp. 40-51 を見よ.
(42) たとえば『饗宴』174A, 215E ff., 221E 参照；『ゴルギアス』490D.
(43) 『饗宴』217A.
(44) 『饗宴』209E-212A.
(45) 『テアイテトス』149A-151D. これは『テアイテトス』が移行期の対話篇であるとする通常の見解を支持する；上の注6と第XIII章 pp. 177 ff. を見よ.
(46) 『第7書簡』341B-E.
(47) 『第7書簡』342A-343A.
(48) 『パイドロス』275C ff.
(49) Romano Guardini, *The Death of Socrates* (New York: Sheed & Ward, 1948) 〔『ソクラテスの死』山村直資訳, 法政大学出版局, 1968年〕参照.
(50) 『国家』472D. この章句はこの対話篇の第1番目の主要な区分と第2番目の主要な区分との間の相互関係をはっきり示している（第XI章 pp. 147 ff. を見よ）.
(51) 『パイドロス』250B と D-E 参照. これらの箇所で, 正義や節制などとは対照的に, 美は, 視覚を通して人間の魂によって最も直接的に想起される諸形相の1つとして, 選び出されている.
(52) F. C. S. ノースロップ Northrop は, その試論 "The Mathematical Background and Content of Greek Philosophy" (*Philosophical Essays for Alfred North Whitehead* [London, New York, and Toronto: Longmans, Green & Co., 1936], pp. 1-40) において, 諸イデアを数学的諸概念もしくは諸割合 ratios と同一であるとみなすところまでいっている.「善のイデア, 神のイデア, および魂のイデアは表現されうる；……基本的諸イデアもしくは諸割合から構成されているから, それらはこれらの用語によって表現されうる. それらにおける「制限のない」ものの言表できない寄与はないので, それらは数学が開示する形相すべての諸要素によって表現されうる」(p. 30). もちろん, これは『第7書簡』(上の p. 111 を見よ) においてプラトンが自らの方法を描写したものと矛盾する；けれどもノースロップ教授の議論は, プラトンにとっての「割合」や比率 proportion の重要性を強調し, 問答法への入門教育としての数学の位置を真剣に受け止めている点で, 刺激的で啓発的である. 他方において「認識論的問題と同様に倫理的問題および政治的問題への鍵は自然諸科学に『のみ』発見されるはずである」(p. 21) と述べることは, この試論すべてがある意味では論駁することを意図している方法で, プラトンを体系的かつ科学的哲学者としてみなすことである.
(53) このことは『第7書簡』(342-43) と上に引用された (pp. 111-13)『パイドロス』の叙述から明らかであり, 諸対話篇そのものとの関係において理解されている.『クラテュロス』349A-B,『法律』895D も見よ.
(54) 『国家』473A.
(55) 諸形相についての多数の「科学的」解釈があり, それらはそれらの自然本性のこの「認識論的」側面だけを強調している. たとえば, Ritter (*Kerngedanken*, p. 77) を参照：「私は, プラトン的イデアを, あらゆる正しく構成された観念は客観的現実に対してその確固とした内容をもつという単純な思想の表現として理解する」. この解釈に照らしてみると, リッターは, 現象学を真のプラトン主義の近代の再生と考える (*Ibid.*, pp. 185-90).「純粋思考諸規定 reine Denkbestimmungen」としての諸イデアのナトル

原注

プの観念も参照（*op. cit.*, p. 133）：「これまで遂行されてきた諸研究の純粋な結果として表現される：諸イデアは物ではなくむしろ方法を意味する」（*ibid.*, p. 221）．「法の法 das Gesetz des Gesetzes」（p. 194）としての善のイデアについては pp.188-201 を参照．これはプラトンがカントもしくは新カント主義者たちを予期すると示す単なる試みであることを，ナトルプは第 2 版への「補遺」において憤然として否定する（*ibid.*, pp. 462-63）．実際のところ，これらの見解の両方に真理の重要な核心がある；それらは，ある意味では，諸形相についての最小限の解釈である——リッターの解釈は，彼がそれとは反対のことを公言しているにもかかわらず（たとえば *Kerngedanken*, p. 84 n. を参照）ナトルプのそれよりもより狭くそしてより少なく啓発的である．しかしすべての「科学的な」解釈の究極的不十全性の決定的な議論については，F. M. Cornford, *Plato's Theory of Knowledge*（London: Routledge & Kegan Paul, 1935），Introduction, pp. 1-13 を見よ．

(56) 『国家』592A-B.
(57) 『国家』499C.
(58) プラトンにおける思考と行動への衝動の親密な合一は十分に真剣な説明が頻繁にはなされていない；それはある意味では Kurt Hildebrandt, *Platon: Der Kampf des Geistes um die Macht*（Berlin: Georg Bondi, 1933）による研究のテーマである．p. 311 参照：「プラトンの秘密と魅力は行動と思考への彼の意志の根源的合一に存する．」諸対話篇の「実践的な」解釈はここにおいて，しかしながら，あまりにも文字どおりに応用されている．ヒルデブラント Hildebrandt の『パイドロス』の解釈（*ibid.*, pp. 274 ff.）あるいは『国家』についてのさらに極端な解釈（*ibid.*, pp. 225 ff.）参照．下の第XI章の注 10 参照．
(59) 『ピレボス』15A-18D；『国家』509D ff. 参照．
(60) たとえば『国家』392C-398B 参照．
(61) 模倣としての芸術の扱いは『国家』の第 10 巻（595A-608B）で十分になされているけれども，第 2 巻と第 3 巻で教育の中の詩についての議論にも含意されており，そしてそこでは，たとえば 402B-C において明示的に述べられている．そのための形而上学的基礎は第 6 巻の「知識の線分」のあとからくる，後の説明の中においてだけ議論されうる．このような流儀で模倣を中心的なものにしない，詩についてのプラトンの見解の議論に関しては，たとえば R. G. Collingwood, *The Principles of Art*（Oxford: Clarendon Press, 1938）〔『芸術の原理』近藤重明訳，勁草書房，1973年〕, pp. 46 ff. & Edgar Wind, "Theios Phobos, Untersuchungen über die platonische Kunstphilosophie," *Zeitschr. für Aesth. und allgen. Kunstwissenschaft*, XXVI（1932），349-73 参照．コリングウッドはプラトンがある芸術のみが再現的であると考えていたと主張するのに対して，ヴィントは芸術についてのプラトンの理論を模倣の概念から完全に切り離している——そして，イデア論を捨てたとする後期プラトンについての一般的な見解を受け入れ，次にプラトンの理論全体は『法律』の中に発見でき，それゆえに「諸イデア」と諸イデアの「模倣」から独立していると示している．
(62) Hermann Reich, *Der Mimus*（Berlin: Weidmannsche Buchhandlung, 1903-）参照．

第X章　馭者と馬車

(1) 『国家』328E ff.

原注

(2) F. M. Cornford, *Plato's Theory of Knowledge* (London: Routledge & Kegan Paul, 1935), p. 2.
(3) たとえば，R. H. S. Crossman, *Plato Today* (London: G. Allen & Unwin, 1937)，あるいは部分的にさらにより啓発的な書物である Karl Popper, *The Open Society and Its Enemies*, Vol. I: *The Spell of Plato* (London: G. Routledge & Sons, Ltd., 1945)〔『開かれた社会とその敵　第1部プラトンの呪文』内田詔夫，小河原誠訳，未來社，1980年〕参照．ポッパーは実際のところ主にクロスマン (*ibid.*, p. 28) によって始められた研究をさらに先に進めていると考えている．
(4) アリストテレス『政治学』1260 b 30.
(5) 『法律』624A ff. の冒頭におけるクレテとスパルタの法体系の起原への言及を参照．さらに第3巻 682E ff.
(6) 第XII章参照．
(7) 上の第IX章，注11を参照．このプラトンの政治的見解の特徴については Wilamowitz-Moellendorf, *Platon* (2e Auflage; Berlin, 1920), I, 394 も参照．「既存のものの改良ではなくして，むしろ人間の自然本性以外には他のいかなる基礎をもつべきではない新築である」．
(8) 『国家』421D-423B.
(9) 『国家』368D-369B.
(10) 『第7書簡』324B-326B.
(11) 『ソクラテスの弁明』32C-E.
(12) 『クリトン』50B-53A.
(13) 『ゴルギアス』503C, 515E ff.
(14) 『国家』420B-C.
(15) Otto Apelt, *Platonische Aufsätze* (Leipzig and Berlin: Teubner, 1912), pp. 185-86 参照．アーペルトは『ゴルギアス』のこの章句について論評している：「彼は政治家たちにきわめて奇妙な諸要求をする．彼ら自身が徳の鑑であるべきであり彼らの同胞市民たちを有徳な男たちに作るべきである．いまやあらゆるひとが道徳的行為においては結果が重要なのではなく，むしろそこから行為が生まれそこに行為が根づくところの心情が重要であるということを知る．他方においては，あらゆるひとが政治家をその結果でとかく判断する，そしてプラトンもそうするしかない．……政治と道徳は彼において合一する」．しかしアーペルトはここにおいて，プラトンが「政治」と「道徳」を再び結合させている奇妙さを観察すべく，それらを現代キリスト教の様式で分離している．彼の同時代人たちの間で独得な点は「政治」と「道徳」の同一視もしくは合一ではなく，その同一視を所与とした上での方向と強調である．
(16) 『ゴルギアス』516B.
(17) 『法律』709E ff.
(18) 『ゴルギアス』479A-E；『国家』566D ff., 579D, 587E.
(19) 『ゴルギアス』519A.
(20) たとえば Thucydides iii. 38 参照．
(21) 『国家』493A-B.
(22) 『パイドロス』230E-234C. この対話篇の解釈にとって，何人かの学者たちが仮定してきたように，これがプラトンによる模倣ではなくむしろ本当にリュシアスによる演説

原注

であるか否かはまったく些事である(A. E. Taylor, *Plato, the Man and His Work* [New York: Dial Press,1936], p. 302 参照). プラトンがそれを執筆できたであろうことを, たとえば,『饗宴』の華麗な文体様式の諸模倣から, われわれは知る.
(23) 『パイドロス』246A ff.
(24) Taylor, *op. cit.*, p. 300; Léon Robin, *La Théorie platonicienne de l'amour* (Paris: Félix Alcan, 1908), p. 45 参照.
(25) 2つの部分のより密接な関連が示唆されるとき, それは通常アカデメイアの問答法が師と弟子とのエロス的な関係を伴っていたという趣旨のものである (たとえば Wilamowitz-Moellendorf, *op. cit.*, I, 487 参照). ヴィラモヴィッツはまた「心理学は魂の誘導に属する」——むしろまわりくどく外在的な環——ので第1部は第2部にとって必要であるとも示唆している. 最も重要であると私に思われることは, プラトンにとって真のレトリックもしくは問答法は愛を要求するという意味というよりもむしろ愛そのものは一種のレトリックでありもしくはそれをもっているという意味である.
(26) エロスと哲学との関係に特別の顧慮を払った『饗宴』の詳細な分析として Gerhard Krueger, *Einsicht und Leidenschaft* (Frankfurt: V. Klostermann, 1948), pp. 77 ff. を見よ.
(27) 『饗宴』202E.
(28) 『饗宴』203B ff.;『パイドロス』251A-E.
(29) 『饗宴』180A.
(30) 『饗宴』184B-C.
(31) 『パイドロス』251A.
(32) エロスと政治的生活との結びつきの他の種類についてのいくつかの短い示唆に関して言えば, たとえば, 市民たちの間に可能な政治的な絆としての市民たちの愛については C. Ritter, *Die Kerngedanken, der Platonischen Philosophie* (München, 1931), p. 55n. を, あるいは哲学者を養成する上での愛の役割については Robin, *Platon* (Paris: F. Alcan, 1935), p. 79 と pp. 262-63 を見よ.
(33) 『ゴルギアス』517C.
(34) 『第7書簡』351C.
(35) 『国家』414D-415A.
(36) 『国家』497A.
(37) 『法律』719E ff., とくに 722B-E.

第XI章 構築物

(1) 『国家』の執筆年代はかなり大雑把でなければ定められないだろう. たとえば, ジョン・バーネットは「アカデメイア設立以前か, そのすぐ後」と述べる——つまり前380年代であるとする (*Greek Philosophy, Part I: From Thales to Plato* [London, 1914], pp. 223-24). ヴィラモヴィッツ - メレンドルフ (*Platon* [Berlin,1920], I, 393) はそれを「前374年頃」においている. 第1巻は初期の未刊行の対話篇『トラシュマコス』(Ritter, *Untersuchungen über Platon* [Stuttgart, 1888], pp. 34-47; Wilamowitz-Moellendorf, *op. cit.*, II, 81 85) であるとするドイツにおいて流布した仮説について言えば, 十分には文体的な証拠がなく, しかもそれを反駁するあらゆる哲学的芸術的な証拠がある.

(2) 『国家』368D ff.
(3) 『国家』471C ff.
(4) 『国家』473D.
(5) 『国家』474C-483E, 504A-511E.
(6) 『国家』第8巻と第9巻（543A-588A）.
(7) 『国家』614B ff.
(8) 「3つのパラドックスの波」によって画された対話篇におけるはっきりした裂け目には十分な注意がめったに払われていない；明らかに第3の波はヴィラモヴィッツが説明するように（*op. cit.*, I, 446-47）「形而上学を対話篇の中心に据えるために」（さらにRitter, *Die Kerngedanken der Platonischen Philosophie* [München, 1931], pp. 48 ff. 参照）と単純に考えられている．「形而上学」の導入は，しかしながら，存在もしくは実在の弁証法的構造を完成させるためではなく，むしろわれわれの注意をモデル国家の形式的な表出からその実現化の必要性に向けるために，役立つのである（たとえば，『国家』502C, 540D 参照）；実在的に実在するものの知識を備えた哲人王が必要であるのは，このモデルを実現するという目的のためである．
(9) 『国家』499C.
(10) プラトンの議論を特徴づけているのは，まさにそれを達成する確実な手段を欠きながらその実現化の問題への絶望的なまでの関心である．アテナイの哲人王にさせてもらうようにかなり真面目に欲し，かつ，それを半ば期待しているプラトンのような人物による彼の都市への最後の訴えかけであるとする『国家』についてのヒルデブラントの分析は，『国家』の精神とアテナイの政治の諸可能性の両方の驚くほどの誤解を含んでいる（cf. Kurt Hildebrandt, *Platon: Der Kampf des Geistes um die Macht* [Berlin, 1933], p. 271）．シケリアの僭主を哲人王に変貌させる試みは1つのことであった――それはそれ自体十分に心もとない事業であった――が，しかし哲人王をギリシア本土のいかなる完全に反君主政的（さらにまた反哲学的）政体の上に置かなければならないというのは（プラトン自身が述べたように：『国家』407A-B）想像も及ばないことである．
(11) 『政治学』1252b5, 1252a25.　1279a30 参照．
(12) 『国家』432B.
(13) たとえ魂の3部分は，『パイドロス』の神話に似ているがゆえに，一般的にプラトン「心理学」の不変なものとして受け取られているにしても（たとえば，Burnet, *op. cit.*, Part I, p. 177 参照．そこにおいてはそれはソクラテスの説のように見える；あるいはWilamowitz-Moellendorf, *op. cit.*, I, 396 参照），ここでの機構すべて（4つの徳目と魂の3つの部分）はあまりにも恣意的に導入されるので「証明された」とは取れない．それはむしろ，大抵のプラトンの議論がそうであるように，対話者たちの注意を適切な方向に，この場合は，調和としての正義の自然本性に，向けるように意図されている．
(14) Leo Strauss, "On a New Interpretation of Plato's Political Philosophy," *Social Research*, XIII (1946), 326-47 参照：「プラトンは彼の諸著述を権威的テクストとして使われることを永遠に阻止するような方法で構成した．彼の諸対話篇はわれわれに存在の謎への解答というよりもむしろその謎のきわめてはっきり分節化された模倣を提示している」(p. 351).
(15) この見解は，たとえば，ポール・ショレイ Paul Shorey の議論, "Introduction" to

原注

> *Republic* (Loeb ed.; Cambridge: Harvard University Press, 1937), pp. xiv and xv において暗黙のものである.

(16) 『政治家』269C-274E.
(17) プラトンにとって秩序の観念と調和の観念が重要であることはほとんど指摘する必要はない. この指摘はプラトンとピタゴラス主義との関連の議論において, アリストテレスと新プラトン主義者たち以来なされてきたし, 過度になされてきた(たとえば, Burnet, *op. cit.*, Part I, p. 91 と F. M. Cornford, *Plato's Theory of Knowledge* [London, 1935], pp. 9-10 参照). 必要があるのは, たとえば『ゴルギアス』(506D 参照)のカリクレスに反対する論議の趣旨, あるいは『国家』そのものにおける秩序だった魂の取り扱いすべてを指摘するだけである:多くの関連するテクストの 2, 3 だけを挙げると——399E-401A, 魂へのリズムの影響;430E, 節制 temperance の定義;443C-444E, 正義の定義.
(18) 厳格な分業のプラトンによる強調を説明するのはまさに, 調和の中でそして調和を通して存在するという国家の観念である, というのもある調和の中で構成諸部分は純粋で別個でなければならないからである. 『国家』433A-434C 参照, さらに 414B ff.(「高貴な嘘」)および 421A.
(19) 『国家』372D.
(20) 第Ⅸ章の注 55 およびそこに引用されているコーンフォードによる分析を見よ.
(21) 『パルメニデス』128E-F;『国家』597A;『第 7 書簡』342D 参照.
(22) この問題にとっての最善のテクストはプラトン自身のものである. 『パルメニデス』130E ff.
(23) 『パイドロス』250B(上の第Ⅸ章の注 51 参照).
(24) 『国家』414B ff.
(25) 『国家』414C.
(26) 『国家』378A.
(27) 『国家』472A.
(28) 『国家』490E-495B.
(29) 『国家』499E;500C.
(30) 『第 7 書簡』351C.
(31) 『法律』907D-909D.
(32) 『法律』710A-B 参照;『政治家』297E.
(33) 『法律』719E ff.
(34) 他の側面において, この高度に形式化した最善の国家の観念と, たとえそれがいったん実現してもそれが腐敗するという哲学的な必然性とは対照的に, 1 つの堕落した国家の形態から次のものへの移行についてのプラトンの説明にはこのかなり特殊でアテナイ的な特徴があることに気づくことは興味深いことである. 政体における変化は個人における心理的な条件づけの変化によって引き起こされ, そしてこれは翻って彼自身のとは異なった様式で他の人びとが彼の周りで生活しているという継続的な感覚によって引き起こされる:それがまさに民主政治の徴しであり, それは, ソクラテスが言うように, 国家自体の中にあらゆる種類の国家のパタンを呈するのである——そして彼はたしかに民主政治の最高の実例としてアテナイを考えている. ペリクレスは追悼演説で次のように言った:「われわれは隣国人に対して, 彼が自らの道を行きた

とえそれがわれわれの方向ではないからと恨みを抱くものではなく、そしてわれわれはそのひとに法的刑罰だけでなく私的敵対意識をも押しつけるのを控えるが、この私的敵対意識は苦痛であるかもしれないしそうでないかもしれないが、それはいつでも苛たしいのである」。金銭の力が昔の価値である栄誉よりもより力があると知覚する寡頭政支持者は、テッサリアもしくはコリントスから採られた人物ではない。むしろ彼はある種のアテナイの若者であり、より旧い秩序の継承者である。彼は、自分の周囲に、自分の父親よりも、その所有する金銭のお陰でより大きな影響力をもっている若者たちやより高齢な人たちを見ることによって明らかに唆される。この寡頭政支持者の民主的な息子は、自分の社会の一般の放縦的雰囲気と金銭に貪欲な自分の父親による縛り付けるような束縛の感覚の只中から出現する。最後に、民主的な父親の僭主的な息子は、自由の<u>行き過ぎ</u>reductio ad absurdum と、民主的な自分の父親の規律の欠如として現れる。

(35)『第7書簡』326A；『国家』496C と 497A-B 参照．
(36)『パイドン』118A．
(37)『パイドン』82B．
(38)『クリトン』46C．
(39)『ゴルギアス』469C．
(40)『国家』の「全体主義的な」プラトンに反対するものとして、『ゴルギアス』のより「人間的な」ソクラテス的なプラトンについては、Karl Popper, *The Open Society and Its Enemies*, Vol. I: *The Spell of Plato* (London: G. Routledge & Sons, Ltd., 1945), pp. 91-92 と 171 ff. 参照．ポッパー教授は、そのような「非科学的」全体主義的考えを提起する、まさにその対話篇においてソクラテスの重要さを考慮に入れつつ、プラトンが自らの新しい反動的な立場にソクラテスを「巻き込む」ことによって自らの軋轢を解決しようとしていたと信じる．これは明らかに、私が叙述してきた種類の困難から自分自身を救い出そうとするポッパー教授による試み——そのもっともらしさの判断は読者が自分自身で下すことができる——である．
(41)『第7書簡』326A．
(42)『国家』419A．
(43)『国家』におけるプラトンの「倫理学」を「幸福主義」(Ritter, *Kerngedanken*, pp. 54-55) であると解釈することは、議論における純粋に通常のレヴェルのプラトンの文字どおり結論的な「教説」を受け入れることに基づいている．そのレヴェルにおいて彼の諸議論は諸対話篇の中で頻繁に始まり、あるいは中継地において休止するのである．それはアリストテレスの『ニコマコス倫理学』と同じくらい古い伝統的な誤った解釈である．

第XII章　シケリアにおける実験

(1) Herodotus i. 24.
(2) アリストテレス『政治学』1267b22; cf. Diodorus xii. 10.7.
(3)『第7書簡』332C 参照．
(4)『第7書簡』326B-C．
(5)『第7書簡』326D-327A．
(6)『第7書簡』327A．

原注

(7)『第7書簡』327C-328C.
(8) プラトンの人生についてのわれわれの知識の諸典拠に関しては，第Ⅸ章注1参照.
(9)『法律』709E.
(10)『国家』473D.
(11)『第7書簡』336A.
(12)『第7書簡』330A-B.
(13)『国家』473A.
(14)『第7書簡』338B-339B.
(15)『第7書簡』339D-340A.
(16)『第7書簡』350C-D.
(17)『国家』473D；『法律』709E ff. 参照.
(18)『法律』711C.
(19)『第7書簡』324B と 336A 参照.

第XIII章　ディクテへの道

(1)『パルメニデス』135C 参照.
(2)『パルメニデス』133Bff.
(3) John Burnet, *Platonism* (Berkeley, 1928), pp. 44-45; Harold Cherniss, *The Riddle of the Early Academy* (Berkeley and Los Angeles, 1945), p. 5 も参照.
(4)『テアイテトス』152E.
(5)『ティマイオス』20D-21E.
(6)『法律』625B.
(7)『第7書簡』337B.
(8)『ティマイオス』22B.
(9)『パルメニデス』135A.
(10)『パルメニデス』130C.
(11) 第XI章注6と注15参照.
(12)『テアイテトス』143E-144B；『政治家』257D 参照.
(13)『政治家』257D.
(14)『ピレボス』14A. これは，厳密には，『ソピステス』や『政治家』のそれらのような2分法による分割ではないが，しかしそれは広い意味での分割であり，後の諸対話篇における典型的な議論である.
(15)『政治家』267A-C.
(16)『ティマイオス』37B. F. M. Cornford, *Plato's Theory of Knowledge* (London, 1935), pp.170 ff. と 184 ff. における議論も参照.
(17)『政治家』269D.
(18)『政治家』272E.
(19) これらの力もまたおそらくオリュンポスの神がみではないであろう.
(20)『政治家』273B.
(21)『政治家』274A.
(22)『政治家』273E.
(23)『ティマイオス』17C-19B.

原注

(24) 『ティマイオス』19C.
(25) 『ティマイオス』27A-B.
(26) 『ティマイオス』24E-25D.
(27) 『法律』679B.
(28) 『第7書簡』344A.〔341D から 344A へ訳者による訂正〕
(29) 『第7書簡』344A. ここにおけるプラトンの方法の叙述は，私が前に述べたように，初期の演劇的諸対話篇のすべてにも適用されると思われるかもしれないが，しかしこの章句の強調は紛れもなく老齢期のプラトンのものである．
(30) 上の第 XI 章第1節と第2節参照．
(31) F. M. Cornford, *Plato's Cosmology* (London: Routledge & Kegan Paul, 1937), pp. 7-8 参照．
(32) 『国家』372D-E.
(33) 『国家』373A.
(34) 『法律』679B-C.
(35) 上の第XI章注8参照．
(36) 『第7書簡』328C.
(37) 『国家』499C.
(38) 『政治家』270A.
(39) 『国家』377C ff.
(40) 『パイドロス』229D ff.
(41) 『ティマイオス』40D-E. Cornford, *Plato's Cosmology*, pp. 138-39 参照．
(42) この証拠はこの方向を示しているように思われる．この神話において，いくつかの神がみは創造神とともに共同統治者たちであり，その創造神によっていくつかの領域の権威を委託されているとわれわれは聞かされる．至高の精神が世界の支配を手放すとき，これらの神がみも同じように手放すのである（『政治家』272E). この世界の逆回転においてわれわれはプロメテウスの諸活動を学ぶのである（『政治家』274D-E). これを独断的神学であるとするのは誤りである，けれども，示唆されていることと私に思われるのは，オリュンポスの神がみはこの世界の逆回転に属しているということ，すなわち，彼らは前の時期の神の操舵手とその助手たちと，反対回転の時期の政治屋たちや政治家たちがもともとの政治権威に対してもっている関係と同じ関係をもっているということである．
(43) 『法律』899B ff.
(44) 『ティマイオス』29C-D.
(45) Cornford, *Plato's Cosmology*, p. 28 参照．
(46) A. E. Taylor, *A Commentary on Plato's Timaeus* (Oxford, 1928), p. 19 参照．
(47) 『パイドン』114D.
(48) 『国家』614B ff.
(49) 『ティマイオス』70D.
(50) 『ティマイオス』71E-72A.
(51) 『ティマイオス』37C.
(52) 『法律』644D-E.
(53) コーンフォードのデミウルゴスについての議論（*Plato's Cosmology*, pp. 34-39) 参照．

原注

- (54)『ティマイオス』90E-91D.
- (55)『ティマイオス』30D-34A.
- (56)『法律』685A-B.
- (57)『法律』713C-714A.
- (58)『国家』425C-E；『政治家』294B 参照．
- (59)『法律』644B-E.
- (60)『法律』713E.
- (61)『法律』690C．われわれは，しかしながら，もし説得が失敗するなら（『法律』907D ff.），冷酷な異端者の切り取りを想起しなければならない．
- (62)『法律』710A-B.
- (63)『パイドロス』275D.
- (64) 上の注 58 参照．
- (65)『法律』896D-897B.
- (66)『法律』804B.

【訳者解説】

職業的哲学者たちが気づかないもの
―― トゥキュディデスは政治哲学者であるか？――

飯 島 昇 藏

本邦訳は，David Grene, *Greek Political Theory: The Image of Man in Thucydides and Plato*（Chicago and London: The University of Chicago Press, 1950; Originally published under the title, *Man in His Pride: A Study in the Political Philosophy of Thucydides and Plato*）の全訳である．

1．デイヴィッド・グリーンについて

古典学の泰斗である著者デイヴィッド・グリーン（David Grene, 1913-2002）について簡単に紹介しよう．アイルランドのダブリンの必ずしも裕福ではない家庭に生まれたが，8歳でラテン語とフランス語を，10歳でギリシア語を学び始め，数かずの奨学金を獲得しながら，1936年にダブリンのトリニティ・カレッジ Trinity College で修士号を取得した．33年から36年かけてトリニティ・カレッジ，ウィーン，アテネ，ハーヴァードなどで古典学の研究と教育とに携わった．アメリカ合衆国に渡った後，1937年には一時期マルクス兄弟（the Marx brothers）とハリウッドで一緒に仕事をしたが，シカゴ大学に奉職することに決め，以後，その死に至るまで60年以上の長きにわたってシカゴ大学で教育と研究とに携わった．その特異なパーソナリティと独得の学問観と教育観に基づく熱心な研究活動と教育実践のゆえに，シカゴ大学のある学部長から解職寸前にまで追い込まれたが，伝説的な学長ロバート・メイナード・ハッチンス（Robert Maynard Hutchins）の覚え書き"This man is not to be fired without consulting me"の発動によって間一髪失職を免れた．この出来事を契機に，同学長は，彼自身が長年にわたり構想を温めていた，新しい高等教育の組織をシカゴ大学内に創設することを決意

247

訳者解説

した.「社会思想委員会」The Committee on Social Thought がそれである.グリーンはその創設メンバーの１人となった.他の創設メンバーには,経済史家ジョン・ネフ(John Nef)〔初代委員長〕,人類学者のロバート・レッドフィールド(Robert Redfield),経済学者のフランク・ナイト(Frank Knight),社会学者のエドワード・シルズ(Edward Shils),芸術史家のオットー・フォン・シムソン(Otto von Simson),およびトミストの哲学者のイヴ・R・シモン(Yves Renè Simon)が含まれていた.この Committee は小規模ながらも――あるいはまさに小所帯であったがゆえに――学際的な高等研究・教育機関として非常にユニークな存在であり続け,多くの優れた研究者や人材を輩出している.もちろんグリーンはそれを誇りとしていた.彼はここで作家のソウル・ベロー(Saul Bellow)と共同の授業を担当したりした.ハッチンスがシカゴ大学学長であるかぎり,グリーンには安定した教職が保証されていたと言えるかもしれないが,幼少の頃から動物好きであった彼はダブリンとシカゴの郊外にそれぞれ小さな Farm をいくつか所有し,大学の教員でありつつ同時に,自ら牛や馬やその他の動物を飼育して暮らした(1982年の１月に豪雪と酷寒のためにシカゴ市一帯の交通が麻痺した折に,訳者はグリーンが愛馬に跨ってシカゴ大学のキャンパスに乗り込んできた場面に遭遇したが,そのときのグリーンの得意そうな笑顔で馬を操っていた姿がいまに忘れられない)[1].これらの事柄は,彼の没後に出版された自伝に詳しく美しく懐かしく叙述されている[2].

　グリーンの永年にわたる膨大な研究業績としては,本書以外に,イプセン,シェイクスピアおよびソフォクレスを扱った, *Reality and the Heroic Pattern: Last Plays of Ibsen, Shakespeare and Sophocles* そして, *The Actor in History: Studies in Shakespearean Stage Poetry* があり,さらには,広く賞賛されているギリシア悲劇の英訳やヘロドトスの『歴史』の英訳,そしてホッブズによるトゥキュディデスの『歴史』の英訳の編集と出版などが挙げられる.彼の研究の関心の広さと深さを知るためには,たとえば,彼の同僚たちと弟子たちが彼のために捧げた次の記念論文集を参照されたい.

　Todd Breyfogle ed., *Literary Imagination, Ancient and Modern* (Chicago and London: The University of Chicago Press, 1999)[3].

　わが国においてもベストセラーとなった『アメリカ精神を閉じること』

訳者解説

The Closing of the American Mind（1987）の著者アラン・ブルーム（Allan Bloom, 1935-1992）の師弟関係については，彼は政治哲学者レオ・シュトラウス（Leo Strauss, 1899-1973）の弟子としてもっぱら論じられているが[4]，彼は事実においてはグリーンの愛弟子でもある．グリーンは前掲の自伝の中で，ある冬休み期間にシカゴ郊外の彼のFarmの管理を教え子のブルームに任せたが，その冬の長期にわたる豪雪で身動きのとれなくなったブルームがまさに飼育を任されていた家畜を食べて飢えをしのいだエピソードをユーモアを交えて書いている．ブルームがもう少し長生きしていれば，彼は必ずやグリーンのFestschriftに玉稿を寄せていたことであろう．

2．前5世紀アテナイと現代の人間社会の意味の重要性と類似性

さて，グリーンに本書を執筆させた要因は何であったのか？ 本書の「序文」によれば，2つの目的があげられる．第1の目的は，トゥキュディデスとプラトンをそれぞれ正統な意味における歴史家と哲学者として扱わずに，むしろ彼らの知的布置 intellectual configuration，すなわち，完全で，生きた，個性的な一種の知的人格をそれぞれのために確立することである．第2の目的はスケールが非常に大きい著者の野心を物語る．長くなるが「序文」から引用しよう．

> 「2人の作家の肖像が小著の1要素である．私はまた，トゥキュディデスとプラトンがそこから現れた前5世紀の世界を生き生きとしたものに作りたかったが，……，芸術家と彼の作品がそれぞれその場をうるという意味においてそれを生き生きしたものに作りたかったのである．私が前5世紀はいかなるものであったと考えたかを私は言いたかったのではないし，またトゥキュディデスとプラトンがそれはいかなるものであったと言ったかを私の言葉で言い直したくもなかったのであり，むしろその歴史家と彼の歴史的素材そしてその哲学者と彼の複雑さと不毛の世界が1つのキャンヴァス全体のすべての部分であるような，別の種類の絵画を示したかったのである．こうすることによって前5世紀アテナイにおける人間社会の意味は，他のいかなる仕方によってよりも，われわ

訳者解説

れにより完全なものになるであろう，と私には思われた．

　この意味が，われわれと彼らの間に横たわる他のいかなる歴史的時期の意味よりも，われわれにとってより重要であることを私は確信している．それは，その時期が，われわれの時期と同じように，多くの人間の精神の中で伝統的倫理が懐疑と否定の主題となってしまった『道徳的危機の時代』であったという明らかな，しばしば指摘される事実だけではない．それは，われわれの時代の統治が大部分，アテナイの直接民主政治に，大規模であるという違いはあるが，多くの点で類似している，公的な諸圧力による統治であるという事実だけではない．それは，われわれの時代と同じようにその時代において全体戦争が勃発し，平時と戦時を問わず，権力の操作の技術的観念が増大したということだけではない．それはむしろ，前5世紀アテナイをそれほどまでにわれわれに近づけるのは，政治生活の人間性全体 total humanity なのである；たしかに，人間味 humaneness という意味での人間性ではなく——というのも彼らもわれわれも，異なった環境のもとではあるが，人間的残酷さの極端に直面せざるをえなかったのだから——，軋轢の源とその解決とは，宇宙的裁可や超自然的裁可なくして，人間であり，そして人間のみであるという意味での人間性であるが」（本邦訳，3-4頁，強調は引用者のもの）．

　著者における2つの目的の秩序関係・上下関係が当然問題になるであろう．もしも第2の目的が，すなわち，前5世紀アテナイと現代の人間社会の意味の重要性と類似性とを描写することが主であり，第1の目的が従であるとするならば，古代政治哲学を，したがって西洋政治哲学の伝統の端緒をトゥキュディデスとプラトンの2人によって代表させることの是非がまず問われるべきであろう．本書を高く評価したレオ・シュトラウスが問題としたのがまさにこの点であったのは自然である．当該の書評に一瞥を与えてみよう．

3．レオ・シュトラウスによる高い評価

『ギリシア政治理論——トゥキュディデスとプラトンにおける男のイメー

250

訳者解説

ジ』というよりも，正確に言えば，その原題の書物『誇り高き男——トゥキュディデスとプラトンの政治哲学の研究』全体に関して，シュトラウスがその短い書評の中で，西洋政治哲学の歴史研究に占める，本書の特筆すべき2つの貢献ないし特異な位置を鋭く指摘している．本書の第1番目の特徴は，学界の一般的見解によれば，西洋の政治的思弁はプラトンを1つの極とするならば，ソフィストたちがその対極に立つ枠内で展開されてきた，そして「近代政治哲学はすべての古典的政治哲学がその枠内に留まっていた諸境界を越えてしまった」とするが，グリーンはこの見解を拒絶しているのである．ただし，彼はトゥキュディデスとプラトンがなぜ「政治的人間についてのその見解において，われわれの西洋の伝統がその枠内で展開してきた諸境界」を画したのかの理由を説明していない．（われわれはトゥキュディデスを政治哲学者としてみなしているであろうか？）そのような沈黙にもかからず，シュトラウスはグリーンのこの「控えめな寡黙」を次のように優しく擁護する．「われわれは，この種のもろもろの問いに対する答えが，否，この種のもろもろの問いの適切な定式化が探求されなければならない領域をやっと識別し始めたばかりである」．シュトラウスは芽吹き始めたばかりの貴重な研究の種を踏み潰したりせず，むしろ慈雨を注いでその成長に期待を寄せてさえいるかのようである．

　本書の第2の，そしておそらく最も重要な貢献は，職業的哲学者たちが見落としがちな数かずの重要な論点を本書が抉りだした点である，とシュトラウスは指摘している．「彼は，トゥキュディデスとプラトンの哲学そのものを，すなわち，政治的事柄の自然本性と正しい社会秩序についての彼らの理性的な見解を表出することよりも，<u>トゥキュディデスの魂とプラトンの魂の隠されたドラマを光と生命のもとにもたらすことにより多くの関心をもっている</u>．彼はこうして彼の読者たちをして，<u>その職業が哲学を教えることである大多数の人びとには気づかれないであろう，トゥキュディデスとプラトンにおける多くの事柄を見させるのである</u>」（強調は引用者のもの）．

　それでは本書の第Ⅰ部そのものに関しては何がとくに指摘される必要があるのか？　一般的にトゥキュディデスは，国際関係論や国際政治史の学問領域において，ホッブズと並んで，いわゆる「現実主義 realism」の双璧と評されることが多い．そして現実主義は，観念論あるいは理想主義 idealism

251

ではなく，唯物主義〔唯物論〕materialism と結びつけられる．実際，グリーンもまたトゥキュディデスの諸見解の中に「唯物主義」を見出し，トゥキュディデスはそれを信じていたと解釈している．しかしそれにもかかわらず，グリーンは彼を単純に現実主義者=「力は正義である」というテーゼの唱道者と同一視しない．というのもグリーンによれば，彼が信じていた唯物主義を超えるものが彼の前に現れたかもしれないのである．しかしその「唯物主義を超えるもの」は，<u>道徳的な何かでは断じてなく</u>，「ペリクレスのアテナイ」であり，再びシュトラウスに頼るならば，「それ自身の美しさと壮大さの燦然たる輝きの中に」生きる「偉大な国家"the great state"」であった．それは目的それ自体であり，その保存は「その住民たちすべての幸福や悲惨以上のものを意味し」，その〔偉大な国家の〕イメージにおいて「ギリシアの道徳性に反するきわめて非難すべき諸行為も，美と知恵にたいする愛として，真にそれぞれの場所をもっているのである」．実際，ペリクレスにたいするグリーンの評価は異常と言えるほどまでに高い．シュトラウスが，そのようなグリーンのトゥキュディデス解釈の困難な点の解決策はいくつもの想定に基づいており，その1つの重要な想定は「トゥキュディデスの嗜好 taste はペリクレスの嗜好と同一であるという想定」であると指摘するとき，シュトラウス自身はその想定の信憑性を疑っているのは確かであろう[5]．それでは一体どこにトゥキュディデスの正しい解釈の鍵が存在するのであろうか？　シュトラウス自身は，「節度」moderation という徳についてトゥキュディデスが何を暗示しているかを広範にかつ首尾一貫して省察すべきであると主張している．「それは，なかんずく，かの偉大な徳それ自身についての方法的省察を要求するであろう．トゥキュディデスが超自然的制裁を信じなかったという事実は，彼が節度を欠いた行動の仕方 immoderate courses に対する『宇宙的』制裁あるいは自然的制裁に気づいていなかったということを証明することにはならないのである」．

シュトラウスのこの文章は，(前のセクションで引用した「序文」において宣言された)グリーンのトゥキュディデス解釈に対する彼の不満ないし批判の表明であると同時に，のちに『都市と人間』の中のトゥキュディデス論や，その他のトゥキュディデス論に結実する成熟期シュトラウスの哲学的歴史家トゥキュディデス研究の開始宣言であると理解することもできるであろう．

それでは本書の第II部,すなわち,プラトン政治哲学についてのグリーンの解釈の独自性,つまり政治哲学の歴史に対する貢献としては何が指摘されるべきなのか？ 書評の名人シュトラウスをもってしても「要約しようとすることすらできない」グリーンによるプラトン政治哲学についての説明の中に,彼はそれでもなお2つの衝撃的な論点を認めるのに躊躇しない．1つは,一方における政治と弁論の連関に,他方における弁論とエロスの連関に鋭く気づいているグリーンは,プラトン政治哲学に内在する基本的な困難を,政治的関係（治者たちと被治者たちとの関係）とエロス的関係との不均衡に遡及しているように見える点であり,シュトラウスはこれを1つの重要な洞察 an important insight であると高く評価する．いま1つは,グリーンはプラトン政治哲学には哲学者と王との「不可避的対立」が,つまり,「ソクラテスすなわち反逆者」に対するプラトンの賞賛と「厳格で階層化した」社会ないし「儀礼的」社会に対するかれの賞賛との緊張に遡及しうるように思われる対立が存在していると信じているように思われる点であり,シュトラウスはこれもまた前者に劣らず重要な洞察であると評価する．

しかしながら,グリーンの次のような主張をシュトラウスは断じて受け入れることはできない．すなわち,『法律』によれば,そして一見すると『国家』によってさえも,「永遠のモデルの模倣において……瞬間ごとに,あるいは世代ごとに,治者でさえも……最善の国家あるいは次善の国家の組織化の基礎に横たわる真理を理解すべきであるということは本質的ではない」．この主張とプラトンが「夜の会議」Nocturnal Council について言っていることを和解させることは困難であろう,とシュトラウスは付記した後で,彼はその書評を次のように結んでいる．今日,哲学と政治との関係に潜む問題を見ることができなくなって,踏みならされた道を辿ることよりも,「哲学と政治との不均衡に関するプラトンのテーゼ」をこのように誇大に述べる overstate ことの方がおそらくより善いであろう,と．哲学にとって最も重要なことは,慣れ親しんだ常套的答えを繰り返し伝達することよりも,見落とされがちな本質的な問題を本質的な問題としてあるがままに観るためにはそれを誇大に述べる,すなわち誇張する exaggerate ことであるかもしれない．

文学や政治や芸術にはまったく疎い訳者たちにとって,古典学者,詩人,

訳者解説

　歴史家，文献学者にして演劇家の想像力に満ち溢れるこの思想書を日本語に訳出することがどんなに至難の業であったかは，原著をまだ手に取られていない読者にも容易に想像していただけるであろう．

　本邦訳は，2002年の夏にシカゴ大学のキャンパスが位置するハイドパークのアパートの1室で小高と飯島の共同訳の試みとして出発した．なぜ本書の邦訳を決意したかと言えば，本書に対するシュトラウスの高い評価が直接的でしかも最も強い理由である．その後，近藤和貴氏と佐々木潤氏の2人のギリシア政治哲学の専門家が共訳者として参加した．本書の第I部全体は政治哲学研究会編『政治哲学』第12号（2012年2月）に，第II部の第IX章は第14号（2013年2月）に，第X章と第XI章とは第15号（2013年9月）にそれぞれ掲載された．本書はそれらの改訂版である（第XII章と第XIII章とは初訳である）．トゥキュディデスとプラトンなどからの引用箇所の邦訳に際しては，先学の諸邦訳も参考にしたが，地の文章との関係その他の事情から，著者グリーンの英語にできるだけ忠実な邦訳を心がけたために，それらの既存の邦訳を活かしきれなかった．最後に，本書の出版を推薦してくださった添谷育志教授（明治学院大学）と風行社の犬塚満さん，また再掲を許可してくださった政治哲学研究会に深く感謝する．

　（本解説で依拠したシュトラウスによる書評は最初1951年に *Social Research* 18, no. 3 [September], pp. 394-97 に掲載され，後に1959年に *What Is Political Philosophy? and Other Studies* に再録された．シュトラウスによる書評全体の拙訳は，「批評：16の評価」，『政治哲学』第10号，2011年，72-74に掲載され，それは飯島昇藏ほか訳『政治哲学とは何であるか？とその他の諸研究』（早稲田大学出版部，2014年）pp. 318-321に再録された．）

　　　2014年7月

早稲田大学
図書館長室にて

注
(1) 筆者はシェイクスピアのローマ史劇『アントニーとクレオパトラ』を題材としたグリーンのゼミナールを聴講したことがあるが，筆者が日本からの留学生であるとわかる

訳者解説

とグリーンは「おまえはチエ・ナカネを知っているか?」と突然質問してきた。そして「国際会議で一緒になった彼女は非常に聡明な日本女性だった」とコメントされた。
(2) David Grene, *Of Farming and Classics: A Memoir* (Chicago and London: The University of Chicago Press, 2007) を参照せよ。
(3) 本書の書評論文として、Naoko Yagi, "*Literary Imagination, Ancient and Modern: A Voyage around the Grene Festschrift*," *A Journal of Political Philosophy* (The Japanese Association of Political Philosophy: September, 2013), no. 15, pp. 166-179 を参照せよ。
(4) たとえば、長尾龍一『争う神々』(信山社叢書、1998年)、第13章「シュトラウスのウェーバー批判」への[附論]「アラン・ブルームのウェーバー論」、pp.246-252、および藤本夕衣『古典を失った大学──近代性の危機と教養の行方』(NTT出版、2012年)、とくに第2章「解体する大学における古典──A・ブルームの『大学の物語』」、pp. 51-98を参照せよ。添谷育志「L・シュトラウスとA・ブルームの『リベラル・エデュケイション』論」『法學』(東北大学法学会、1992年)、第55巻、第6号、990-1014頁。さらに、アラン・ブルーム著;松岡啓子訳『シェイクスピアの政治学』)(信山社出版、2005年)。
(5) 事実の問題として、シュトラウスは『都市と人間』*The City and Man* (The University of Chicago Press, 1964) [邦訳(法政大学出版局、2014年刊行予定)の第Ⅲ章において、トゥキュディデスの嗜好はプラトンとアリストテレスのそれと同じであると明言している。

人名索引

【ア】
アイスキネス 109
アガトン 132, 179
アガメムノン 67
アギス 57
アキレウス 156
アテナイからの客人 204, 221
アトレウス 200
アリオン 180
アリステイデス 55
アリストテレス 4, 5, 35, 37, 46, 50-52, 55, 58, 83, 113-115, 141, 164, 165, 167, 171
アリストファネス 58, 132
アルキビアデス 42, 44, 45, 47, 49, 52, 57, 63, 71, 77, 79, 86, 116, 120, 121, 155, 172
アルキュテス 187
アレクサンドロス 61
アレス 210
アンティフォン 30, 39, 83, 84, 92-94
イソクラテス 45, 109
エウテュプロン 129
エウプヘモス 43
エウリピデス 179
オイディプス 136
オレイテュイア 210

【カ】
カリクレス 41, 72, 73
ギボン 27, 28
キモン 55

ギュリッポス 57
クセノクラテス 114
クセノフォン 4
クリティアス 44, 45, 58, 72, 194, 202, 207, 216
クレイステネス 46
クレイニアス 204
クレオン 30, 38, 40, 41, 43, 47-49, 58, 64
クレルキア 41
ケパロス 139
ゲロン 180
コーンフォード 140, 211=212

【サ】
シェイクスピア 35
ジェッブ, R. C. 35-38
ジェームズ, ウィリアム 37
シュペングラー 85
ショウレイ, ポール 36, 38
スペウシッポス 114
ソクラテス 72, 109, 111, 115-123, 126-134, 144-152, 154, 155, 158, 164, 165, 170-178, 185, 193-197, 201, 202, 207, 208, 210, 212, 219
ソフォクレス 136
ソロン 194, 202, 203

【タ】
ダイレイオス 57
テアイテトス 196=197
デイエイトレプェス 81

256

ディオティマ　121, 155
ディオドトス　40=41, 41, 43, 48, 68-70, 76, 87
ディオニュシオス1世　180, 181
ディオニュシオス2世　108, 172, 182-189, 191
ディオン　181-189
ティマイオス　194, 207, 211
テミストクレス　30, 77, 78, 93, 94, 150, 151
デモステネス　45, 82, 83, 85, 109
テラメネス　51, 64, 65, 83-85
トゥキュディデス　3, 6, 7, 13, 16, 17, 25-40, 43, 45, 46, 48, 50-53, 55, 57-60, 62, 63, 65-68, 70-79, 81-89, 91-98, 100, 102-104, 109, 152
トラシュマコス　72, 73, 132

【ナ】

ニキアス　30, 33, 38, 49-51, 56, 57, 64, 71, 82, 84-88, 91-93, 100

【ハ】

パイドロス　126-128, 154
パトロクロス　156
パルメニデス　193-197, 199
ピュタゴラス　212
ヒュペルボロス　30, 64
フィリッポス　110
ブラシダス　54
プラトン　3, 6, 7, 35, 37, 44, 45, 50, 58, 71, 72, 107-115, 117-120, 122, 123, 125, 126, 129-143, 146-151, 153-178, 180-200, 205-217, 219, 220, 222
プルタルコス　46, 50
プレイストアナックス　57
プロタゴラス　132
ペイサンドロス　92

ペイシストラトス　44=45
ヘーゲル　85
ペリクレス　4, 14, 30, 43, 47, 49-52, 55, 57, 63, 67, 77-79, 84, 93, 94, 97, 98, 100, 102-104, 150, 151
ヘルモクラテス　54, 62, 207
ヘロドトス　4, 27, 28, 60, 61, 180
ホメロス　60, 67, 211

【マ】

マリウス　42
メギロス　221
メノン　116
モンロー　54

【ラ】

ラケス　130
リュシアス　154, 156
レオン　148

257

[訳者紹介]

飯島昇藏（いいじま　しょうぞう）
1951年　千葉県生まれ．
早稲田大学政治経済学術院教授．
主要業績：『スピノザの政治哲学』（早稲田大学出版部，1997年），『社会契約』（東京大学出版会，2001年），共編著『「政治哲学」のために』（行路社，2014年）．

小高康照（おだか　やすてる）
1954年　千葉県生まれ．
東京電機大学非常勤講師．
主要業績：On Descartes' Meditations on First Philosophy: Science, Piety and Enlightenment（1996）．

近藤和貴（こんどう　かずたか）
1978年　群馬県生まれ．
日本学術振興会特別研究員（PD）．
主要業績：Socrates' Understanding of his Trial: The Political Presentation of Philosophy, ProQuest, 2011.
「プラトン『メネクセノス』篇におけるソクラテスの葬送演説：帝国主義批判と弁論術の教育的使用について」（『政治思想研究』第13号，2013年），共著『政治哲学のために』（行路社，2014年）．

佐々木潤（ささき　じゅん）
1976年　愛知県生まれ．
麻布中学・高等学校教諭
主要業績：「アリストテレス政治学の一解釈　政治哲学の意義をめぐって」（修士論文，2001年），「『政治哲学の歴史』におけるH・V・ジャッファとC・ロードのアリストテレスの比較——「哲学」の位置付けを中心として」（『政治哲学』第16号，2014年）．

ギリシア政治理論——トゥキュディデスとプラトンにおける男のイメージ

2014年9月25日　初版第1刷発行

　　　　著　者　　デイヴィッド・グリーン
　　　　訳　者　　飯島昇藏・小高康照・近藤和貴・佐々木潤
　　　　発行者　　犬　塚　　満
　　　　発行所　　株式会社風　行　社
　　　　　　　　　〒101-0052 東京都千代田区神田小川町3-26-20
　　　　　　　　　Tel. & Fax. 03-6672-4001
　　　　　　　　　振替 00190-1-537252
　　　　印刷・製本　モリモト印刷

©2014　Printed in Japan　　　　　　　　　　ISBN978-4-86258-086-3

[風行社　出版案内]

プラトンの政治哲学
―― 政治的倫理学に関する歴史的・体系的考察
R・マオラー著　永井健晴訳　　　　　　　　　　　　　　　　A5判　4500円

プラトン政治哲学批判序説
―― 人間と政治
永井健晴著　　　　　　　　　　　　　　　　　　　　　　　　A5判　4500円

プラトンとヘーゲルの政治哲学
M・B・フォスター著　永井健晴訳　　　　　　　　　　　　　　A5判　4200円

古代ギリシアの文化革命
A・И・ザーイツェフ著／一柳俊夫訳　　　　　　　　　　　　　A5判　4500円

ギリシア人の運命意識
B・П・ゴラン著／一柳俊夫訳　　　　　　　　　　　　　　　　A5判　7000円

政治思想の源流
―― ヘレニズムとヘブライズム
古賀敬太著　　　　　　　　　　　　　　　　　　　　　　　　四六判　3500円

ドイツ政治哲学
―― 法の形而上学
クリス・ソーンヒル著　永井健晴・安世舟・安章浩訳　　　　　　A5判　12000円

カント哲学の射程
―― 啓蒙・平和・共生
山根雄一郎著　　　　　　　　　　　　　　　　　　　　　　　A5判　4500円

ヘーゲルと国民的権力国家思想
ヘルマン・ヘラー著／永井健晴訳　　　　　　　　　　　　　　A5判　5000円

エルンスト・カッシーラーの哲学と政治
―― 文化の形成と〈啓蒙〉の行方
馬原潤二著　　　　　　　　　　　　　　　　　　　　　　　　A5判　11000円

＊表示価格は本体価格です。